北京市社会科学基金重点项目

项目编号：12FXA002

项目名称：党领导立法实证研究——以北京市人大及其常委会为例

党领导立法实证研究
—— 以北京市人大及其常委会为例

田 侠 ◎ 著

中国社会科学出版社

图书在版编目（CIP）数据

党领导立法实证研究：以北京市人大及其常委会为例 / 田侠著. —北京：中国社会科学出版社，2016.3

ISBN 978-7-5161-7892-8

Ⅰ.①党… Ⅱ.①田… Ⅲ.①立法-研究-北京市 Ⅳ.①D927.100

中国版本图书馆 CIP 数据核字（2016）第 063178 号

出 版 人	赵剑英
责任编辑	任　明
特约编辑	芮　信
责任校对	张依婧
责任印制	何　艳

出　　版	中国社会科学出版社
社　　址	北京鼓楼西大街甲 158 号
邮　　编	100720
网　　址	http://www.csspw.cn
发 行 部	010-84083685
门 市 部	010-84029450
经　　销	新华书店及其他书店
印刷装订	北京市兴怀印刷厂
版　　次	2016 年 3 月第 1 版
印　　次	2016 年 3 月第 1 次印刷
开　　本	710×1000　1/16
印　　张	16
插　　页	2
字　　数	263 千字
定　　价	58.00 元

凡购买中国社会科学出版社图书，如有质量问题请与本社营销中心联系调换
电话：010-84083683
版权所有　侵权必究

前　　言

　　田侠博士跟随我做了两年时间的博士后研究，于2013年顺利出站。《党领导立法实证研究——以北京市人大及其常委会为例》一书，是田侠博士在其博士后出站报告基础上进一步修改、充实和不断完善而形成的。对于政治学背景出身的田侠博士而言，完成党领导立法这个题目是颇具挑战性和难度的艰巨任务。主要是因为，在学科领域这个选题不仅是一个法学问题（尤其是一个法理学、宪法学和立法学的问题），而且是一个政治学问题（尤其是一个政治哲学和法政治学的问题），在方法论上这个选题还是一个需要熟练掌握社会学实证研究等方法才能胜任的问题。田侠博士能够克服方方面面的困难，如期顺利完成这项研究，实属不易。

　　中国共产党领导立法，是我们党在革命、建设和改革长期实践中得出的一条基本经验。从实践过程来看，中国共产党在1949年以前是一个领导新民主主义革命的"革命党"，枪杆子里面出政权、武装斗争、推翻旧制度、砸烂旧的国家机器、否定旧法统、夺取国家政权……所有这些，都是中国共产党作为"革命党"的中心任务和主要特征。在井冈山斗争、抗日根据地和解放区政权建设过程中，中国共产党曾经领导了革命法制建设和有关立法工作，例如1928年颁布的《井冈山土地法》，1929年颁布的《兴国土地法》，1931年颁布的《中华苏维埃共和国宪法大纲》、《中华苏维埃共和国选举细则》、《中华苏维埃共和国土地法》，1934年颁布的《中华苏维埃共和国惩治反革命条例》，抗日战争时期颁布的《陕甘宁边区施政纲领》、《山东省调解委员会暂行组织条例》、《晋察冀边区选举条例》、《晋冀鲁豫边区参议会选举条例》、《晋绥边区参议会选举条例》、《陕甘宁边区各级参议会选举条例》、《晋察冀边区行政村调解工作条例》、《晋西北乡村调解暂行办法》、《陕甘宁边区民刑事案件调解条例》等，解放战争时期颁布的《陕甘宁边区宪法原则》、《中国土地法大纲》、《华北人民政府施政方针》等。尽管中国共产党领导了革命根据地的若干立法工作，但在新民主主义革命时期，党领导立法仍是从属于并且服务于武装革命斗争这个中心工作的。

1949年中华人民共和国成立以后,中国共产党从革命党开始转变为执政党。通过法制立国、建国,大规模开展立法工作奠定人民共和国新政权的法制基础,这成为中国共产党领导执政的重要任务。新中国成立初期,由于从上到下重视法制建设,加强立法工作,制定了1954年宪法和一批法律法规,颁布了众多的法令命令,中央和地方层面的立法取得了明显成效。据统计,1950—1953年,中央立法共435件,年均立法109件。地方立法虽无全面的详细统计数字,但从浙江、内蒙古以及上海的立法情况却可见一斑。浙江1950—1953年,共制定暂行法令条例和单行法规653件,年均立法163件;内蒙古1950—1954年,制定各种条例和规范性文件368件,年均立法73.5件;上海1950—1954年9月,制定暂行法令条例和单行法规799件,年均立法159件。① 但是,1957年以后,由于"左"的错误思想作祟和"以阶级斗争为纲"的错误路线等错综复杂的原因,法制被忽视,立法工作被冷落,"法律这个东西只能作为办事的参考,实际靠人"。发展到"文化大革命"时期,"和尚打伞无法无天",彻底砸烂公检法,践踏民主、破坏法制,立法工作也遭到严重破坏和完全中止。

1978年改革开放以后,党的十一届三中全会提出,为了发展社会主义民主,必须健全社会主义法制,切实做到有法可依、有法必依、执法必严、违法必究。共产党明确提出,从现在起,应当把立法工作摆到全国人大及其常委会的重要议程上来。邓小平在《解放思想,实事求是,团结一致向前看》中指出:"现在的问题是法律很不完备,很多法律还没有制定出来……所以,应该集中力量制定刑法、民法、诉讼法和其他各种必要的法律,例如工厂法、人民公社法、森林法、草原法、环境保护法、劳动法、外国人投资法等等,经过一定的民主程序讨论通过……做到有法可依……国家和企业、企业和企业、企业和个人等等之间的关系,也要用法律的形式来确定;它们之间的矛盾,也有不少要通过法律来解决。现在立法的工作量很大,人力很不够,因此法律条文开始可以粗一点,逐步完善。有的法规地方可以先试搞,然后经过总结提高,制定全国通行的法

---

① 参见吴大英等著《中国社会主义立法问题》,群众出版社1984年版,第36页以下、第241页。

律。修改补充法律，成熟一条就修改补充一条，不要等待'成套设备'。总之，有比没有好，快搞比慢搞好。"① 新时期执政党领导下的大规模立法开始了。

可以说，改革开放头30年，党领导我国法制建设的重点是立法工作，目的是要解决无法可依的问题，目标是要形成中国特色社会主义法律体系。经过30多年的努力，到2011年3月全国人大常委会委员长吴邦国终于向全世界宣告："新中国成立以来特别是改革开放30多年来，在中国共产党的正确领导下，经过各方面坚持不懈的共同努力，我国立法工作取得了举世瞩目的巨大成就……一个立足中国国情和实际、适应改革开放和社会主义现代化建设需要、集中体现党和人民意志的，以宪法为统帅，以宪法相关法、民法、商法等多个法律部门的法律为主干，由法律、行政法规、地方性法规等多个层次的法律规范构成的中国特色社会主义法律体系已经形成，国家经济建设、政治建设、文化建设、社会建设以及生态文明建设的各个方面实现有法可依，党的十五大提出到2010年形成中国特色社会主义法律体系的立法工作目标如期完成。"党领导人民形成了中国特色社会主义法律体系后，我国法治建设开始由以立法为中心逐步转变为以宪法法律实施为重点。十八大以后，党领导人民翻开了全面推进依法治国、建设中国特色社会主义法制体系、建设社会主义法制国家的历史新篇章。

从理论逻辑来看，党领导立法是中国共产党从革命党全面转变为执政党的重要任务，是党坚持依法治国和依法执政的必然要求。党的十六大将依法执政明确规定为党的领导的重要内容，把它确定为新的历史条件下马克思主义政党执政的基本方式。党坚持依法执政，必须领导立法、保证执法、带头守法。加强党对立法工作的领导，就是要通过法定程序把党的主张与人民意志统一起来并使其成为国家意志，从制度上、法律上保证党的路线方针政策的贯彻实施，使这种制度和法律不因领导人的改变而改变，不因领导人看法和注意力的改变而改变。党制定的大政方针，提出的立法建议，确定的路线方针政策，需要通过国家立法机关的法定程序，才能够成为国家意志，成为全社会一体遵行的行为规范。党的十八届四中全会进

---

① 邓小平：《解放思想，实事求是，团结一致向前看》，《邓小平文选》第二卷，人民出版社1994年版，第146—147页。

一步提出:"必须坚持党领导立法、保证执法、支持司法、带头守法,把依法治国基本方略同依法执政基本方式统一起来,把党总揽全局、协调各方同人大、政府、政协、审判机关、检察机关依法依章程履行职能、开展工作统一起来,把党领导人民制定和实施宪法法律同党坚持在宪法法律范围内的活动统一起来,善于使党的主张通过法定程序成为国家意志,善于使党组织推荐的人选通过法定程序成为国家政权机关的领导人员,善于通过国家政权机关实施党对国家和社会的领导,善于运用民主集中制原则维护中央权威、维护全党全国团结统一。"党领导立法的要求得到进一步的细化和具体化,成为历史新起点上全面推进立法工作、不断完善中国特色社会主义法律体系,必须始终坚持的一项政治规矩和立法原则。

正是在我国立法的这种历史与现实相交汇、理论与实践相统一的大背景下,在全面推进依法治国、加快建设法制中国的大战略下,田侠博士深入细致地研究了"中国共产党领导立法——以北京市人大及其常委会为例"的若干重大理论与实践问题,其选题和内容的理论意义与实践价值当是不言而喻的。

党如何在新形势下领导立法,领导好立法,创制出中国特色的良法体系,对执政党、立法机关和全体人民而言,都是新的挑战和考验。尤其是如何将执政党的路线方针政策法律化,上升为国家意志,是执政党依宪执政和依法执政,不断提高执政能力的新考验。执政党的路线方针政策通过人大依照法定程序转化为国家的政策和法律,再通过依法治国等途径和方式来实现执政党的领导和执政。这是我们党依宪执政和依法执政的重要宪制安排和内容。在人民代表大会制度中,党把它所代表的最广大人民的整体意志汇集起来,把其所代表的最广大人民的根本利益表达出来,转化为国家意志,制定为法律法规,通过依法治国、依法执政等途径和方式,实现党的执政职能。这个过程,既是党联系人民群众、汇集民意、表达民意的过程,也是党进行民主决策、实现其领导和执政的过程。然而,我们党1949年执政以后的相当长时间内还不善于将自己的路线方针政策主张通过法定立法程序上升为体现人民意志和国家意志的法律,不善于通过执行法律、适用法律等方式去贯彻自己的政治主张,不善于依宪执政和依法执政;相反,习惯于发布党内文件,要求各级党政机关直接向全体公民传达、贯彻党的各种会议决议、决定、指示。党的文件对党内全体成员当然具有普遍的纪律约束力,而对该政党以外的成员并不自然地产生约束力或强制力。"应当说，要求没有参加某个政党的社会成员去遵守该政党的决定、指示，无论如何也说不通其中的道理。如果提出如此要求，表明这个政党的党外成员和党内成员没有任何区别，或者这个政党在潜意识中将所有的社会成员都泛化地认为是本党的成员。"① 但是作为执政的中国共产党，必须在全国贯彻党经过一定程序形成的有关经济、政治、文化、社会、军事、外交等方面的大政方针、主张和决定。这就要求我们党必须学会并善于把自己的主张和决定提交国家立法机关，通过立法程序上升为国家法律。1978 年改革开放以来，我们党在进行社会主义现代化建设、民主法制建设的同时，开始探索和改革执政的方式方法。比如，党的十四大明确提出中国经济体制改革的目标是建立社会主义市场经济体制，这是党在领导全国人民进行经济改革过程中作出的重大决策。为了保证这一决策在中国社会的贯彻实施，中共中央于 1993 年 2 月 14 日向七届全国人大常委会提出了关于修改宪法部分内容的建议，建议将建立社会主义市场经济体制以宪法的形式确定下来。七届人大常委会第三十次会议讨论了这一建议，并通过了宪法修正案，提交八届全国人民代表大会第一次会议审议。1993 年 3 月 29 日，八届全国人民代表大会第一次会议通过了宪法修正案，使社会主义市场经济体制成为宪法确认的人民共同意志即法律。1997 年 9 月，党召开了第十五次全国代表大会，大会通过的政治报告提出依法治国，建设社会主义法治国家的治国方略。为了使这一治国方略体现的法治原则成为指导国家政权机关活动的原则，党于 1999 年 1 月 22 日向第九届全国人大常委会提出关于修改宪法部分内容的建议。第九届全国人大常委会第七次会议经过认真讨论，接受了这个建议，并依宪法规定的修宪程序，九届全国人大常委会向九届全国人大第二次会议提出了宪法修正案草案，并以绝对多数票通过了这一修正案，使依法治国成为举国上下必须遵守的普遍原则。尤其是党于 2014 年 10 月通过了《中共中央关于全面推进依法治国若干重大问题的决定》，对新时期中国法制建设作出了全面战略部署。习近平总书记在讲到这个《决定》出台的背景时说：2013 年党的十八届三中全会后，中央即着手研究和考虑党的十八届四中全会的议题。党的十八大提出了全面建成小康社会的奋斗目标，党的十八届三中全会对

---

① 石泰峰、张恒山：《论中国共产党依法执政》，《中国社会科学》2003 年第 1 期。

全面深化改革作出了顶层设计，实现这个奋斗目标，落实这个顶层设计，需要从法制上提供可靠保障。党的十八大以来，党中央高度重视依法治国，强调落实依法治国基本方略，加快建设社会主义法治国家，必须全面推进科学立法、严格执法、公正司法、全民守法的进程，强调坚持党的领导，更加注重改进党的领导方式和执政方式；依法治国，首先是依宪治国；依法执政，关键是依宪执政；新形势下，我们党要履行好执政兴国的重大职责，必须依据党章从严治党、依据宪法治国理政；党领导人民制定宪法和法律，党领导人民执行宪法和法律，党自身必须在宪法和法律范围内活动，真正做到党领导立法、保证执法、带头守法。全面推进依法治国是关系我们党执政兴国、关系人民幸福安康、关系党和国家长治久安的重大战略问题，是完善和发展中国特色社会主义制度、推进国家治理体系和治理能力现代化的重要方面。我们要实现党的十八大和十八届三中全会作出的一系列战略部署，全面建成小康社会、实现中华民族伟大复兴的中国梦、全面深化改革、完善和发展中国特色社会主义制度，就必须在全面推进依法治国上作出总体部署、采取切实措施、迈出坚实步伐。

本书从学理上着力梳理了政党、执政党与立法的关系，从源头上探寻了中国共产党领导立法的历史发展，从实践上具体剖析了党领导北京立法的基本状况，从个案上深入分析了党领导北京《中关村科技园区条例》的具体立法案例，从宏观上认真总结了党领导北京立法的典型模式，从前瞻性上研究了党领导北京立法的发展趋势和未来要研究解决的重点难点问题，其中对许多问题的研究分析是颇有创见或者创新价值的。

党领导立法是从革命党转变为执政党的一项新任务，研究党领导立法问题则是一项需要长期投入关注的课题。希望田侠博士能够在本书出版的基础上，持之以恒，再接再厉，长期跟踪并不断深入研究党领导立法的问题，努力在这个领域取得更多更有分量的研究成果。

李　林[*]

2015 年 11 月 18 日

---

[*] 中国社会科学院学部委员、法学研究所所长、研究员、博士生导师，中国法学会副会长、中国法理学研究会副会长、中国立法学研究会副会长、中国审判理论研究会副会长，十六届中央政治局第八次集体学习主讲人之一、十一届全国政协第六次集体学习主讲人，马克思主义理论研究与建设工程（宪法学）首席专家。

目 录

导论 ··· (1)
  一 研究现状和意义 ·· (1)
  二 研究方法 ··· (3)
  三 研究思路 ··· (4)
  四 创新之处 ··· (7)

第一章 执政党领导立法的基本原理 ······················ (9)
  第一节 政党、执政党与立法 ································ (9)
    一 政党 ··· (9)
    二 执政党 ·· (14)
    三 立法 ··· (17)
  第二节 政党与立法的关系 ···································· (24)
    一 革命党与立法 ··· (25)
    二 在野党与立法 ··· (26)
    三 参政党与立法 ··· (28)
    四 领导党与立法 ··· (30)
    五 执政党与立法 ··· (31)
  第三节 执政党领导立法 ······································· (35)
    一 党领导立法的内涵 ······································· (35)
    二 党领导立法的必要性及重要意义 ··················· (37)
    三 党领导立法的基本原则 ································ (39)
    四 党领导立法的基本要素 ································ (46)

第二章 中国共产党领导立法历史考察 ·················· (55)
  第一节 中国共产党关于革命与法初识 ·················· (55)
    一 党的产生和定位 ·· (55)
    二 通过议会革命争取合法权益 ·························· (56)

三　组建工人阶级代表机构——中国劳动组合书记部领导立法
　　　　活动 …………………………………………………………（57）
　　　四　苏维埃政权和党的关系 ……………………………………（58）
　　　五　井冈山《土地法》立法 ……………………………………（60）
　　　六　中央苏区政权的立法实践 …………………………………（61）
　第二节　党领导根据地立法 ……………………………………………（64）
　　　一　组建陕甘宁边区民主政权 …………………………………（64）
　　　二　党领导陕甘宁边区政府立法 ………………………………（69）
　　　三　制定《和平建国纲领》的民主成果 ………………………（72）
　　　四　党领导制定《中国土地法大纲》 …………………………（72）
　　　五　党领导确立人民代表会议制度 ……………………………（75）
　　　六　党领导制定新中国第一部具有临时宪法性质的《共同
　　　　纲领》……………………………………………………………（78）
　第三节　执政初期党领导立法的探索 …………………………………（79）
　　　一　领导群众运动中推进立法 …………………………………（80）
　　　二　新税制修订过程中党与立法的关系 ………………………（81）
　　　三　党领导制定新中国第一部宪法 ……………………………（88）
　　　四　党领导下的全国人大及其常委会行使立法权 ……………（94）
　　　五　探索国家立法体制中地方立法权问题 ……………………（100）
　　　六　党领导立法陷入停滞及其影响 ……………………………（103）
　第四节　改革开放新时期党领导立法实例探析 ………………………（106）
　　　一　十六字方针确立 ……………………………………………（106）
　　　二　全面修改宪法 ………………………………………………（114）
　　　三　由政策到法律 ………………………………………………（119）
　　　四　确立党领导立法的原则和程序 ……………………………（124）
　　　五　改革开放初期党领导立法的重要启示 ……………………（127）
　　　六　飞速发展的党领导立法进程 ………………………………（131）
第三章　党领导北京立法的历史回顾 ………………………………………（139）
　第一节　北京市各界人民代表会议制度的建立与发展 ………………（139）
　　　一　人民代表会议制度是国家的根本政治制度 ………………（139）
　　　二　理顺各界人民代表会议与国家其他政治机构的关系 ……（142）
　　　三　在某些有组织的群众中实行直接选举 ……………………（144）

四　在中央领导下，形成我国地方立法体制的初始轮廓 …… (147)
　　五　北京市人民代表大会制度的曲折发展及停滞 ………… (148)
第二节　改革开放以来党领导北京市立法发展 ………………… (151)
　　一　探索发展阶段（1979—1992年） ……………………… (151)
　　二　加速发展阶段（1993—2002年） ……………………… (158)
　　三　奥运立法阶段（2003—2008年） ……………………… (165)
　　四　科学发展阶段（2009—2013年） ……………………… (169)
第三节　党领导北京立法特点分析 ……………………………… (172)
　　一　贯彻国家方针政策，维护国家法制统一 …………………… (172)
　　二　从首都发展的实际需要出发，突出首都特色 ……………… (175)
　　三　拓宽立法领域，丰富法律部门 ……………………………… (176)
　　四　改进立法工作机制，推进立法科学化、民主化水平 ……… (177)

第四章　党领导北京立法案例分析 ………………………………… (180)
第一节　《中关村科技园区条例》立法进程 …………………… (180)
　　一　立法背景 ……………………………………………………… (180)
　　二　中关村科技园区立法的必要性和紧迫性 ………………… (181)
　　三　立法指导思想和原则 ……………………………………… (182)
　　四　构建立法工作基本格局 …………………………………… (184)
第二节　《中关村科技园区条例》实施及新立法需求 ………… (186)
　　一　国家高新技术产业开发区建设的需要 …………………… (186)
　　二　落实科学发展观、走中国特色自主创新道路等一系列重大
　　　　决策的需要 …………………………………………………… (187)
　　三　实现中央和北京市委提出建设中关村国家自主创新示范区
　　　　的新目标、新要求的需要 …………………………………… (187)
　　四　中关村建设的新目标、新要求和新举措，需要通过立法予
　　　　以肯定 ………………………………………………………… (188)
第三节　创建党领导立法典型模式 …………………………… (189)
　　一　以科学发展观为指导 ……………………………………… (189)
　　二　针对问题立法，立法解决问题 …………………………… (191)
　　三　科学立法、民主立法 ……………………………………… (194)
　　四　党领导立法工作格局的基本模式创建 …………………… (197)
　　五　党领导立法与推进实施相统一 …………………………… (201)

第五章　新历史时期党领导北京立法发展趋势 (205)

第一节　坚持正确的立法价值取向 (205)
一　充分认识地方立法对完善中国特色社会主义法律体系的重要作用 (205)
二　立足新时期首都城市战略定位 (207)
三　每一项立法都要符合宪法精神、反映人民意志、得到人民拥护 (208)
四　要把公正、公平、公开原则贯穿立法全过程 (212)

第二节　完善党领导立法工作机制 (214)
一　从中国特色社会主义法律体系全局角度理解地方性法规立法工作机制 (214)
二　发挥人大及其常委会在立法工作中的主导作用 (216)
三　着力提高立法的民主化、科学化路径，切实提高立法质量 (218)
四　党的立法修法主张转化为法律内容的基本路径 (221)

第三节　强化重点领域立法 (223)
一　北京市编制立法规划基本情况及作用 (223)
二　坚持法治国家、法治政府、法治社会一体建设 (224)
三　编制立法规划的基本原则 (226)
四　编制立法规划的主要措施 (228)
五　确立立法重点领域 (228)

第四节　理顺党领导改革与立法的关系 (230)
一　理顺党领导改革与立法关系的重要意义 (230)
二　运用法治思维和法治方式，将改革和立法协调起来 (231)
三　充分发挥党领导立法对北京市改革的保障作用 (233)
四　结语 (235)

参考文献 (238)

后记 (245)

导　论

中国特色社会主义法律体系是在党的领导下制定形成的以宪法为统帅，法律为主干，包括行政法规、地方性法规、自治条例和单行条例等规范性文件在内，由宪法和宪法相关法、民商法、行政法、经济法、社会法、刑法、诉讼与非诉讼程序法等法律部门的法律规范组成的协调统一整体。因此，作为地方性法规体系的重要组成部分，北京市地方性法规的制定与完善进程中，由北京市人大及其常委会在中央和北京市委的领导下，进行了富有开创性意义的探索和实践，从一定程度上为形成和完善中国特色社会主义法律体系发挥了重要的地方立法典型示范作用。

一　研究现状和意义

党的十八届四中全会明确提出："必须坚持党领导立法、保证执法、支持司法、带头守法，把依法治国基本方略同依法执政基本方式统一起来，把党总揽全局、协调各方同人大、政府、政协、审判机关、检察机关依法依章程履行职能、开展工作统一起来，把党领导人民制定和实施宪法法律同党坚持在宪法法律范围内活动统一起来，善于使党的主张通过法定程序成为国家意志，善于使党组织推荐的人选通过法定程序成为国家政权机关的领导人员，善于通过国家政权机关实施党对国家和社会的领导，善于运用民主集中制原则维护中央权威、维护全党全国团结统一。"[①] 党领导立法，作为一个在法学界曾有争议的命题，第一次在中央全会决定中予以正式确认并明确其内涵。

从研究现状看，研究立法及地方立法问题的著作和论文较为丰富，比如针对我国地方立法民主化、科学化方面的问题，检索到的专著有汤唯的《地方立法的民主化与科学化构想》、田成有的《地方立法的理论与实践》

[①] 《中共中央关于全面推进依法治国若干重大问题的决定》（2014年10月23日中国共产党第十八届中央委员会第四次全体会议通过），新华社，2014年10月28日。

和朱力宇的《地方立法的民主化与科学化问题研究——以北京市为例证》等。关于党与立法关系问题尤其是党领导立法命题的研究情况，目前检索到的主要有张恒山、李林等著《法治与党的执政方式研究》，陈俊著《政党与立法问题研究：借鉴与超越》等；相关度较高的论文有封丽霞的《执政党与人大立法关系的定位——从"领导党"向"执政党"转变的立法学阐释》，陈俊的《增进党与人民代表大会和谐关系的思考》等。从整体研究现状看，研究党领导立法乃至党领导地方立法的文章数量很少。

现代民主政治是政党政治，政党在政治生活中发挥着主导作用。同时，民主与法制密不可分，可以说民主与法制是标志现代社会这样一个"硬币"的两面，政党为实现其政治目标，必须实行依法治国，民主是政党真正实现法制的根本途径，立法环节则是民主实现程度的基本体现。所以，中国共产党作为执政党，在依法治国方略下，与立法存在重要的政治和法律关系，政党（执政党）的主张和政策，需要通过立法活动转化为体现国家意志的法律。从政党政治、政党执政的本质看，执政党都要将其意志通过法律体现出来。中国共产党作为中国特色社会主义道路的开拓者、引领者，领导人民确立了基本的政权性质，建立了国家机构。如果说整个国家政权机构是一座建筑的话，中国共产党则是这座建筑的搭建者并作为关键的连接点，维护整座建筑各部分协调平衡。再比如，作为执政党，治国如治水，那么中国共产党则担负着掌控水流的重要使命，需要顺势而为。党的领导、人民当家做主、依法治国的有机统一，首先要在立法环节充分发挥领导作用。从应然角度来说，立法是对权力、资源分配的正式确认，它对权力、资源的调整和重新再分配发挥着决定性作用。所以，作为执政党，领导立法是实现依法执政、科学执政、民主执政的关键环节，是保证党始终发挥总揽全局、协调各方领导核心作用的制度依据。党领导人民治国理政，必须将"党领导国家政权机关的权限、途径、方法和程序等用法律的形式体现出来，实现制度化、规范化。"① 对立法工作的领导成为中国共产党民主执政、科学执政、依法执政的基本内容和前提，成为衡量党推进国家治理体系现代化和治理能力现代化的重要标志。

---

① 江必新：《坚定不移走中国特色社会主义法治道路》，《法学杂志》2015年第3期。

二 研究方法

(一) 实证研究法

法学的基本研究方法包括价值分析方法和实证分析方法，本文命题即明确研究方法以实证研究为主。实证分析方法主要是人们通过对经验事实的直接观察或间接观察，以确定的事实因素分析来建立和检验各种理论性命题的方法，它以经验事实为主要研究对象。与价值研究方法相对应，实证分析方法能够作为法学研究的重要方法之一，原因在于法学研究的一个基本任务是揭示法的实然状态，即回答法实际上是怎样的，比如法在现实生活中是如何制定、如何运行的，法具有怎样的特征和体系，法具有怎样的社会功能等。要解决一系列此类问题，必然要采取实证研究方法予以分析。可以在法学研究中运用的实证分析有许多具体方法，其中主要是社会调查法、历史考察法、比较法、逻辑分析法和语义分析法。[①]

科学研究中采用何种研究方法，在很大程度上由研究对象决定。党领导立法问题是一个重大的理论问题，更是一个重大的实践问题。因此，应当在马克思主义辩证唯物主义和历史唯物主义基本方法指导下，针对实践中党领导立法的实际运作状态，综合运用实证研究法加以分析论证。本书在有效考察党领导立法思想理论发展历史进程后，以北京市人大及其常委会为具体研究对象，重点考察北京市自改革开放以来党领导立法的发展历程、实践经验，以北京地方性法规制定流程为案例，对党领导北京市人大及其常委会立法过程进行实践考察，探索研究党领导北京地方立法领导方式的发展演变过程，总结提炼创新处，触摸北京市人大及其常委会在立法中的主导作用，把握市人大及其常委会与市政府以及两者内部各部门的整体统筹协调机制，明确市人大及其常委会完善立法规划、立项论证、法规起草、立法听证、法规公示、配套立法及法规后评估等工作机制，从而在实践和理论上更加理顺党领导立法体制机制。这对我国党领导立法工作尤其是地方党领导立法工作的深入发展和推进找到相应的规律，适应中国特色社会主义法律体系形成后经济社会发展对地方立法工作的新要求等，具有重要的理论和现实意义。

[①] 张文显主编：《法理学》第 2 版，高等教育出版社、北京大学出版社 2003 年版，第 50—51 页。

（二）个案研究法

在论证党领导立法的体制机制、立法流程、实际运作状态时，以北京市具有典型代表意义的地方性法规立法过程为案例，探寻党领导立法的运作模式、规律和特点。比如以具有北京品牌价值的《中关村国家自主创新示范区条例》的由来、发展历程、修订过程中中央和北京市委的引导、决策作用，将北京特色的党领导立法模式予以立体呈现。通过考察北京市党领导具体法规的实际运行机制、运行规则和发展历程，以党领导立法的实然状态考量我国地方立法与法学价值标尺之间的关系，使理论得以探讨和提升。

（三）文献研究法

大量阅读与党的历史、党的领导、国家立法、地方性法规立法等有关的学术著作。广泛搜集新中国成立以来党的重要文献汇编、北京市委重要文件汇编、全国人大及其常委会、北京市人大及其常委会资料汇编及相关网站上的法规资料库、时时更新的关于立法的公报等，探寻党领导立法的基本模式和规律。

三 研究思路

在西方的政治传统中，立法始终是政党角逐国家权力过程中最具分量且最具挑战性的政治活动。新中国成立后，中国共产党从一个为夺取国家政权而武装斗争的党成为一个执掌国家政权、治国理政的党。全心全意为人民服务的宗旨、人民利益至上始终是执政党一切政治活动的根本目的和主旨所在。中国共产党在60多年的执政历程中经历了挫折、失误和光辉灿烂的曲折探索过程，在坚定人民利益至上的执政理念、遵循社会发展客观规律前提下，走上了全面推进依法治国的中国特色社会主义发展道路。尤其是改革开放以来，党的十一届三中全会提出要加强社会主义民主法制建设，确立"有法可依，有法必依，执法必严，违法必究"的十六字方针。1992年党的十四大召开后，随着社会主义市场经济体制的逐步确立，着手构建符合社会主义市场经济发展规律的法律体系。1997年，党的十五大报告中正式确立"依法治国，建设社会主义法治国家"的执政理念，党领导人民制定宪法和法律，也领导人民遵守宪法和法律，在实践中确立了党在中国特色社会主义法律体系形成过程中的领导者地位。2010年年底，中国已制定现行有效法律236件、行政法规690多件、地方性法规

8600多件,并全面完成对现行法律和行政法规、地方性法规的集中清理工作[①],中国特色社会主义法律体系形成,党领导立法又上一个新台阶。在党的领导下,充分体现党的主张、人民意志与社会发展规律有机统一体的中国特色社会主义法律体系形成,集中反映了建设中国特色社会主义的内在要求,真正实现党的事业至上、人民利益至上和法律至上三者的有机统一,实现科学执政、民主执政、依法执政的有机统一。

党领导立法,首先体现在一系列党内法规对领导立法的认识和要求上。1991年2月中共中央印发《中共中央关于加强对国家立法工作领导的若干意见》,这是以党内法规的形式确认党领导立法的基本内涵,是党的历史上第一份正式确定中国共产党立法介入范围和程序的正式规定,核心内容是提出立法规划要报中共中央审定。从类型上看,党的法规有两种:一种是党内法规,即党制定的进行自身管理的法规;另一种是党的治国法规,即党制定的管理国家事务的法规。[②]《中共中央关于加强对国家立法工作领导的若干意见》则是党的治国法规,这份文件规定:党中央对立法过程介入分四种情形:(1)宪法的修改、某些重大政治方面和特别重大的经济、行政方面的法律草案,在提请全国人大审议前,都须经过党中央政治局(或党委)与中央全会的审议;其他法定机关提出的修宪议案,也须经全国人大常委会党组或全国人大中的党的领导小组报送党中央审定;(2)政治方面的法律在起草前应由全国人大常委会将立法思想和原则呈报党中央审批;(3)政治方面的法律和重大经济、行政方面的法律,在提交全国人大或常委会审议前,由全国人大常委会党组呈报党中央政治局或其常委审批;(4)中央对法律起草工作实行统一领导,凡由全国人大及其常委会起草的法律,一律由全国人大常委会党组报中央审批,其他部门起草的法律草案须报全国人大审议的,也由全国人大常委会党组统一报中央审批。基于我国政权组织形式和立法工作发展的实践经验表明,地方立法在中国特色社会主义法律体系中占有重要地位、发挥着重要作用。那么,如何加强地方党委对立法工作的领导?总的精神是地方党委通过国家政权机关党组对立法事务进行领导。地方国家政权机关应建立

---

① 吴邦国:《中国特色社会主义法律体系已经形成》,中国新闻网,2011年3月10日。网址:http://www.chinanews.com/gn/2011/03-10/2895965.shtml。

② 江必新:《坚定不移走中国特色社会主义法治道路》,《法学杂志》2015年第3期。

依靠党的领导方面的制度和机制。2013年5月27日，《中国共产党党内法规制定条例》、《中国共产党党内法规和规范性文件备案规定》公开发布。《中国共产党党内法规制定条例》成为中国共产党历史上正式具有"党内立法法"性质的法规，这两部党内法规的制定和发布，对于推进党的建设制度化、规范化、程序化，提高党科学执政、民主执政、依法执政水平，领导依法治国具有里程碑意义。

重视党领导地方立法。党的十六届四中全会上首次正式提出"党的领导是依法治国的根本保证。加强党对立法工作的领导，善于使党的主张通过法定程序成为国家意志，从制度上、法律上保证党的路线方针政策的贯彻实施，使这种制度和法律不因领导人的改变而改变，不因领导人看法和注意力的改变而改变"[①]。这要求党要正确引领立法，要把党自己的价值判断和追求贯彻于立法工作中，通过立法表达自己的意志，从而将党的主张通过法律程序转变为国家意志，这也再次强调了党对立法工作领导的重要性。同时，党的机关和国家机关关系得以明确的意义则更为深远，揭示出执政党要善于通过法律、通过国家机关治理国家的途径。另外，将党的主张转变成国家意志，这个国家意志不仅仅是指宪法法律，还包括地方性法规及其他政府规章等。所以，加强党对地方立法的领导，是基于我国立法实践的客观需要，是党密切联系群众、引领群众的迫切需求。在我国，基本和重要的法律由中央制定，地方立法主要涉及环境保护、交通管治、物业管理等与人民生活和社会管理密切相关的地方性法规。地方立法需要更加深入细致，立法调研由人大、政府或相关组织承担，但立法决议案等应主要通过人大、政府或相关组织的党组报告地方党委。

长期以来，在实践中困扰地方立法工作的关键问题，体现为两个矛盾：一是过分强调地方本地的具体情况和实际需要，忽视上位立法的规定，造成地方立法与中央立法的抵触；二是因过分担心与中央立法相抵触，对上位法几乎是照搬照抄，忽视本地实际情况，使地方立法成为中央立法的翻版，失去地方特色，不能有针对性地解决地方实际问题。北京同样面临这样一个问题，并在地方立法实践探索中不断寻求解决路径和方法。

---

① 《中共中央关于加强党的执政能力建设的决定》，中国共产党第十六届中央委员会第四次全体会议通过，2004年9月19日。

回顾北京市人大及其常委会自拥有立法职能以来，1979—1992 年，是北京立法发展的初级阶段。在地方立法工作逐步规范的进程中，党领导立法的民主化、科学化程度也在逐步提高，立法形式还比较单一，社会参与面不够广泛。1993—2001 年，是北京立法较快发展的阶段。随着经济社会发展，立法需求日益高涨，党领导地方立法步伐开始加快，立法逐步走上民主化、科学化轨道。市人大及其常委会作为立法主导机构，不断调动起人民群众参与立法的积极性，在处理与党的政策、上位法和得到北京市委支持等方面均有明显提高。2000 年《立法法》的颁布为党领导北京地方立法提供了更加广阔的发展空间和更加坚实的制度保障，北京市也颁布了《北京市制定地方性法规条例》，进一步明确民主立法、科学立法的原则。2001—2009 年，响应中央 2010 年形成中国特色社会主义法律体系的立法目标和适应北京实际立法需求，这一阶段是党领导北京地方立法飞跃式发展的阶段。这期间，北京结合举办奥运会、新中国成立 60 周年庆典等大型活动，北京地方立法形成自身的特色和体系，更加具有人文理念，更加体现民主立法、科学立法。2010 年以后，北京市经济社会发展恢复常态，地方立法工作重点落在稳定发展上。北京总结经验，探寻新思路，在处理党的领导与人大及其常委会的主导作用方面的做法更加成熟，更加走向制度化、规范化。

四　创新之处

（一）从历史制度变迁角度，梳理自中国共产党成立起，在肩负革命党、执政党不同政治角色中，立法对中国共产党建立、发展、执政的不同意义和价值

其中，着重考察执政后党领导立法的历史进程，探究中国共产党领导立法的历史发展规律。

（二）以北京为例，论述在中央和地方党委的领导下，地方立法的发展历程和发展规律

重点以十一届三中全会以来，北京市人大及其常委会在立法过程中处理与党委、政府之间关系的具体做法、经验，明晰北京地方立法过程中党与法的领导关系，以及北京市在实践中发展形成的党委领导、人大及其常委会主导、政府发挥基础作用的立法工作格局的来龙去脉；经实地调研，通过对典型地方性法规立法过程中中央及市委发挥领导作用的基本流程，

勾勒出党领导立法的基本结构图。

（三）探寻地方立法在推进宪法法律实施中的基础性作用

在推进法治中国建设新的历史时期，地方立法在更大程度上是对宪法法律的实施过程。2015年3月15日，第十二届全国人民代表大会第三次会议作出《关于修改〈中华人民共和国立法法〉的决定》，审议通过《中华人民共和国立法法》修正案草案，新的《立法法》授予地方更多的地方立法权。如何推进宪法法律在地方层面贯彻落实，是新历史时期党领导立法的重点，也是宪法法律实施的基本路径。如何发挥党领导立法典型模式的示范作用，这在法治中国背景下是必须加以更加深入思考的问题。要通过不断完善党领导立法体制、机制和程序，提高地方立法质量，形成健全的党领导立法工作格局，理顺中央与地方立法关系，使党领导立法走向制度化、程序化、法治化的轨道。这也是本书研究的最终目的和最大意义。

第一章 执政党领导立法的基本原理

第一节 政党、执政党与立法

一 政党

在民主法制时代,政党作为一种客观实在,几乎无所不在。从政治学基本原理出发,国家与社会构成现代社会两大基本要素,政治权力的运作正是围绕这两大要素之间的互动关系而展开的。政党则是政治权力的真正角逐者和实践者,成为连接国家与公民社会之间互动关系的纽带。国家政治权力运作过程中的任何一个关键环节,政党都在其中发挥着最为根本的影响和作用。同时,政党发挥作用又与法治密切相关。

(一)政党的概念

以最早形成现代意义政党的英、美两国为例。17世纪的英国革命给封建专制制度以沉重打击,但由于英国资产阶级革命的不彻底性,英国封建势力并未被逐出历史舞台。斯图亚特王朝复辟后,代表地主贵族利益并拥护王权的复辟势力和代表资产阶级、新贵族的利益并反对王权的反复辟势力在议会中就王位继承展开了激烈的角逐。在相互对立的两大派基础上,代表封建贵族势力的托利党和代表新兴工商业资产阶级及新贵族的辉格党产生。随着英国社会阶级关系发生重大变化,托利、辉格两党逐渐演变为保守党和自由党,开始成为全国性政党并轮流执政。随着自由资本主义发展到垄断阶段,鼓吹自由主义的自由党开始衰落,新兴的工党开始走上英国政治舞台。1945年,工党以绝对多数席位上台执政,历史性地结束了由保守党与自由党控制议会中绝对多数的两党制格局,确定了保守党与工党轮流执政的新格局。18世纪80年代,美国作为一个新独立的国家,围绕中央与地方权力如何划分问题在制定美国宪法时形成了两派:以汉密尔顿为代表的联邦党人主张政治权力集中,建立中央集权的政府;以杰斐逊为代表的反联邦党人强调保障人权，主张权力不宜过于集中，应分散于地方，形成多元权力中心。由于对国家政权结构不同的看法和主张，开始形成美国的政党并在政治权力运作中发挥作用。1792年，杰斐逊组建民主共和党，并在1800年的美国总统大选中利用民主共和党组织的力量赢得大选胜利。这在世界政党史上，第一次显示出政党作为民主政治工具的能量。

政党产生于民主政治发展进程中。因为"要把民主变成一套可操作的制度、程序、规则，就不能没有组织。这种组织，既不同于可以对人们实行强制的国家机器，也不同于明确地只代表一少部分人意愿的利益团体。它虽是人们自愿成立，却又以掌握国家政权为目的。这种组织，就是政党"[1]。政党是现代民主政治的产物，是现代民主政治的基本构成要素和显著标志。"政党就是汇集不同政治意见、表达不同利益要求的重要形式与工具。现代意义的政党是商品经济发展到一定阶段的产物，它是由于利益分化形成利益差别，为了寻求共识，由具有相同利益的人们组成的组织。"[2]

从不同的角度认识政党会形成不同的概念。被称为保守主义之父的英国辉格党理论家爱德蒙·柏克从政党对民主政治重要作用的角度认为，政党是"在某种一致同意的特定原则基础上结合起来、用他们的共同努力来促进国家利益的人们的团体"[3]。这一界定阐释了政党与民主政治发展的密切关系，但未能将政党与一般社会团体区分开来，政党的本质功能未能体现出来。美国学者沙·施奈德尔认为，政党首先是一个为获得权力而组织起来的尝试。[4] 这点明了政党的根本目的，却没有指出政党得以产生和存在的时代性。没有民主政治的诉求，政党无从谈起。美国学者拉斯韦尔和卡普兰在其著作《政治诉求的架构》中指出，政党是一个阐述复杂问题并在选举中提出候选人的集团。两位学者仅从选举角度指出了美国政党的一个基本功能，但无法从普遍意义上说明政党实际具备的其他基本功

---

[1] 王长江：《政党论》，人民出版社2009年版，第3页。

[2] 周淑真：《中国人民政治协商会议的制度精神与价值》，《中国人民大学学报》2007年第5期。

[3] [美] R. K. 斯科特、R. J. 赫莱伯纳：《危机中的政党》，约翰·威利父子公司1984年版，第360页。

[4] 转引自王长江《政党论》，人民出版社2009年版，第42页。

能。我国学者王长江结合众多学者关于政党的定义，认为"政党是一定社会集团中有着共同政治意愿的人们自愿结合在一起、以取得政治权力为首要目标的政治组织"①。它基本概括了政党的起源、目的、存在形式等。

按照马克思主义基本观点，政党的本质首先源于其阶级性，在本质上是代表一部分人的利益，不同的利益代表和价值取向决定了政党在运用政治权力过程中的不同行为方式。同时，民主政治必然产生共同遵循的制度、规则，法治与其相伴相生。作为民主政治产物的政党的行为必然与制度、规则密不可分，以获取国家政权为根本目的的政党对于规则的制定、改变及制度变迁必然是规则的参与者和制定者之一。所以，政党可界定为：从一般意义上说，政党是以夺取国家政权为主要目的的政治集团。人们围绕特定的利益自愿结成政党，通过一定的途径角逐执掌国家权力，试图以一定的规则和方式对社会公共事务施加影响，以管理国家与社会的政治组织。政党尤其是执政党影响或掌握着国家权力并在国家和社会生活中处于中心地位，在社会规则的制定及整个政治体系的构建与运行中起到关键作用。

所以，现代意义上的民主政治确立后，社会多数人拥有了参与国家政治生活的权利，但无法直接管理国家与社会。西方在社会契约论基础上形成的经典民主理论阐释了国家政权与社会之间的关系，诸如卢梭的"公意"所揭示的政治生活必须依赖于整个社会的意愿和参与。在卢梭看来，政治权力的行使是一种邪恶，一种必要的邪恶。而作为以获取政治权力为根本目的的政党，自然应为社会所必须防范，防止政党所掌控的政府违背"公意"。政党虽然在本质上是代表一部分人利益的政治组织，却要以代表"公意"即全社会公共利益的面目出现。为防止政党对政治权力的滥用，必须形成全社会意义上的"社会契约"，即实行法治。

（二）政党的类型

从不同的角度，政党可划分为多种类型。根据政党对国家政权的目的不同，可以划分为革命党、保守党。根据政党在国家政权中的实际地位不同，可以划分为执政党、参政党、反对党或在野党。根据政党所在社会性质不同，可以划分为西方国家政党和社会主义国家政党。有的综合各方面

---

① 王长江：《政党论》，人民出版社2009年版，第44页。

因素，将政党分成七类：极权党、传道党、掮客党、遗老党、个人扈从党、名流党、联盟党。有的按照政党性质将其划分为人物党、主义党、权力党、阶级党、宗教党和革命党。也有学者企图跳出传统的政党分类方法，力求囊括当代世界不同性质和宗旨的政党，将政党划分为执政的共产党、西方发达国家共产党、西方发达国家的传统政党、社会民主党、基督教民主党、绿党、法西斯政党和民族政党。[①]

从政党与立法之间关系的角度来看，法国著名政治学者 M. 迪韦尔热早在20世纪50年代通过对各类政党和政党体制的分析比较，将政党划分为内生党和外生党。所谓内生党，就是在议会内部从立法者本身的活动中逐渐形成的政党。而外生党，是指最初在立法机关之外，一定社会阶级、阶层为在议会中拥有自己的利益代表，表达自己的利益诉求，便结成政党，以议会党团的形式在议会立足并提出对政治权力的要求。这种划分方法，基本概括了以追逐议会立法主导权的西方政党的基本属性。

从不同的政治地位及对立法的作用和影响不同，可将政党划分为革命党、执政党、参政党、在野党、反对党等。在中国，中国共产党自产生以来，实现了从革命党向执政党转变。同时，执政状态下，还有8个民主党派作为参政党，共同影响立法。

对不同类型的政党予以划分和考察，有助于我们更加深入地理解党领导立法这个命题。

（三）政党的基本特点和功能

无论依据怎样的标准给政党划分类别，作为政党，均具有共同的基本特点。阶级性是政党的总特征。在此基础上，政党还具有一般特征：政党一般都具有一定的政治纲领；具有严密的和严格的组织性和纪律性；政党通常由最有影响、最有威信、最有经验的领袖集团主持；政党具有斗争性。现代民主政治条件下的政党具有以下基本特点：

第一，政党通过建立具有一定政治共识和纪律的组织系统凝聚其成员的意志和力量。在现代民主政治条件下，人们是基于共同政治意愿和价值取向并以特定的意识形态为基础而结成政党。一般来说，由无产阶级革命建立起来的政党政治纲领明确并具有鲜明的革命性和强烈的组织纪律性。

---

① 王长江：《政党论》，人民出版社2009年版，第54—56页。

而在西方国家议会中产生的政党，在人们印象中往往比较松散，缺乏严密的组织和纪律。但实际上并不完全如此。表面上看，西方国家政党具有松散性，入党、退党是相对比较简单的事情，但实际上议员的政治意识和组织纪律性直接为政党所支配和影响。比如英国首相丘吉尔在年轻时就加入了保守党，成为一名才华出众而又出身名门的青年议员，政治前途无量。但因贸易问题，年轻的丘吉尔抨击起党内领导人的某些立场，主张采取自由贸易方针，这直接违背了当时保守党关于设置关税保护英国货的正式立场，结果造成了一次重大危机。这种青年议员各行其是的现象是绝对不能为保守党所容许的，如果有议员抱有升入内阁的企图则尤其不可容忍。1904年，丘吉尔迈出了一步，他在下院倒戈，从保守党转到自由党。这种转换所属政党的行为，在英国的议员政治生涯中是要冒很大政治风险的，结局也会一清二楚，毫无缓和的余地。即要么成功，要么失败。虽然后来丘吉尔成功了，但丘吉尔因改变党籍而造成的民众对之不信任现象一直存在于他此后的政治生涯中。意识形态和价值取向成为政党的黏合剂，同时也不容其成员轻易背叛和转变，尤其对于政治官员更是如此。所以，意识形态和价值取向对党员的凝聚作用是政党的一个基本特点。

第二，政党存在的根本目的是谋取、执掌、维护或参与国家政治权力。"任何政党的基本目的，都是要取得社会大多数力量的支持并在这一前提下执掌政权。"① 事实证明，无论是执政党还是其他性质政党，其存在的根本目的都是通过影响政治权力的运行以实现自身所代表群体利益。

第三，在现代法制条件下，一个国家或地区，政党的存在与各种活动均要依照法律规定获得法定地位，即赢得国家法律的认可。民主与法制密不可分，民主时代产生的政党必然依法治而行。

第四，政党决定或影响立法过程是政党与政治权力关系的最基本形式。议会制是资产阶级民主的产物，从一开始就是资产阶级用来同封建势力进行斗争的工具。新的制度确立后，议会制度一直作为资本主义制度的一个重大成果巩固了下来。议会是西方政党得以产生的天然母体。政党通过其在议会中活动决定或影响议会立法过程及规则的最终确立，政党行为自然也受到规则的约束。随着世界行政权力不断膨胀的发展趋势，政党并

---

① 王长江：《政党论》，人民出版社2009年版，第38页。

不仅仅满足于在议会中的活动，政党与国家政权之间的关系也日趋复杂。但领导制定并依据法定的规则对社会公共事务施加影响是这种关系的基本体现形式。

第五，现代政党必须处理好与民众的关系，即获得实质意义上的政治合法性。政党是一部分人围绕共同利益而结成的政治组织，在执掌或影响政治权力的过程中，必须真正代表这部分人的核心利益。实际上，当代更多的政党是以全体公众利益代表的面目出现，以赢得公众的普遍支持，获得实质意义上的政治合法性的。

基于以上关于政党的基本特点的概括和总结，可以明确政党的基本功能。有学者将政党的基本功能归纳为四个方面：利益表达功能、利益综合功能、政治录用功能、政治社会化功能。[①] 综合不同角度关于政党功能的不同认识，政党的基本功能可以概括为两方面：一方面，政党要代表社会公众的诉求并作出反应；另一方面，政党通过整合社会资源达到对社会秩序的维护。那么，政党的这种基本功能会以不同的形式表现出来，比如革命党是通过带领公众推翻现政权并获得国家政权以实现公众的诉求，而一旦成为执政党，便主要发挥社会整合功能，维护社会秩序，平衡各种利益关系，发挥关键的领导核心作用。

二 执政党

(一) 执政党的基本含义

执政，从词义上理解，是执掌国家政权。政党执政，是指由一个政党单独或几个政党联合执掌国家政权，行使国家权力，运转国家机器，贯彻执行国家法律和党的治国主张，处理国家公共事务等，以谋求国家和社会的发展，实现党的价值追求。

一般意义上说，执政党是已经获取并执掌国家权力，以维护国家政权为根本前提，以实现执政理念和施政纲领为目标的政治组织。在不同的政治体制下，执政党的具体含义有所不同。在议会内阁制下，通过选举获取执政地位的政党，既控制着议会的多数席位，又掌控国家的行政权力。内阁首相既是政府首脑，也是议会中多数党的领袖；而在三权分立体制下，

---

① 王长江：《政党论》，人民出版社2009年版，第46—47页。

执政党是指掌控政府权力的政党,总统所在政党在议会中大多居于少数党地位,以确保三权分立的制衡态势。

(二)执政党的特征与功能

执政党掌控着一个国家的政治权力,主导着一个国家的政治实践和走向。在国家政治生活和社会生活中处于核心地位,发挥着关键作用,是执政党的根本特征。为适应民主政治发展要求,执政党必须通过法律程序将其主张上升为国家意志,以实现执政党的根本利益和价值追求。执政党具有两大基本功能:社会功能(代表民意、集结利益、目标制定、政治动员、政治教育、培养与选拔政治精英)和政治功能(举荐与选择官吏、组织与运作政府、主导制定公共政策、协调与分配利益、进行社会整合)。执政党的特征与功能具体体现在以下几个方面。

1. 维护民主政治

由政党掌控国家政权的政治形态产生于民主社会,民主社会产生了现代意义上的政党,并由政党执政,而不是封建帝王或国王。首先,执政党将追求民主作为其价值目标之一,那么为实现这一价值目标而通过革命、选举方式角逐国家权力;其次,当代民主社会的执政党一旦掌握国家政权,一般都以全民利益代表的面目出现,而不会直接宣称仅代表某一阶级、某一阶层的利益;最后,民主与法制密不可分。在民主价值理念不断普及的历史条件下,只有高度重视法制的执政党才能最终赢得全社会的信任。所以,执政党要将法制作为治国理政的基本模式,并不断促进民主政治的发展进程。

2. 执掌国家权力,关乎社会整体利益

在理论家眼里,权力是一个抽象的概念,在学术的氛围中,权力如同一个枢纽,可以由政治学家假设不同的模型和方式而运行,可以试验。但在实践中,国家权力是政治领导者手中实实在在的权衡、选择和推进,当权者必须牢牢盯着由权力而导致的各种结果、影响和利益得失,权力与掌握权力者的切身利益融为一体,权力行使直接决定权力受体的利益取向、价值取向甚至命运。执政党执掌和使用国家权力就是创造历史并推动其向不同方向发展。这就要求执政党在实践中要不断选择和均衡各种利益纠葛,维护社会整体利益。同时,权力行使过程具有不可逆性,权力在行使过程中一旦缺乏周密的考虑和论证,造成的错误和损失则无法挽回。所以,执政党行使国家权力关乎社会整体利益,往往不能试错,只有在充分发扬民主、广泛协商基础上达成共同的权力行使准则，才能使权力行使的错误率降到最低。

3. 执政党地位的确立方式不同，但必须依法执政

就世界各国对执政党地位获得的法律确认来说，主要有两种基本形式：一种是规定执政党地位要通过法定路径获得，主要存在于以选举方式赢得执政权力的多党制或两党制的美国、英国等西方国家；另一种是革命成功后，在宪法中直接规定某个政党为执政党，这种方式主要存在于发展中国家和社会主义国家。比如埃及1971年宪法规定："阿拉伯社会主义联盟是政治组织。它是建立在民主原则基础上的，是代表农民、工人、士兵、知识分子和民族资产阶级的劳动人民力量联盟。它是这一联盟提高民主和社会主义价值、监督各方面全国行动和把全国行动引向既定目标的工具。阿拉伯社会主义联盟通过其组织，在人民和承担全国行动职责和各种机构中进行政治工作，维护劳动人民力量联盟的权力。"缅甸1974年宪法规定："国家应只采取一党制，缅甸社会主义纲领党是唯一的政党，它应领导国家。"苏联1977年宪法规定："苏联共产党是苏联社会主义的领导力量和指导力量，是苏联社会政治制度以及一切国家机关和社会团体的核心。苏共为人民而存在并为人民服务。用马克思列宁主义学说武装起来的苏联共产党规定社会发展的总的前景，规定苏联的内外政策路线，领导苏联人民进行伟大的创造性活动，使苏联人民争取共产主义胜利和斗争具有计划性，并有科学根据。"[①]

从党政关系来看，执政党的执政方式直接决定党政关系。执政方式有两种：一种是以党权为中心，执政党对国家政权采取直接干预、包办、命令的方式发挥作用，执政党建立起来的国家机器在实质意义上成为傀儡政府，仅是执政党意志的执行者。在民众眼里，执政党要比政府更加"管事"，更能直接决定自身利益达成与否。这种以党权为中心、以党代政的政权运作模式，是专制的、与现代民主法制要求不相符的执政方式。另一种以政权为中心，执政党对国家政权的影响主要采取提出大政方针，发挥政治、思想、组织领导作用，提出立法建议并通过政府机构将决策执行的方式，进行民主执政、依法执政。即"现代政党组织不应是权力运作的

[①] 李步云主编：《宪法比较研究》，法律出版社1998年版，第997页。

主体，而应是对权力主体的形成和施加影响的政治组织。现代党政关系并不要求执政党直接控制政府机构，而是通过向政府提供职位资源和政策资源，并经法定程序将其转化为国家公职人员和国家法律影响政府。"① 依法执政成为现代民主政治对执政党的必然要求。

三　立法

（一）法的辨析

法是统治阶级意志的体现。马克思和恩格斯在《共产党宣言》中批驳资产阶级法是为维护资产阶级根本利益时论述道："你们的观念本身是资产阶级的生产关系和所有制关系的产物，正像你们的法律不过是被奉为法律的你们这个阶级的意志一样，而这种意志的内容是由你们这个阶级的物质生活条件来决定的。"② 所以，作为上层建筑的重要组成部分，为满足统治阶级的意志和利益要求，自有阶级社会以来就产生了作为统治工具的法。

从法的溯源上，在原始社会，由于生产力极为低下，人类行为仅能果腹而已，形不成剩余价值，不存在贪欲支配下的利益冲突，也就不需要凌驾于个人之上的强制力调整利益关系，因而不需要带有强制性的法律。随着社会生产力的发展，逐步形成了阶级对立的奴隶社会、封建社会和资本主义社会，出现了需要法来解决和调整的复杂的社会问题、人类行为和社会关系。统治阶级掌握了国家政权，为了维护既定的统治和阶级利益，由统治阶级制定了旨在维护其根本利益的法，形成了系统的成文法或案例法。尤其是引入了平等、民主、法治、人权等概念的资产阶级国家政权，通过议会选举和斗争，产生了现代意义上的法。

20世纪70年代，在经济学领域兴起了新制度学派，该学派注重制度在经济社会发展中的影响和作用，引入政治学领域后形成新制度主义思想流派。新制度主义所指的制度既包括以法的形态体现的正式制度，也包括一些体现为习惯、意识形态等的非正式制度。而现代民主政治社会条件下，作为正式制度的法律成为人类的基本行为准则。"制度是一个社会的游戏规则，或者更规范地说，制度是为了决定人们的相互关系而设定的一

---

① 王长江：《政党论》，人民出版社2009年版，第14页。
② 《马克思恩格斯选集》第一卷，人民出版社1972年版，第268页。

些制约。"① 作为一种游戏规则，体现制度的法更是人类行为的正式规则。"我将制度定义为一种行为规则，这些规则涉及社会、政治及经济行为。"② 总的来说，新制度主义认为，制度可以被理解为社会中个人遵守的一套行为规则，也可以理解为制度安排。制度有正式和非正式之分，非正式制度包括价值、意识形态和习惯等，正式制度是以宪法、法律与规定（可统称为法律）形式影响人们的行为。

从制度的功利性角度，将制度变迁划分为诱致型制度变迁和推进型制度变迁。其中，诱致型制度变迁指的是现行制度安排的变更或替代，或者是新制度安排的创造，它是由个人或一群人，在响应获利机会时自发倡导、组织和实行的，也就是哈耶克所说的"自发秩序"的形成。强制型制度变迁是由政府命令并以法律形式引入和推进的。市场经济条件下，国家政权进行社会资源配置是以法律为主要手段，契约经济的本性使法律体现出前所未有的重要性和必须性。所以，结合法在现代中国发展历程中的角色演变，应将法定义为：法是由拥有立法权的立法者制定或修改的、以国家强制力保证可重复执行的、立足社会发展需要并能够逐步推进人们行为模式转变的行为规范的总和。

（二）立法及立法的基本功能

1. 立法是一个行为过程

在市场经济发展过程中，政府要想实现资源配置向最优化靠近，不可能直接命令公民个体停止购买商品、储蓄存款，不可能直接命令粮食所有者无偿拿出粮食喂养饥民……所以，对于立法者来说，是创造一个良好的法律环境，让相关的行为人以更合理的方法分配资源，从而达到资源使用上的优化。比如，通过颁布一部更好的合同法或一项更有效率的法律制度，降低社会交易成本，鼓励资本所有者积极投资或调整资本投向；或者优化政治制度，鼓励公民政治参与，实现更大程度上的政治民主，这一切都需要立法者在立法进程中科学地设计制度，提升法律的权威和能力，充分发挥制度安排影响社会变迁进程的作用，以优化社会资源配置为目标，

---

① ［美］D. 诺斯：《制度、制度变行与经济绩效》，上海三联书店、上海人民出版社1994年版，第3页。

② ［美］R. 科斯等：《财产权利与制度变迁》，生活·读书·新知三联书店、上海人民出版社1991年版，第253页。

切实保护和规范市场的决定性作用。立法活动是一项庞大的系统工程,参与其中的组织和个人非常多,既有立法的领导者,也包括立法的起草人、立法表决人、立法参与者及法律法规实施者等。

从立法的字面来看,立法即是创制、决定法律,是一个活动过程,"是人创制法、修改法和废止法的活动的总称"。① 从立法实质角度,"立法是对权力、权力资源以及其他有关社会利益,进行法定制度性配置和调控的专门活动"②。以上均是从法律意义诠释立法的内容,具体立法过程体现为拥有立法权的机关或机构法律法规案的提出,法律法规草案的审议、表决等。法律不是仅仅被动地反映或适应社会变革,否则,法律作为上层建筑对经济基础的反作用将无从谈起,对执政者的政策制定也没有任何启示。法律不仅是社会变革的产物,立法也不仅仅是一种滞后性的描述性的工作。立法的概念可概括为:立法是拥有立法权的立法者制定或修改并以国家强制力为保证的可重复执行的、立足社会发展需要并能够逐步推进人们行为模式转变的规范形成过程。

2. 立法的功能

法律作为一套可重复的行为模式,可以通过立法者的努力改变。立法作为人民意志的汇集和表达,基本功能在于合理分配社会利益,调整社会利益关系。立法者通过适当的方式改变制度安排,可以积极而稳妥地创造一个有更大可能提高人民生活水平的良好环境。要做到这点,立法者必须系统地设计或改变现行制度。立法在制度变迁中的功能可以概括为三点。

第一,立法是政策实施的表现。当政府或执政党公开提出了一项政策,并认真地着手执行这项政策时,法律起草者在时机成熟时便会将这项政策起草成政府官员必须遵循的规则,即法律。在法治国家中,政党施政,最终除法律外,没有什么方法可以实施政策。"人们总是通过立法为各个国家机关设定权力的范围和界限,规定权力的具体内容与事项,使各个国家机关及其工作人员都能依法明确并切实行使自己的权力。"③ 依据法律施政是政府一切行为的合法性来源。

第二,立法成为当代社会行为变化中的关键步骤。基于法律是一套可

---

① 卓泽渊:《法政治学》,法律出版社2005年第1版,第85页。
② 周旺生:《立法学》,法律出版社2009年第2版,第49页。
③ 卓泽渊:《法政治学》,法律出版社2005年第1版,第280页。

重复的行为模式，那么这种行为模式完全可以随设计者的设计改变而改变。正如哈耶克指出的社会变迁中自发性秩序和自觉性秩序的形成过程，执政者通过有效的适合社会发展趋势的制度设计，可以使人们的行为改变在预料中。这是立法者的最高理想。因为"在创造一个良好的环境以促进发展的过程中，法律最重要的作用是疏通新行为之路。任何地方的立法者都试图用法律来实现这个目的"[①]。

第三，立法是执政者可以直接控制的因素。法律要能起到推动社会发展的进程的作用，立法者起草的法律必须能够变革制度，即可以改变人们的行为模式。立法者在起草法律时必须以颁布一项法律就是在执行一项政策为出发点，通过法律的实施改变现存的不良社会行为。在市场交易成为人们的主要生活方式条件下，人们的具体行为或许符合执政者的新政策，但这完全是基于人们的自发性，带有偶然性色彩。即使适合这新的社会生态的法律已经制定，符合法律的行为也许不能够即刻发生。但法律的根本属性，即法律是国家强制力的体现，以国家强制力保证实施。所以，在期望人们的行为模式发生改变时，法律一旦形成，就是政府可以直接控制并强制执行的因素。

综上所述，立法不仅是一项被动地描述制度变迁的行为，而且可以通过形成切合社会发展趋势的法律改变人们的行为模式。通过立法，将不同利益诉求予以平衡，将政策转换为人们共同遵守的行为规则，实现社会资源的优化配置，从而最终促进社会制度变迁。

（三）立法构成要素

1. 立法指导思想和基本原则

指导思想和基本原则是宏观意义上的具有指导作用的理论依据，主导着人们的行为选择，"是一定社会中政权的掌握者亦即执政者的意志尤其是它们的立法意识的重要体现"[②]。西欧中世纪神权政治时代，国家以神学世界观为立法指导思想，并在神学世界观基础上形成神权高于皇权、教会法高于国家法、法律只能被发现的立法基本原则。西方法学世界观总的指导思想一直被沿袭下来。以西方资产阶级革命胜利为新的历史节点，以

---

① [美] 安·赛德曼等：《立法学理论与实践》，刘国福等译，中国经济出版社2008年版，第16页。

② 周旺生：《立法学》，法律出版社2009年第2版，第61页。

人为本、社会本位等也被确立为西方国家立法指导思想,并形成了平等、正义、民主等立法基本原则。

中国革命之所以成功,就是因为有马列主义作为指导思想,遵循了马列主义与中国具体实践相结合的基本原则。立法作为集中体现执政者意志的重要活动,必须遵循相应的立法指导思想和基本原则。中国在新民主主义革命和社会主义革命胜利后,立法的指导思想和基本原则经历了一个曲折发展的历程。比如1957—1978年,党的指导思想是"以阶级斗争为纲",中国立法活动陷入停滞状态。党的十一届三中全会之后,党提出了发展社会主义民主、健全社会主义法制的指导思想,中国的立法活动也逐渐步入正轨。总的来讲,当代中国立法总的指导思想是马克思主义世界观、立法观,基本指导思想是毛泽东思想以及中国特色社会主义理论体系和党的基本路线。

立法指导思想确立后,可以明确立法基本原则。当前我国立法的基本原则主要体现在《中华人民共和国宪法》和《立法法》中,主要包括党领导立法原则、民主原则、宪法至上原则、科学原则、法治原则等。所以,当代中国立法的指导思想和基本原则的贯彻执行,使中国法治走上了健康发展的轨道,促进了中国特色社会主义法律体系的形成和完善。

2. 立法主体

立法权是人民拥有的权力,"在一个自由的国家里,每个人都被认为具有自由的精神,都应该由自由来统治自己,所以立法权应该由人民集体享有"。[①] 那么,立法主体应是全体人民,立法是由全体人民通过充分讨论形成"公意"。但在现实的政治生活中,全体人民行使立法权仅是一种理想状态,立法主体往往要落在具体的立法者头上。人们"把他们全部的自然权力交给他们所加入的社会,社会才把立法权交给他们认为适当的人选,给予委托,以便让正式公布的法律来治理他们"。[②] 从应然的角度来看,"法律是由人民的同意和委派所授权的一些人制定的;没有人民的这种同意和委派,他们中间的任何一个人或若干人都不能享有权威来制定

[①] [法]孟德斯鸠:《论法的精神》(上册),张雁深译,商务印书馆1982年版,第158页。

[②] [英]洛克:《政府论》(下篇),叶启芳等译,商务印书馆1964年版,第85页。

对其余的人具有约束力的法律"。①

关于立法主体的范围,立法学界一直存在两种不同的界说:一种是法治说,即只有宪法法律规定的依法有权进行或参与立法的国家立法机关及其人员、政府、国家元首等才是立法主体,而诸如政党、其他社会组织等均不是立法主体。"在我国,正式立法程序中的立法主体(如人大代表、专门委员会成员、人大常委会组成人员等)是法定的同时人数也是非常有限,他们代表亿万人民行使民主立法的权力。除法定立法主体之外的绝大多数人民,只能间接参与或者影响立法。"②另一种是功能说,强调衡量一个主体是否为立法主体,不仅要看它是否具有立法权,还要看其实际上是否拥有立法功能。即强调有权参与或实际参与立法活动的机关、组织和个人都是立法主体,包括国家立法机关、行政机关、执政党等都在立法主体范围内。

从实证研究的角度看,在国家政治权力结构体系中,最基本的包括立法权、行政权和司法权。其中,立法权是国家最高权力,处于国家权力的最高端,在整个国家权力体系中,立法权具有主导作用。以立法功能为主要标志的国家立法机关应是第一立法主体,其他国家机关、政党、政治家等立法主体均围绕第一立法主体而发挥其对立法的影响作用并采取一系列的立法行为。而这种影响,有时会起到决定作用,比如执政党在立法进程中的领导作用。所以,在立法权行使过程中,立法主体具体包括政党、公民代表、政治家、法学家等。西方国家立法权的行使以议会为基本平台,我国的人民代表大会及其常委会则以行使立法权为基本标志,其通过的法案,多由政府提出。但政府制定的行政法规如同宪法、法律相抵触,全国人大常委会有权予以撤销。

3. 立法客体

概括地说,立法客体是需要通过立法解决的社会问题,是通过制定具体的法律加以调整的客观对象。即立法客体首先思考的是为什么要立法,不断发现社会问题和社会问题存在的一般规律,寻找问题解决的办法,然后才能在矛盾的焦点上划杠杠。比如针对自然资源这一"物"进行立法,自然资源本身并不需要立法来调整,而是因为自然资源与人类社会发生密

---

① [英] 洛克:《政府论》(下篇),叶启芳等译,商务印书馆1964年版,第129页。
② 李林:《如何理解民主立法的含义》,《学习时报》2012年9月28日。

切关系后，对自然资源的所有权、使用权等归属问题上，需要通过立法加以确定。在这里，实质上是将自然资源与人类社会发生的各种关系确立为立法客体。自然资源是人类社会生存和发展的基础，尤其对当今世界各国经济的发展往往起着决定性的作用。随着我国市场经济深入发展，中国经济体制改革进入关键阶段，产权制度是否合理成为中国经济体制改革成败的核心要素。而自然资源本身作为客观存在物，具有自身特性，在确立自然资源的产权制度时，对自然资源本身的特性即立法客体进行分析就成为立法的基本构成要素。

在我国《物权法》制定过程中，针对自然资源，必须考虑是否所有自然资源的利用都适合用法律来调整，是否有必要对所有自然资源用《物权法》予以规范？自然资源作为《物权法》立法客体，必须从其"物"的特性来分析。针对需要通过立法进行调整，明确产权的"物"的特性，即具有存在于人体之外的有形物、稀缺性、能够满足人类需要、能为人支配等特性，通过立法所要调整的人类社会关系，正是源于人类社会所赋予自然资源的以上特性，使自然资源成为必然的立法客体，促使《物权法》及相关法律法规的产生。

4. 立法权限

立法主体通过行使立法权能够为社会所有成员、国家机关和社会团体制定普遍遵循的行为规则，对全社会都具有普遍的约束力。在国家权力体系中，立法权是一种创造性权力，既创制法律，又监督法律的行使。尤其在实行人民代表大会制度的中国，立法权是最高国家权力，是行政权、司法权的渊源和依据。立法权作为一种政治权力，具有权力的一般属性。根据权力的铁律，权力容易导致腐败，绝对的权力导致绝对的腐败。一切权力都容易导致滥用。所以，立法权的不当行使也会导致被滥用，出现立法领域的腐败现象。为保证立法权的正当行使，必须建立相应的控制机制，设定立法权限。

立法权限是不同的立法主体行使立法权的外在限度，是立法权的分权，在各国的宪法中往往都包括列举和阐述立法权限划分，列举不同立法权行使主体的立法事项范围。立法权限包括纵向和横向两个方面。纵向上，是中央立法权与地方立法权的权限划分问题，是处理立法权的中央集权与地方分权的基本路径；横向上是不同立法主体、不同部门立法权限的划分问题，是从立法权力行使角度协调国家权力机关与政府、司法机关之间的关系。立法权限划分的制度化、规范化,明确不同立法主体的立法权力界限,保证立法权按照民主、法治、科学的原则有效行使。

5. 立法程序

立法程序是立法行为过程中的基本要素,"是立法主体在制定、认可、修改、补充和废止法的活动中所应遵循的法定步骤和方法"。[①] 一般认为,立法程序包括4个阶段,即提出法律草案、讨论法律草案、通过法律、公布法律。[②] 事实上,立法程序强调立法活动本身要遵循规则,立法行为本身也必须是一个遵守制度或受到程序制约的过程。立法作为一种正式规则的制定过程,规则制定者本身也要遵循科学、民主的规则、步骤,才能保证所立规则的科学性、民主性,也就是我们通常所说的立法要遵循法治原则。

为使立法活动更加具有科学性、民主性,从立法实践出发,立法程序还应该包括立法准备阶段和立法完善阶段。比如立法准备阶段有关立法问题的讲话、设想、建议、规划、计划、调研等,都是形成立法提案的基础环节,往往起到决定性作用。所以,促进立法准备阶段的规则化、程序化,对保证立法质量的重要作用越来越受到立法机关重视。同样,立法完善阶段在现代立法过程中,也应被纳入法定的立法程序,保证立法的科学性。

第二节 政党与立法的关系

从世界各国政党与立法的密切关系看,不同性质的政党在不同性质国家与社会中必然存在不同的表现形式,对立法的影响作用也各不相同。不同政党主导或参与立法活动,最终目的都是在现有政治条件下,进行利益表达和要求,影响或主导国家权力行使和社会资源分配,实现政党功能和目标,巩固自身政治地位。根据政党的不同属性及当前世界各国政党基本状况,从革命党、在野党、参政党、领导党、执政党的角度解析政党与立法的关系。

---

① 张文显主编:《法理学》第2版,高等教育出版社、北京大学出版社2003年版,第247页。

② 吴大英等:《比较立法制度》,群众出版社1992年版,第385页。

一　革命党与立法

革命是人类社会历史发展进程中不可避免的政治行动。可以说，人类历史发展的不同社会性质的根本转变，最终都是经由革命实现的。追求民主政治的时代，为夺取政权，革命群体必须组建自己的政党来领导革命，"工人阶级在反对有产阶级联合权力的斗争中，只有组织成为与有产阶级建立的一切旧政党对立的独立政党，才能作为一个阶级来行动"。① 所以，革命党的根本目的是夺取国家政权。中国共产党作为革命党的根本目的也不例外。1929年12月，毛泽东起草的《红军第四军第九次党的代表大会决议》中指出，红军"不是单纯为了打仗而打仗，而是为了宣传群众、组织群众、武装群众并帮助群众建设革命政权才去打仗的"。②

革命的最终目的是打碎旧的生产关系的枷锁，解放生产力。"革命究竟是什么意思呢？这就是用暴力打碎陈旧的政治上层建筑，即打碎那由于和新的生产关系发生矛盾而到一定的时机就要瓦解的上层建筑。"③ 革命既然是一种打破旧的上层建筑的政治行动，革命的根本问题就是政权问题，"政权的更替和最后归属，不仅决定革命的成败，而且将决定整个革命的性质、过程和结局"。④ 所以，革命党的首要任务是推翻现有政权，夺取国家政权。打破现有的代表旧的生产关系的法律体系，即"破坏"旧法，而不是"立"法。因为革命过程本身是破坏现有一切政治格局的过程，"革命的目的不仅是要变革旧政府，而且要废除旧社会结构，因此，它必须同时攻击一切现在权力，摧毁一切公认的势力，除去各种传统，更新风俗习惯，并且可以说，从人们的头脑中荡涤所有一贯培育尊敬服从的思想"。⑤ 革命组织最大的特点是强调整体意识，忽略个体权利，采取高度集权的模式。"革命很少尊重个人自由，革命崇拜武力，盲目信奉中央政权至高无上的权力。"⑥ 而不是崇尚具有稳定性、秩序性和强制性的法律。

---

① 《马克思恩格斯选集》第二卷，人民出版社1972年版，第138页。
② 《毛泽东选集》第一卷，人民出版社1991年版，第86页。
③ 《列宁选集》第一卷，人民出版社1972年版，第616页。
④ 王沪宁主编：《政治的逻辑》，上海人民出版社2004年版，第422页。
⑤ [法]托克维尔：《旧制度与大革命》，商务印书馆1996年版，第43页。
⑥ 同上书，第21页。

在新的政权建立之前，革命党在努力完成革命这一根本任务前提下，会以各种"立法"的方式让人们了解其革命的政治理想并使民众追随之，从而为取得政权后的立法作出准备。中国共产党之所以在革命早期，在根据地建立的苏维埃政权紧紧抓住了农民的心，跟随共产党闹革命，根本原因在于中国共产党的政策首先承诺要给农民土地。苏维埃政权颁布的《土地法大纲》，对农民占有土地的分配方式有了明确规定，极大鼓舞了农民的革命热情。因为"农民对地产的热爱今昔一致，都达到了顶点，土地的占有欲在农民身上点燃了全部激情"。[①] 农民的利益诉求决定了其政治取向，这也是在党的领导下中国农民革命具有彻底性的根本原因。从这一角度来看，革命党在推翻旧法的同时，对新法进行了具体的尝试和描绘，从而将革命党与领导立法的追求紧密结合在一起。

二 在野党与立法

在野党是相对执政党而言的，在西方国家，对于尚未执掌国家政权的政党，均称为在野党。反对党属于在野党的一种，因其在法律范围内，以反对执政党现有政策为目标，而称为反对党。作为反对党的在野党，主要的政党功能就是反对执政党，并为实现取而代之成为执政党而奋斗。在西方民主国家，在野党包括反对党都具有合法的参政议政权利，但因威胁到执政党的执政地位，其活动往往受到《政党法》的限制。与执政党一样，在野党的政治目标致力于控制和影响立法活动，但由于不具备执政优势地位，对立法的影响作用往往只能通过议会进行，通过议会的党组织提出某种法案，经在议会斗争、妥协并通过后上升为法律。

日本是实行议会内阁制的国家，日本"国会是国权的最高机关，是国家唯一的立法机关"。[②] 日本的在野党不可能直接通过政府提出利于自身政党利益的议案，只能将斗争目标集中在向内阁提交议案上。为尽可能体现本党主张和反映自己选民的利益，在野党将力量都集中在相关法案的修正上。所以，日本国会中具有重要"过滤网"作用的常设委员会成为在野党与执政党进行讨价还价并激烈斗争的基本平台。日本常设委员会的委员几乎均具有政党身份，每个委员只是所属政党的一分子，对提交上的

[①] ［法］托克维尔：《旧制度与大革命》，商务印书馆1996年版，第66页。
[②] 董璠舆译著：《日本国宪法精解》，中国民主法制出版社1990年版，第295页。

各类议案的态度必须与其所在政党的决定一致,个体意志很难得以张扬。所以日本的国会不可能脱离党派斗争而自主审议议案,在野党与执政党的力量抗衡是决定议案能否通过的关键因素。比如在著名的"电电公社"民营化议案审议过程。1984年4月,中曾根内阁将电信电话公社民营化有关法案的方案提交第101届特别国会审议,众议院通信委员会决定6月22日审议该法案。在野党社会党的主张基本与工会一致,不反对民营化,只要求对法案有关内容进行修正。但该法案在委员会审议前,国会举行各党在国会中的对策委员会委员长会议,各党立场在国会中均得以通报。在综合各党立场后,自民党作为执政党,给出的结论是难以对法案进行大幅度修正,即基本保持原貌。

  日本在野党与执政党抗衡的结果,往往是执政党的主张真正得以贯彻执行,在野党很难起到决定性作用。因为对于常设委员会的议员本身,受到所属政党主张的制约,不可能在议会中脱离本党自作主张,国会对法案的审议往往是形式上的立法程序,而在野党在国会中议员的数量并不占优势,真正的力量角逐取决于各政党的决策力量和幕后协商妥协的结果。

  同样,英国在野党也是处于少数党的地位,提出的法案如果没有执政党的支持,就难以通过。而真正在国会通过的法案80%是由政府提出的。作为议会内阁制的国家,在议会中处于执政地位的政党,其所属议员占据多数席位,由执政党组成内阁,建立政府。所以在英国,在野党的主张如果要在议会中得以通过,首先必须赢得执政党的支持,而这样的支持首先来自于在野党在议案的审议过程中强烈表达该党的利益诉求,因为唯有在议会中才有其表达的通道。同时,英国执政党对其议员也有明显的利益导向,即议员与政府主张连为一体,如果执政党议员向反对派投赞成票,那么往往会动摇政府的稳定和执政权威,再进一步就会影响到议员的个人利益。所以,英国议会中的各委员会议员必然会支持或服从所在政党的主张,而不是仅作为议会成员独立审议法案。

  总的来说,西方国家议会中的在野党通过议会表达和主张其利益诉求,提出法案,但结果往往并不能完全如其所愿,即使经过激烈的讨价还价,对法案的最终结论并不能起到决定性的作用。相对于执政党而言,在野党对立法的影响几乎会永远处于弱势。那么如何在立法过程中发挥更大的甚至决定性的作用?通过选举途径及各类院外活动,最终在选举中获胜赢得执政地位,其政党的意志和主张才能在实质意义上真正广泛地得以张扬和贯彻。所以，为取得立法主导权，在野党与执政党之间对于政权的角逐永无停止。执政党为维护其执政地位而不得不某种程度上与在野党采取妥协，这种妥协最终体现在有关立法方案上；在野党一方面企图通过执政党实现其自身利益主张，另一方面又通过各种方式不断向执政党施加压力，提出更加合乎最大多数利益的法案，争取更加广泛的支持，为在下一轮的角逐中上升为执政党而努力。

三 参政党与立法

在西方国家，参政党指参与执政的弱小政党。有的势力较强的政党为在竞选中打败旗鼓相当的竞争对手，有时会联合其他较为弱小的政党参与竞选，成为执政党后又联合执政。因此，这些参与执政的弱小政党即被视为参政党。那么，既然多党联合执政，也就是多党分享国家权力，联合执政的党也叫执政联盟，在根本利益上具有一致性，实际上这样的执政联盟也可以看作一个新的执政党。存在参政党的国家往往是实行多党制度的国家，参政党参政的方式概括起来主要有三种：一是参加竞选，参政党参加竞选并不是使本党成为唯一的执政党，而是协助力量较大的政党通过竞选赢得执政地位。同时，本党在参与竞选并获胜后，获得在国家政权和政治生活中的合法执政地位。二是制定和推行政策。政党赢得执政地位的目的就是实现本党的利益和意志，参政党同样如此，只是因为其力量相对较弱，所以联合力量较强的、政策和主张相近的大的政党，通过传播媒介、大力宣传、拉取选票等方式推销其政策，执政后便加以推行政策。三是成为联合执政的参政党，争夺议会和政府席位，参与执掌政权，政党的意志和主张得以张扬和实行。

我国的参政党与西方国家存在根本性的区别，从参政性质、内容到形式上都根本不同。从发展历程来看，1949年新中国成立后，中国共产党领导、八个民主党派参加的多党合作格局开始形成。1956年，毛泽东在《论十大关系》中提出"长期共存、互相监督"的八字方针，概括了中国共产党与民主党派之间的合作关系。但是，在其后的历史进程中，多党合作开始经历曲折与考验，尤其是"文革"十年，使多党合作制度遭受严重挫折。1978年，中共十一届三中全会确立改革开放的政策。1979年10月，邓小平在《各民主党派和工商联是为社会主义服务的政治力量》中表示："我们热诚地希望各民主党派和工商联都以主人翁的态度，关心国家大事，热心社会主义事业，就国家的大政方针和各方面的工作，勇敢地、负责地发表意见，提出建议和批评，做我们党的诤友，共同把国家的事情办好。"[1] 1982 年 1 月，全国统战工作会议提出中共与民主党派"肝胆相照、荣辱与共"的方针；同年 9 月，中共十二大把"肝胆相照、荣辱与共"同"长期共存、互相监督"并提，融为中共与民主党派合作的十六字方针；1989 年，中国共产党发布 14 号文件，明确民主党派在我国国家政权中的参政党地位；1993 年，我国参政党的地位上升为国家意志，"中国共产党领导的多党合作和政治协商制度将长期存在和发展"载入宪法；2005 年，中国共产党发布 5 号文件，推动多党合作的制度化、规范化和程序化；2007 年，《中国政党制度白皮书》的发表，使我国多党合作制度走向深化认识，也标志着我国民主政治建设方面形成了独特的思想和制度资源。总的来说，我国的政党制度是中国共产党领导的多党合作和政治协商制度，是共产党领导、多党派合作，在处理国家政权关系上是共产党执政、多党派参政。所以，中国共产党是执政党，八个民主党派称为参政党。中国共产党与参政党的关系具有以下几个方面特点。

首先，中国共产党和各民主党派有明确的必须共同遵循的政治准则。即坚持以马克思列宁主义、毛泽东思想、邓小平理论、"三个代表"重要思想和科学发展观为指导，坚持中国共产党的领导，坚持社会主义初级阶段的基本路线、基本纲领和基本经验；共同树立中国特色社会主义理论自信、制度自信、道路自信；坚持以宪法为根本活动准则，共同维护宪法尊严、保证宪法实施；坚持长期共存、互相监督、肝胆相照、荣辱与共的基本方针，各党派之间保持一种宽松稳定、团结和谐的政治环境。

其次，民主党派参政议政是长期、稳固的。我国各民主党派大多数在抗日战争和解放战争时期组建的，有的是在中国共产党的帮助和支持下组建的，致力于民族解放与和平民主事业。中国共产党领导的新生政权确立后，各民主党派成为中国共产党"致力于社会主义事业的亲密友党"，其参政地位是稳固的，而不是互相竞争、轮流执政的参政党；中国共产党作为长期执政的党，民主党派则作为长期参政议政的党；基于我国社会制度的性质、政权的性质和民主党派本身的性质，参政党的参政地位是长期不

---

[1] 《邓小平文选》第一卷，人民出版社 1994 年版，第 205 页。

变的，没有替代者。

再次，民主党派参政的基本内容包括参加国家政权，参与国家大政方针和国家领导人选的协商，参与国家事务的管理，参与国家方针政策、法律法规的制定和执行。

最后，人民代表大会是民主党派成员参政议政和发挥监督作用的重要机构。我国各民主党派的基本职能是政治协商、民主监督和参政议政。民主党派成员和无党派人士在各级人大代表、人大常委会委员和人大专门委员会委员中均占有适当比例，在各级人大领导班子成员中也有适当数量。政府同民主党派联系密切，国务院和地方各级政府根据需要召开有民主党派负责人和无党派人士参加的座谈会，就拟提交人民代表大会审议的政府工作报告、有关重大政策措施和关系国计民生的重大建设项目征求意见，通报国民经济和社会发展的有关情况。

基于参政党的基本特点及其与执政党之间的关系，参政党在立法进程中发挥着重要的提出议案、表达诉求、参与立法协商的基本功能。对立法结果起到重要的影响和作用。

四 领导党与立法

如果说革命党是性质问题，那么领导党则是地位问题。比如几个政党同为革命党，大浪淘沙，其中最能代表社会发展潮流和革命走向的政党会逐渐成为领导党，并在领导革命过程中，逐步成为各革命党的领导力量，在掌控国家政权后，转化为执政党。中国共产党成立时，国内已存在众多不同类型、不同规模的政党，但最后是由中国共产党领导中国革命走向胜利，它是中国革命的领导党。在西方国家多党制议会中，"没有政党，便不可能有议会制"。[①] 西方政党对议会立法的控制无处不在，政党的影响渗透到议会立法的每一个环节。政党对行政和司法的影响是间接的，而对议会立法的影响却是直接和公开的。具有相同价值取向的政党会结成议会党团，其中占据主导地位的政党即为领导党，在议会中的活动，领导党并不确定能够赢得执政地位，但其在议会中的利益争夺战中，处于所在党团的领导地位；在立法的表达和妥协过程中，则代表一方利益，组织党团力

---

① 蔡定剑、杜钢建主编：《国外议会及立法程序》，中国检察出版社2002年版，第5页。

量，进行利益表达，努力使自身所代表的利益能够在立法中得以体现和保障。

在西方，从政治权力运作角度看，领导是政治主体运用政治权力或权威，通过对政治客体的作用和影响，表达政治意愿，实现一定的政治目标。主要体现在为社会政治生活制定价值、规范、方向和目标，着眼于整体和长远利益；确立政治原则和政治决策，制定重大决策，对社会政治生活实行原则性和政策性领导；以政治权力为后盾和保障，在普遍推崇和实行民主与法制的基础上树立起权威，注重对所管辖范围政治生活的宏观控制。

在我国，中国共产党作为执政党，同时也是领导党。党的领导的实质，就是要坚持党在建设中国特色社会主义事业中的领导核心地位，发挥党总揽全局、协调各方的作用。"领导我们事业的核心力量是中国共产党。指导我们思想的理论基础是马克思列宁主义。"① 同时，中国共产党的核心领导地位是在领导中国人民进行革命、建设、改革的长期实践中形成的，是历史的必然选择，对当代中国社会的发展具有决定性的影响和作用。"中国共产党是全中国人民的领导核心。没有这样一个核心，社会主义事业就不能胜利。"② 中国共产党是无产阶级的先锋队，它通过正确合法的革命手段夺取了国家政权，建立了人民权力机构，党领导一切，党的政策是立法的灵魂和方向。"中国共产党领导层决定何种价值引导政策，制定政策的这种准则是在中国共产党的党纲中明确规定的。反过来，政府则在有关经济、文化、教育、军事及其他方面的政策上体现这些价值观念。"③

五 执政党与立法

在西方现代民主法治国家和社会，政党角逐国家政权主要发生在议会。面对在野党、反对党、参政党甚至革命党等不同性质、不同大小、不

---

① 毛泽东：《为建设一个伟大的社会主义国家而奋斗》（1954年9月15日），《毛泽东选集》第五卷，人民出版社1977年版，第133页。
② 毛泽东：《在接见出席中国新民主主义青年团第三次全国代表大会的全体代表时的讲话》（1957年5月25日），《新华半月刊》1957年第12号。
③ ［美］劳伦斯·迈耶等：《比较政治学——变化世界中的国家和理论》，华夏出版社2001年版，334页。

同愿望要求的政党，执政党为维护和巩固其既定的执政地位，掌控立法过程中的话语主导权是其必定坚守的主阵地。因为"立法工作与政党政治具有特别密切的关系，一个政党如何将其党纲政策的理想，转化为规范全国人民的制度与措施，尤其应该注意立法功能"。[①]

在民主执政、依法执政的时代背景下，执政党首先通过掌控立法权达到执政目的和要求，对立法过程的领导成为执政党的必然选择。英国是奉行"议会至上"的国家，是议会内阁制的典型代表。议会在英国国家权力体系中处于最高地位，似乎拥有至高无上的立法权。但实际上，按照英国的惯例，英国女王只能任命众议院中多数党的领袖为首相，再由首相组织内阁。所以，英国首相既是政府首脑，又是在议会中占据多数席位的政党的领袖。那么，首相所在政党自然成为执政党。同时，首相也成为联系和协调内阁与议会关系的关键人物。在这样的关系中，英国议会虽然拥有立法权，但在众议院掌握多数议席的首相代表其所在政党的政策主张提出议案，就会很顺利地通过议会审议的各阶段成为法律。

立法机构理性选择理论[②]认为，每一个议员独立行动都不可能实现其政策目标，因此议员需要与他人合作。但是，议员组建每一个联盟都必须分别与他人进行谈判，这样，形成有效联盟的成本就会很高。而建立一个正式的政党组织，就能使个人的立场形成共同的政党立场，这样，形成联盟的交易成本就会降低。结果在议会中就会形成一种分工：普通议员提供劳动力和技能，政党领导人分配专门委员会职位和政党职位，并且就复杂的立法议题决定"党的路线"。这些组织一旦建立，脱离它们的代价是很高的。

以英国众议院1956—1969年通过的议案为例，其中77%议案是由政府提出的，并且有96%的通过率，而由其他议员提出的议案只有27%被通过。所以，英国政府实际上控制着议会的立法权，并主导性地影响议会的立法进程。而英国政府是以在众议院占据多数席位的执政党的领袖为首相的。在英国议会的立法过程中，执政党直接主导立法过程。同样，即使

---

① 苏俊雄：《法治政治》，台北正中书局1990年版，第215—216页。

② 参见 D. R. Kiewiet and M. McCubbins, *The Logic of Delegation: Congressional Parties and the Appropriations Process*, Chicago: University of Chicago Press, 1991; G. W. Cox and M. McCubbins, *Legislative and Leviathan, Party Government in the House*, Berkeley: University of Cal-ifornia Press, 1993.

在三权分立的美国，总统所在政党一般也为执政党，总统代表其所在政党以行使立法否决权等方式对立法过程发挥关键作用。简而言之，西方国家政党在执掌国家政权后，执政党与国家立法的关系为：执政党在立法过程中发挥核心作用，是各项立法活动的领导力量，执政党领导立法成为议会立法过程中的关键要素。

在当代中国，依法治国最为根本和重要的就是要通过法定程序，把党的路线、方针、政策法律化。比如1982年宪法修改草案的起草，依据就是中共十一届六中全会通过的《关于建国以来党的若干历史问题的决议》和中共十二大文件。法律的全部内容，特别是有关制度、方针、政策等原则问题的规定，都体现了党的主张，并经法定程序，制定成法律、决定、决议，变为国家意志，成为全体人民的行为规范，在全体人民中实施。这是法治条件下，党领导国家事务的主要方式，即党领导立法。"当代中国的政治制度和框架的确是中国共产党一手造就的，坚持党的领导是维持这一制度的根本要求，这种地位使得它必须对国家中的重大立法进行干预，以免偏离本党的政治方向。这种领导对一个执政党是完全必要，甚至应该是系统的，事实上这是现代政党掌握执政权力的主要表现之一。"[1]

在我国，党领导立法就是凡关系国家事务的重大决策，中共中央向全国人大常委会或者国务院提出建议，由全国人大常委会或者国务院依法向全国人大提出议案，或者由国务院依法向全国人大常委会提出议案，由全国人大或全国人大常委会在充分审议的基础上，通过表决，按照少数服从多数的原则来决定，把党的主张经过法定程序变成为国家意志，实现党的主张和人民意愿的统一。即实现党的领导、人民当家作主和依法治国的有机统一。纵观中国立法过程，"没有中国共产党对法治的自觉追求，就没有中国的法治之路"。[2]

另外，政治领导人是指担任政治领导且具有重大政治影响力和号召力的特殊政治主体。政治领袖既可以是国家元首或政府首脑，同时也是政治组织的核心领导人，或者对某一政治过程产生重要政治影响并决定其政治结果的政治参与者。作为政治领袖，必须具备两个基本素质：一是必须具

---

[1] 韩丽：《中国立法过程中的非正式规则》，《战略与管理》2001年第5期，第16—27页。
[2] 覃福晓等著：《立法过程中的利益表达与整合机制研究》，中国民主法制出版社2011年版，第106页。

备长远观点,既要有目标和想象力,也要有明确的战略;二是必须具备全面观点,要看到一项决策同其他决策之间的关系。领袖如何领导?委派别人办事之前要自己对问题进行反复思考,拿定主意,并在主要问题上作出关键性决定。应该把办理一些事情的责任委托他人,但不可以而且不应该把决定办什么事情的责任委托他人,这恰恰就是大家把政治领袖推选出来让其应该做的事情。如果让工作人员替他思考,他就成了拥护者,而不是领袖了。

政治领袖是政治家中的精华,在政治生活和政治进程中居于核心地位,掌握执政党领导权并得以影响和控制他人,而且也因此承当重大政治责任。政治领袖的思想、工作思路对立法往往起到重要的影响甚至决定作用。新中国成立初期涉及的立法,往往通过党的领导人的批示、讲话等体现。1950年年底—1951年1月就镇反工作,毛泽东作出几次批示强调:"对镇压反革命分子,请注意打得稳,打得准,打得狠,使社会各界没有话说。"而如何做到打得准、打得狠,"所谓打得准,就是要注意策略。打得准,就是不要杀错。打得狠,就是要坚决地杀掉一切应杀的反动瓜子(不应杀者,当然不杀)"①。毛泽东的此类批语,成为新中国成立初期党领导制定《惩治反革命条例》的重要依据。

在西方国家,通过法律程序产生的政治领袖往往更加注重对立法的影响,因为立法是对其掌控政治权力的有力保障。一般认为西方国家具有法治传统,规则意识渗入每个人的潜意识中,政治领袖也是完全按照规则出牌,但事实绝非如此简单。"政治上的领导对人民不但要晓之以理,还要动之以情。领袖如果不能在感情上赢得人民,他们提倡的路线再英明也会失败。"② 领导本身在道德上是中性的,可以用来干好事,也可用来干坏事。政治领袖对法律的影响,因历史背景不同往往产生不同的结果。比如在恪守宪法的美国,亚伯拉罕·林肯也曾经不遵守法律,违反宪法。1864年他在一封信中解释了自己要大肆违反宪法规定的原因:"我曾发誓要维护宪法,因此,采取一切必要手段维护以宪法为组织法的本届政府和国家,对我来说是责无旁贷的。是否可能丢掉国家而维护宪法呢?按常理,生命和四肢都应该保护。然而,往往为了救命而必须截肢。聪明人绝不会

---

① 《毛泽东选集》第五卷,人民出版社1977年版,第42页。
② [美]尼克松:《领导者》,世界知识产权出版社1997年版,第487—488页。

为挽救一条腿或一条胳膊而丢掉性命。我当时觉得，为维护宪法，从而维护整个国家，有些本来不符合宪法但属于必不可少的措施，是可以成为合法的。不管正确与否，我就是这个理由，现谨公开声明此点。"①

政治领袖的特质是随着时代变化而发生变化的。尤其在现代，事物的变化日趋迅速。"一个国家发展的某一时期需要某种领袖，而在另一个时期也许就需要另一种领袖了，并且这些不同时期是迅速地接踵而至的。就其对领袖历史地位的影响而言，在适当时候下台有时可以同在适当时候上台同样重要。"② 所以，在民主法制社会中，需要的是拥有民主法制精神的政治领袖。"领导干部要多谋善断。多谋，才能善断。多谋，就要充分发扬民主，遇事多同大家商量，了解各种不同意见，才能集思广益，做到善断，不致武断，工作才能得到群众支持，少犯错误。"③ 政治领袖与被领导者之间应处理好民主与集中的关系。而政治领袖及其所在政党对立法的重视和依赖，直接推动一个国家和社会民主法制建设的进度和高度。

第三节 执政党领导立法

在现代法制社会，立法权发挥基础性的主导作用，立法是对社会利益分配格局的正式确认，执政党通过控制或影响立法实现其利益诉求是基本途径。所以，执政党（以下简称"党"）领导立法在世界各国政党活动中占据着越来越重要的地位。因为掌握了立法主导权，即掌控了国家政治话语权。

一 党领导立法的内涵

法律不是纯粹的政治统治工具，作为上层建筑的重要组成部分，法律必然带有政治性、带有意识形态内涵，法律具有阶级性，法律代表的是统治阶级利益。立法必然具有政治倾向性，必须由执政党来领导。中国共产党自成立以来与立法的关系表明，当中共重视、加强领导时，立法工作就得到长足进展，当中共反对法治、主张人治的时候，立法就变得虚无。一

---

① ［美］尼克松：《领导者》，世界知识产权出版社1997年版，第482页。
② 同上书，第503页。
③ 彭真：《论新时期的社会主义民主与法制建设》，中央文献出版社1989年版，第54页。

切都是在党的领导下发生的历史大变迁。总体上来讲，新中国成立以来我国的制度变迁是推动型的制度变迁过程，当这种制度变迁与社会需求和党的主张方针政策一致的时候，正是法治得到比较好的发展的时候。

政党对立法的领导，基于不同的政党及政党性质，具有不同的内涵。针对在野党、参政党来说，同样是由具有相同主张、价值取向和根本利益一致的党员组成，对立法的领导，主要是对其议会中的本党议员进行思想、政治、组织上的领导。本党议员只有贯彻并执行其所在政党的意志和主张，才能维护其个人的根本利益。执政党要实现其政治目标和政策主张，必然要将其政策主张通过立法途径转化为国家或全民意志，在立法基础上实现其政治目标。为维护和巩固执政地位，执政党领导立法，一方面是对其议会中党员的领导，另一方面是在与非执政党协商、妥协、斗争过程中，凭借其掌控的优势地位，领导其他非执政党，一般能够掌控法案的最终命运。当然，政党的这种约束力是有限的，如果不同意本党的主张或者有不同于本党的利益、价值取向，那么大多数宣扬民主价值的政党允许其党员的自由加入或退出。比如美国的两大党，党员可以宣布退出本党，也可以宣布再加入其他政党，并且可以即兴改变主意。而执政党相对于其他政党的领导，政党的本质属性是要追逐国家权力，所以即使对于参政党来说，这种相对稳固的执政联盟也会因为利益分裂而使立法过程中的领导权行使陷入困境。

在我国，要建设中国特色社会主义法治体系，建设社会主义法治国家，坚持党的领导，把党的领导贯穿到依法治国的全过程是根本保证。"坚持党的领导，是社会主义法制的根本要求，是党和国家的根本所在、命脉所在，是全国各族人民的利益所系、幸福所系，是全面推进依法治国的题中应有之义。党的领导和社会主义法制是一致的，社会主义法制必须坚持党的领导，党的领导必须依靠社会主义法制。"[①] 从我国立法过程中的核心要素看，党领导立法就是中国共产党依照法定程序，将党的意志上升为国家意志，并以法律的形式确定下来，从而发挥法制的规范作用，以实现经济发展、政治清明、文化昌盛、社会公正、生态良好的国家发展战略目标。依法执政反映在立法活动中，就是坚持党领导立法。

---

① 《中共中央关于全面推进依法治国若干重大问题的决定》，2014年10月23日中国共产党第十八届中央委员会第四次全体会议通过，2014年10月28日，新华社。

党领导立法主要体现五个方面的特点：第一，党的领导与社会主义法制具有一致性；第二，党对立法的领导包括对政治、思想领导和组织领导的有机统一；第三，根据党的组织机构设置和我国的立法层级情况，党对立法领导的主体是党的中央和地方组织。各级党组织在坚持民主集中制基础上，制定出符合客观经济规律和社会发展规律的路线、方针和政策，给立法活动指明方向和道路，对立法进行宏观上的领导和指导；第四，依法执政，既要求党依据宪法法律治国理政，也要求依据党内法规管党治党；第五，党的领导、人民当家做主和依法治国三者有机统一。党对立法的领导是宏观把握和具体工作领导的有机统一，是依靠群众和领导群众的有机统一，必须坚持走群众路线，运用群众立场、观点和方法，在领导立法过程中，问需于民、问计于民、问效于民。

二　党领导立法的必要性及重要意义

（一）党领导立法是巩固党的执政地位的客观要求

新中国成立后，中国共产党从领导人民为夺取国家政权而奋斗的革命党转变为领导人民进行经济、政治、文化等各项事业发展的执政党，党的性质和在国家政权中的地位发生了根本性变化。就执政党的一般意义而言，执政党是在执掌国家政权后进而治理国家的政治组织。作为执政党，如果不能介入或影响立法，那么作为一个政党角逐和获取国家政权的能力是有限的，也是与政党这一政治组织的性质和职能不相符的。"在我们这个国家，要把事情办好，没有党的领导不行。这是历史证明了的。宪法写了四项基本原则，其中一条就是坚持党的领导。"[1] 党推进制定1982年宪法的时候，将坚持党的领导写进宪法，是从我国民主政治发展和社会主义现代化建设长远角度考虑的，是巩固党的执政地位的客观要求。在现代民主政治时代，"立法是国家政权的最重要的活动之一，因而为政党所特别关注。各国政党要对政权活动发生作用，必须也必然涉足立法活动，这是由政党的性质和任务所决定的"。[2]

---

[1] 彭真：《加强民主与法制建设，加强人大常委会工作》，《论新时期的社会主义民主与法制建设》，中央文献出版社1989年版，第327页。

[2] 周旺生：《立法学》，北京大学出版社1988年版，第386页。

（二）党领导立法是贯彻执行党的政策的需要

在新民主主义革命和社会主义革命时期，党主要直接依靠发布政策贯彻执行党的意志和主张。十一届三中全会召开后，党顺应历史发展潮流，果断结束了"文革"时期"和尚打伞，无法无天"的混乱社会状态，提出发展社会主义民主、健全社会主义法制的政策要求。在民主政治稳步发展的社会条件下，党执政方式必须转变，不能再仅仅依靠政策命令，而是要将党的政策通过法律的形式上升为国家意志。我们"不仅有党，还有国家。党的政策要经过国家的形式成为国家的政策，并且要把在实践中证明是正确的政策用法律的形式固定下来"。① 党领导立法的过程就是贯彻执行党的政策的过程。"党的政策是立法的根本指导政策，立法以党的政策为依据和基础，遵循党的政策，不与党的政策相抵触。党还通过立法把自己的政策贯彻、体现到具体的法律、法规中去，使党的政策成为具有国家强制性的规范。可以说，在中国，各项立法都是在党的政策指导下制定的。"② 也就是说，党的政策指导是中国立法之根本，基于这样一种属性关系，党领导立法成为贯彻执行党的政策的必然途径。

（三）党领导立法是将党的主张与人民意志相统一的过程

党领导立法首先是由党的性质和定位决定的。在民主法治时代，中国共产党作为马克思主义执政党，要始终成为中国工人阶级先锋队，同时成为中国人民和中华民族的先锋队，始终代表中国先进生产力的发展要求、中国先进文化的前进方向、中国最广大人民的根本利益，始终走在时代前列引领中国发展进步，保证中国社会按照科学发展观的要求发展，制定出正确的符合客观发展规律的主张，必须努力掌握和运用民主法制社会治国理政的思想、经验，必须转变党的领导方式和执政方式，使党真正掌握法治的话语主导权并发挥引领作用，建设成为法治型执政党。那么，党领导立法是建设法治型执政党的首要环节。

党在长期领导我国立法实践工作中，总结经验，吸取教训，已经认识到"凡是关系国家和人民的大事，光是党内做出决定也不行，还要同人

---

① 彭真：《不仅要靠党的政策，而且要依法办事》，《彭真文选》，人民出版社1991年版，第493页。

② 周旺生：《中国立法五十年》，《立法研究》第一卷，法律出版社2000年版，第75页。

民商量，要通过国家的形式。"① 因此，党领导立法必须首先明确立法是为了谁，服务于谁？"立法要考虑到农民、工人……立法时脑子里要有农民、工人，要有十亿人民，要面向他们，为了他们。"② 也就是说，党领导立法必须坚持走群众路线，要体现广大人民群众的利益和意志，党领导立法的过程就是将党的主张与人民利益、意志取得一致的过程。"坚持共产党的领导，最根本的、最主要的是靠党的思想政治领导的正确，靠党的路线、方针、政策的正确；是靠党和人民群众的密切联系，党的主张经过反复和群众商量，集中群众的意见，反映最大多数人民的最大利益；是靠广大党员的带头和模范作用。同时，共产党在国家生活中的领导和活动，都是在宪法和法律的范围内进行的。宪法修改草案规定，一切权力属于人民，人民行使国家权力的机关是人民代表大会。党和人民的意见经由全国人大及其常委会通过和决定，才能成为法律，成为国家意志。在我国，宪法和法律是党的主张和人民意志的统一。"③

如何实现将党的主张与人民意志真正相统一，这就要求党在领导立法工作中，"始终坚持把实现好、维护好、发展好最广大人民的根本利益作为出发点和落脚点，无论在立法过程中还是在法律规范上都坚持以人为本，尊重人民主体地位，尊重人民首创精神，从人民的实践创造中汲取智慧，从人民的发展要求中获得动力"。④ 从而"能够在实践检验中，同人民一起，总结经验，坚持真理，修正错误，不断改善党的领导，加强党的战斗力，把我们的事业向前推进"。⑤

三 党领导立法的基本原则

立法原则，是"立法主体据以进行立法活动的重要准绳，是立法指

---

① 彭真：《不仅要靠党的政策，而且要依法办事》，《彭真文选》，人民出版社1991年版，第493页。
② 彭真：《新中国的政法工作》，中央文献出版社1993年版，第268页。
③ 彭真：《关于中华人民共和国宪法修改草案的说明》，《论新时期的社会主义民主与法制建设》，中央文献出版社1989年版，第103—104页。
④ 吴邦国：《立法都必须有利于加强党的领导》，2011年3月10日，在十一届全国人大四次会议第二次全体会议上的工作报告。
⑤ 彭真：《关于中华人民共和国宪法修改草案的说明》，《论新时期的社会主义民主与法制建设》，中央文献出版社1989年版，第103页。

导思想在立法实践中的重要体现。是执政者立法意识和立法制度的重要反映。"[1] 共产党的性质和地位决定了在领导立法过程中，必须遵循党的领导、人民当家做主和依法治国有机统一的根本原则，处理好党通过立法进行社会利益分配过程中公平正义问题。因为"如果社会中的典型组织只代表其中一小部分人的利益，则该组织必然不肯增加全社会的利益而作出自我牺牲；更为可能的是它将为其成员在社会总利益中争取更大的份额"。[2]

罗尔斯在《正义论》中提出立法要遵循两大原则：一是公平正义原则，二是尊重差异原则。前者强调"所有人在'原初状态'中都是'自由而平等的道德人'，他们在'无知之幕'的限制下，选择其用以规范社会的正义原则"[3]。并指出："所有的社会的基本的善——自由和机会，收入和财富及自尊的基础——都应被平等地分配，除非对一些或所有社会基本善的不平等分配有利于最不利者"。[4] 后者强调的是为符合正义，必须强调机会平等，保障存在差异的个体的基本权利。他强调"不是自由而是平等，……所有人都同意政治道德的如下假定，政府必须不仅仅关心和尊重人民，而且必须平等地关心和尊重人民"。[5] 所以，为了实现以上两个原则，政府就不能听任毫无限制的自由竞争导致的不公平，必须依据以公正为目标的法律制度来调节市场的趋势，保障机会公平平等所需要的社会条件。掌控国家政权的执政党领导立法过程中，必须遵循立法的基本原则，强调公平正义，维护全体人民的根本利益，使党的主张与人民意志高度一致，实现依法治国的基本目标。具体来说，中国共产党领导立法必须坚持以下原则：

（一）民主集中制原则

中国共产党的根本组织制度和领导制度是民主集中制，是少数服从多

---

[1] 张文显主编：《法理学》第 2 版，高等教育出版社、北京大学出版社 2003 年版，第 238 页。

[2] ［美］曼库尔·奥尔森：《集体行动的逻辑》，陈郁、郭宇峰、李崇新译，上海人民出版社 1995 年版，第 51 页。

[3] ［美］罗纳德·德沃金：《认真对待权利》，中国大百科全书出版社 1998 年版，第 357 页。

[4] 同上。

[5] ［美］约翰·罗尔斯：《正义论》，上海译文出版社 1991 年版，第 66—68、202 页。

数，个人服从组织，下级服从上级，全党服从中央。在行动上，任何党员都必须执行党中央的决定。党创造性地运用民主集中制原则，在集中指导下充分发扬民主，在民主基础上集中正确的意见，形成了党在组织建设上的鲜明特征。毛泽东在《论联合政府》一文中指出我国的政治制度"是民主的，又是集中的，就是说，在民主基础上的集中，在集中指导下的民主"。① 这是一个基本原则。党在全国执政以后，把这种制度运用于政权建设，在国家机构中实行民主集中制的原则。它体现为公民通过选举产生各级人大代表，通过各级人民代表大会行使国家权力。全国人民代表大会是国家最高权力机关，代表全国人民行使国家权力。人民代表大会充分反映民情民意，把人民的意志、意见和智慧集中起来制定成为法律和具有法律效力的决定，同时组成国家行政机关、审判机关、检察机关和其他国家机关去执行法律。

党领导立法必须坚持民主集中制原则，就是要在高度民主的基础上达到高度的集中。"我们的法律是在中共中央领导下，按照人民民主专政、民主集中制这个根本制度，在广泛发扬民主的基础上，由人民代表大会制度制定，它既代表了全国人民的利益和意志，也集中反映了党的政策和主张。党员干部遵守和执行法律，就是服从全国人民的意志，就是服从党的领导，就是维护人民的利益。"②1982年宪法的制定与修改，就是党领导立法坚持民主集中制原则的典型，实现了党领导立法与人民意志高度一致。彭真在五届全国人大五次会议上作《关于中华人民共和国宪法修改草案的报告》中指出："宪法修改委员会和它的秘书处成立以后，经过广泛征集和认真研究各地方、各部门、各方面的意见，于今年二月提出《中华人民共和国宪法修改草案》讨论稿。宪法修改委员会第二次会议，用九天的时间对那个讨论稿进行了讨论和修改。全国人大常委会委员、全国政协常委会部分委员、各民主党派和人们团体领导人也都提出了修改意见。"③ 并且，"许多重要的合理的意见都得到采纳，原来草案的基本内容

---

① 毛泽东：《论联合政府》，《毛泽东选集》第三卷，人民出版社1991年版，第1057页。

② 彭真：《关于七个法律草案的说明》，《论新时期的社会主义民主与法制建设》，中央文献出版社1989年版，第15页。

③ 彭真：《关于中华人民共和国宪法修改草案的报告——一九八二年十一月二十六日在第五届全国人民代表大会第五次会议上》，《人民日报》1982年12月6日第1版。

没有变动,具体规定作了许多补充和修改,总共有近百处,纯属文字的改动还没有计算在内"。① 彭真针对七个法律草案的审议通过过程作出结论:"五届人大通过的七个法律的草案,中共中央政治局两次开会专门讨论,原则通过后,又提到人大常委会,人大常委会审议后提到全国人大审议通过。政治局讨论通过,这不是代表党的意见!全国人民代表大会通过,还不是代表全国人民的意见!所以,法、人民的意愿和党的领导是一致的。"②

(二) 遵循宪法,维护法制统一原则

宪法是国家的根本大法,在一个国家的法律体系中居于最高地位。宪法权威不容侵犯。1954 年,中华人民共和国第一部宪法颁布实施后,毛泽东在《关于中华人民共和国宪法草案》的重要讲话中指出,"一个团体要有一个章程,一个国家也要有一个章程,宪法就是一个总章程,是根本大法。用宪法这样一个根本大法的形式,把人民民主和社会主义原则固定下来……就可以提高全国人民的积极性"。③ "文革"结束后,党的领导人认识到,要防止再发生"文化大革命"那种情况,只有主观愿望不行,总要有个"东西"作保障。什么东西?就是要健全社会主义民主和法制,十亿人民统统都要按宪法、法律办事,这就是一项重要保障。中国是一个拥有十亿人口的大国,社会阶层复杂,涉及政治、经济、社会、文化直到人民的吃饭、穿衣等具体问题。那么面对这么多的人,这么多的事,必须要有一个总章程来具体管理国家和社会。"这个总章程就是宪法。党有党章,全体党员都要遵守。国有国法,宪法则是十亿人民办事的总章程,全体人民包括党和政府都要遵守。"④

十一届三中全会后,党提出了发展社会主义民主、健全社会主义法制的历史任务。在党中央的直接领导下,我国开始重新修订国家的根本大法——宪法。1982 年宪法不是凭空拟定的,它是在 1954 年宪法基础上,

---

① 彭真:《关于中华人民共和国宪法修改草案的报告——一九八二年十一月二十六日在第五届全国人民代表大会第五次会议上》,《人民日报》1982 年 12 月 6 日第 1 版。

② 彭真:《关于全国选举试点工作的几点意见》,《论新时期的社会主义民主与法制建设》,中央文献出版社 1989 年版,第 46 页。

③ 《毛泽东著作选读》(下册),人民出版社 1986 年版,第 710—711 页。

④ 彭真:《论新时期的社会主义民主与法制建设》,中央文献出版社 1989 年版,第 117—118 页。

全面修订 1975 年宪法和 1978 年宪法过程中，从我国实际情况出发，既总结立宪经验，征求集中全国各方面的意见，并参考其他国家宪法制定的经验而拟订的。它是"党的意见和人民意见的统一"。① 因为"中国人民和中国共产党都已经深知，宪法的权威关系到政治的安定和国家的命运，决不容许对宪法根基的任何损害"。② 党领导人民制定宪法、维护宪法的权威和统领地位，也就是执行人民的意志，维护人民的根本利益。"全党同志都应该明确，维护宪法尊严和保证宪法实施，维护国家政令和法制统一，是一个重大政治原则问题。"③ 理顺党的领导与宪法统领地位之间的关系，为理顺党的领导与我国法律体系、立法系统之间的关系奠定了基础。

（三）法治原则

立法的根本目的是为实现依法治国确立前提和基础，实现国家治理的法治化和现代化。立法活动要在党的领导下，遵循法治原则，实现立法活动的法治化，是保证党领导立法民主化、科学化的基本前提。党领导立法的法治原则主要包括以下几方面的内容和要求。

一是党对立法活动的领导行为要有法可依，依法运行。党领导立法拥有法定职权，按照法定程序将党的主张上升为国家意志；二是制定规范党领导立法活动的法，确保党领导所立之法充分反映人民的意愿，有利于中国特色社会主义立法发展，有利于贯彻党的路线方针政策，推动中国社会健康发展；三是党领导立法所遵循的宪法、立法法，在党领导立法活动中必须具有最高地位和权威，党自觉服从宪法、《立法法》的程序要求，对违反既定的领导立法规则、程序要有相应的制约措施。

党在领导立法的历程中，坚持并保障法治原则，宪法是最为根本领导立法的根据和原则。为了规范立法活动，健全国家立法制度，建立和完善中国特色社会主义法律体系，保障和发展社会主义民主，推进依法治国，根据宪法，2000 年 3 月 15 日，第九届全国人民代表大会第三次会议通过

---

① 彭真：《认真组织全国种族人民讨论宪法修改草案》，《论新时期的社会主义民主与法制建设》，中央文献出版社 1989 年版，第 117 页。
② 彭真：《论新时期的社会主义民主与法制建设》，中央文献出版社 1989 年版，第 171 页。
③ 江泽民：《加强社会主义民主法制建设》，江泽民在参加八届全国人大五次会议、全国政协八届五次会议的党员负责同志会议上的讲话。

并颁布立法法。为我国新的历史时期党领导立法活动提供法律根据,对党领导立法有了法律条文上的明确规定。但在我国的立法实践中,党领导立法具体规则、程序尚未在宪法、立法法及其他法律中体现,党领导立法的法治原则还有待进一步具体化,建立起一套较为完善的党领导立法制度。

(四) 科学立法原则

在党的领导下科学立法原则,要树立科学的立法理念,把立法当作科学对待。必须遵循客观规律和实际需要,通过深入调查研究、科学设计,真正通过立法来解决现实生活中的各类问题;要建立科学的立法权限划分、立法程序设计等制度体系;坚持科学的立法技术问题,将立法中坚持从实际出发与立法理论指导相结合、处理好立法超前性与滞后性关系等;要加强立法者和立法工作人员队伍建设,真正建立起高素质的立法人才队伍。在我国,党领导立法坚持科学立法原则,重点要坚持以下原则。

1. 科学设置立法权限

中国共产党自领导人民完成新民主主义革命并开始建设社会主义国家以来,领导人民建立了各级国家政权机构,其中,全国人民代表大会作为代表全体人民意志的最高国家权力机关。那么,如何处理好坚持党的领导和发挥国家权力机关作用的关系,进而保证党领导立法工作顺利展开?要通过国家权力机关即人民代表大会实现党对立法的领导,科学设置国家权力机关立法权限,理顺党的领导与国家权力机关之间的关系。首先,建立健全人民代表大会制度,是为了更好地坚持党的领导,二者的根本目的和任务都是一致的,关键是侧重点有所不同。我国人民代表大会及其常委会,是在党的领导下,代表人民直接管理国家,主导立法,监督宪法、法律的正确实施。健全人民代表大会制度,正是为了更好地实现党的领导,更好地为最广大人民的最大利益服务。

1982年宪法颁布之前,人大最主要的立法权集中在全国人民代表大会。1982年宪法修改草案中,根据发挥中央和地方两个积极性的原则,在中央的统一领导下,中央与地方适当分权,加强地方的分权,确定省、自治区、直辖市人大及其常委会有权制定和颁布地方性法规。五届全国人大二次会议制定的《地方各级人民代表大会和地方各级人民政府组织法》第27、28条作出明确规定,省、自治区、直辖市人民代表大会和它的常委会,在同国家宪法、法律、政策、法令、政令不抵触的前提下,可以制定和颁布地方性法规。这为我国党领导立法科学设置立法权限提供了法律依据。

科学设置立法权限还体现在人大与行政机构之间的立法关系。"全国人大和国务院的根本关系,按照宪法规定,全国人大是最高国家权力机关,国务院是最高国家权力机关的执行机关,是最高国家行政机关。它们之间的关系是很清楚的。一个是权力机关,一个是它的执行机关,办事都是以人民利益为根据,以宪法为准绳,都是在中国共产党的领导下,方针、政策、目标是一致的,不能以唱'对台戏'为方针。"①行政机构通过制定行政法规、起草法律草案等履行一定的立法权,但人大作为立法机关,拥有最高立法权。当行政法规与宪法、法律有抵触时,人大及其常委会拥有否决权。行政机构以执行法律为主要职能,二者之间的根本职能不同,使人大与行政机构之间的从属关系泾渭分明。

2. 科学进行立法决策

要坚持党的政策和立法相结合,以党的政策引领立法实践。党的政策为立法提供了方向指引和原则指导,党的正确领导来源于对国家、社会的正确认识并制定切合实践基础的政策。毛泽东曾指出,"一个革命政党的任何行动都是实行政策。不是实行正确的政策,就是实行错误的政策;不是自觉地,就是盲目地实行某种政策。所谓经验,就是实行政策的过程和归宿"。② 其实,在现代政党政治时代,政党尤其执政党是国家立法工作中事实上的决策主体,执政党政策在立法活动中起到关键作用。我国法律与政策的本质属性关系就是法律是党和国家的方针、政策定型化的表现,是把实践证明比较成熟的党和国家的方针、政策用法律的形式固定下来。所以,党领导立法的过程,就是将党的政策法律化、制度化、具体化的过程,是党实现其在某一时期的执政目标和任务的重要一环。

3. 以调查研究为前提

中国法制发展到今天,立法实践经验很丰富,立法理论成果和法律成果比较显著。但是,法学研究与立法实践相脱节的问题长期以来并未得到根本解决,相反,与彭真等老一辈立法实践经验及理论研究状况相比,立法研究与立法实践背道而驰的矛盾却愈演愈烈。"经过几十年的实践,我

---

① 彭真:《全国人大专门委员会怎么工作》,《论新时期的社会主义民主与法制建设》,中央文献出版社1989年版,第184—185页。

② 毛泽东:《关于工商业政策》,《毛泽东选集》,人民出版社1991年版,第1286页。

们发现这种研究方式和思维方式已经远远过时了,中国的法学总体来说,虽然取得了巨大的成就,但是在很多方面还存在着上不沾天、下不着地的情况。上不沾天,就是说你跟国外的最先进、最发达、最前沿的理论大家和法学的阵营相比,我们还有相当大的差距。下不着地,根据我们的中国实践社会土壤来看,又接不了地气,处在中间飘移的状态,这样的发展既没有根源,又没有引导的力量,这样下去肯定有很大的局限。"[1] 要加强运用实证方法分析当前中国立法建设实际情况。比如法学研究者应加大自有调研数据的分量,用科学的方法获取第一手的直接的数据,通过亲身的调研挖掘法治发展的实证数据,从纯粹学术思维逐步转向为比较关注现实,从关注理论论证更多地转向实证研究,从而更好地为党领导立法实践服务。

四 党领导立法的基本要素

(一)党领导立法的依据

党领导立法的依据并不仅仅体现在宪法、立法法等法律规范中。在我国,中国共产党作为中国社会制度及其变迁的直接缔造者和推动者,党对国家政权实行政治领导、思想领导和组织领导,党领导立法既是中国社会历史发展演变的客观需要,也是经实践证明切合中国实际的现实选择,更是当今世界政党政治时代的必然要求。

首先,党领导立法体现在党的各项方针政策上。十一届三中全会上,吸取"文革"混乱局面的教训,党开始重新重视民主法制建设,提出了加强社会主义民主,建设社会主义法制的政策要求,提出"有法可依、有法必依、执法必严、违法必究"十六字法制建设方针,并领导开展了修订宪法、加强经济领域为重点的一系列立法活动。党的十五大确立了依法治国、建设社会主义法治国家的基本治国方略,明确在党的领导下推进依法治国,即"广大人民群众在党的领导下,依照宪法和法律规定,通过各种途径和形式管理国家事务,管理经济文化事业,管理社会事务,保证国家各项工作都依法进行,逐步实现社会主义民主的制度化、法律化,使这种制度和法律不因领导人的改变而改变,不因领导人看法和注意力的

---

[1] 李林:《法治蓝皮书这十年——法学研究也能创造社会影响力》,法制网 2012 年 3 月。

改变而改变。"2010 年，经过三十多年的发展，在党的领导下，中国特色社会主义法律体系得以形成，党领导立法发展有了质的飞跃。

其次，通过党内制度建设使党领导立法有章可循。1990 年 3 月 12 日中国共产党第十三届中央委员会第六次全体会议通过《中共中央关于加强党同人民群众联系的决定》中指出，"有关国家事务的重大决策，要经过人大和政府通过法律程序变成国家意志，党组织和党员都要严格依法办事"。1991 年党中央《关于加强对国家立法工作领导的若干意见》的文件是党的历史上第一份确定党中央立法介入的范围和程序的文件。

最后，党领导立法在宪法、立法法均有所体现。宪法序言中指出，"中国各族人民将继续在中国共产党领导下，在马克思列宁主义、毛泽东思想、邓小平理论和'三个代表'重要思想指引下，坚持人民民主专政，坚持社会主义道路，坚持改革开放，不断完善社会主义的各项制度，发展社会主义市场经济，发展社会主义民主，健全社会主义法制……"健全社会主义法制，正是党领导立法的根本任务；《立法法》第三条明确规定："立法应当遵循宪法的基本原则，以经济建设为中心，坚持社会主义道路、坚持人民民主专政、坚持中国共产党的领导、坚持马克思列宁主义毛泽东思想邓小平理论，坚持改革开放。"可以说，党领导立法作为一项基本政治制度，在我国的立法实践中正在逐步走向制度化、规范化。

(二) 党领导立法主体

现代民主社会特别是社会主义民主立法，就是人民意志的汇集和表达。"法律规范的正当性与公众审议进程中的理性共识被连接在了一起，如此进程向相关个人的需求、喜好等个体性因素平等开放。"[1] 人民意志的汇集和表达，可能是一种决策或决定，更多的是通过立法，就是法律的形式表现。立法本质上是人民意志的汇集和表达，立法权追求的价值目标是民主，没有民主就没有现代立法，因此立法的制度设计和程序安排通常是集体行使权力、少数服从多数。而立法者在这一过程中，必然要立足人民的利益和意志，使其制定的法律真正能够得以实施。即使在美国这样的国家，联邦大法官拥有舆论支持的巨大权力。但这种权力与人民对法律的服从与否息息相关。只要人民同意服从法律，他们就力大无穷；而如果人

---

[1] T. McCarthy, "Kantian Constructivism and Reconstructivism: Rawls and Habermas in Dialogue", *Ethics*, 1994, 105 (1): p.55.

民忽视法律，他们就无能为力。因此，让人民同意并服从法律，人民参与立法是根本途径。"公众参与立法的程度是衡量一个国家立法民主化程度的重要指标之一。扩大立法的公众参与，有助于广大人民群众感受立法、了解立法，深刻认识法律的权威和价值，从而提高法律实施的效果；也有助于多元利益诉求通过立法程序得到合理平衡，从制度源头上预防与减少社会矛盾冲突。"①

人民群众参与立法的机制可以是多角度的、全方位的，同时必须是有序的。民主的模式有直接民主和间接民主。人民群众参与立法既有古希腊式的全民公决的立法模式，又有现代民主社会在间接民主下议会立法的模式。在间接民主社会，并不是完全由人民选举出代表作为立法者，在立法实践中，立法者既包括立法机关的专职人员，还包括专家学者、群众个体或团体。人民参与立法具有一定的独立性，相对于代表机关的立法来说，可以视其为一种独立的立法程序。而公民直接参与立法，更重要的还是应当侧重于让代表机关的立法具有更广泛的民意基础，能够使立法机关的立法活动的民主性得以真正彰显。所以，公民直接参与立法，既有以集体方式出现的，也有以个体或团体方式存在的。而由个体或团体参与代表机关的立法过程，使代表机关的立法程序更加民主化。

立法活动完全由立法机关来进行，必然涉及法治原则约束的有效性问题，同时也涉及代表机关以外的立法活动的正当性。因为在直接民主原则可以直接制度化的地方，间接民主原则应当服从于直接民主，这就需要在立法程序中尽量引入直接民主的价值因素，尽量让人民直接参与立法。在民主立法的前提下，人民意志如何表达是一个关键问题。比如听证会在我国的发展，标志我国公民在立法中开始扮演越来越重要的角色。2005年9月27日，我国首次举行了关于个税法的听证会，立法听证会从此走入中国普通人的视野。个税法立法听证会使普通百姓历经了一次极为重要的民主立法实践，并从中得到了必要的方法训练和经验储备，为后来我国公民深入参与立法活动发挥了重要的铺垫作用。

立法主体是人民，但必须有党的领导，党领导立法是人民发挥主体地位的根本途径。同时，在现代民主社会，党不可能领导人民通过直接民主

---

① 韩大元：《在科学立法民主立法方面迈出新步伐》，《人民日报》2011年3月4日。

方式立法，必须依托一定的平台。所以，党领导立法主体体现在议会等平台。"议会政治与政党政治合为一体。"①随着议会制度的不断完善，政党制度逐步完善。"在议会民主国家中，持相同政见的人们联合起来，组成政党，影响议会立法，政党是形成公共意志的主要工具。"② 政党最初是议会中的政治派别，一方面，议会孕育、培养了政党，议会是政党的栖身地，是政党的政治舞台，是执政党执政的重要制度载体。议会拥有国家立法权，在国家政治生活中处于举足轻重的地位。政党要在国家政治生活中取得决定性的地位，以实现本党所代表的阶级或阶层利益，就必须要进入并控制议会。可见，在西方议会制国家，政党明确其产生就是为了代表一部分人的利益，"就是一些公民，不论是全体公民中的多数或，团结在一起，被某种共同情感或利益所驱使，反对其他公民的权利，或者反对社会的永久的和集体利益"。③ 另一方面，政党推动着议会制度的成熟和发展，领导或主导着议会中的政治活动，决定着议会中的政治格局。"造成党争的最普遍而持久的原因，是财产分配的不同和不平等。有产者和无产者在社会上总会形成不同的利益集团。债权人和债务人也有同样的区别。土地占有集团、制造业集团、商人集团、金融业集团和较小的集团，在文明国家里必然会形成，从而使他们划分为不同的阶级，受到不同情感和见解的支配。管理着各种各样，又互不相容的利益集团，是现代立法的主要任务，并且把党派精神和党争带入政府的必要的和日常的活动之中。"④ 西方国家先有议会再有政党，议会孕育和培养了政党，也是政党主要的栖息之地。所以，政党不可能获得超出议会之上的地位。

欧洲大多政党通过议会党团实现对议会的控制，党领导立法的主体是议会党团。议会党团最主要的职能是沟通政党与本党议员之间的想法，统一本党议员的行动，从而影响议会相关决定。因此，一个国家内的议会党团一般由属于同一政党的议员单独组成，并以该党名称命名。在德国，自联邦德国成立以来，基督教民主联盟一直同基督教社会联盟联合组建议会

---

① 田穗生等：《中外代议制度比较》，商务印书馆2000年版，第306页。
② Hans Kelsen, *Genera Theory of Law and State*, California: Harvard University Press, 1949, p. 295.
③ [美]汉密尔顿、杰伊、麦迪逊：《联邦党人文集》，商务印书馆1980年版，第45页。
④ 同上书，第47页。

党团，称为"基督教民主联盟—基督教社会联盟议会党团"。在一些国家，对各党组成议会党团的最低门槛进行了限制。如德国规定在联邦议院中占有至少5%的议席，法国规定必须达到议会章程规定的最低人数限额，即国民议会为20人、参议院为14人，才能组成议会党团。因此，没有达到规定指标的政党不得不与其他政党组建联合议会党团。2007年，法国共产党在国民议会选举中由于只得到了15个议席，没有达到该国规定的单独组成议会党团的最低限额，被迫与绿党和一些左翼议员组成了一个名为"民主与共和左翼"的议会党团。此外，那些只有少数或个别议员的政党，其议员大多依附于其他政党的议会党团。在德国，议会党团已发展成为联邦议院政治权力的主要驱动力量，议会党团成为议会活动的实际主宰者，使整个德国政治体制变为"议会党团的政府"。德国议会的组织政府、立法和监督等职能，基本都是由议会党团来履行的。美国两大党的议会党团由各党的全体议员组成，包括党团会议、督导以及各种委员会，如委员会事务委员会、指导与政策委员会等组织机构。议会党团的绝大部分职能通过党团会议的形式完成，两党利用党团会议来收集和发布信息，进行立法研究，批准政策委员会的决定，指示相关委员会的报告内容。内阁制国家议会党团的作用较大，特别是占议会多数席位的执政党，党的领袖更是凭借该党的议会党团来控制整个议会。

在我国，人民代表大会及其常委会是最高国家权力机关，拥有最高国家立法权，党领导立法的一个重要体现就是党对人大的领导。有学者指出，"有许多关隘需要逾越，如宪法和法律至上，依法治国的实际推行，全能政府变成有限政府，对政府权力的法律和实际的限制，司法独立的真正实行，党政关系的切实改善，特别是党对人大领导的最优化体现"。[①] 立法是将党的主张与人民意志相统一的过程，"党与人大的关系并不是上下级的组织隶属关系，党的路线、方针、政策及主张只能通过其执政地位经法定程序变成国家意志而得以贯彻执行"。[②] 在立法实践中，如何切实发挥党领导立法主体作用，真正实现人大及其常委会在党领导立法基本格局中的主导作用，一个基本主体是人民通过选举产生的代表及人大常委会党组。同样，"民主党派作为参政党也应该把来自人民实践而形成的正确

[①] 《宪政建设和人大制度理论研讨摘要》，《人大研究》2004年第11期（总第155期）。

[②] 同上。

观点和建设性意见，通过参与人大工作的代表反映出来"。①

（三）党领导立法的方式

西方国家执政党在立法活动中发挥领导核心作用主要通过以下几种方式：一是以执掌公共权力的方式在政权体制内进行领导。即通过掌控和影响议会、政府，主导国家政权与社会生活，使本党的纲领和主张变成国家法令、政府意志和社会现实。二是通过政权内外的党组织和担任政府职务的党员个人（总统、首相、各部门各地区长官），对立法发挥领导作用。尽管西方多数执政党不对政权机关和社会直接发号施令，但由于其具有处于执政地位的优势，党的理论、纲领、方针、政策通过不断宣传和游说等方式，为本党以外的更多议员、政府官员和民众接受。对于本党之外的拥护者和追随者来说，执政党实际上是起到了率领和引导的作用。三是政权外面的各级党组织对社会进行思想政治方面的引导和领导。即向民众宣传灌输本党的政治理念和纲领、政策、主张，使民众至少是部分民众自愿跟着执政党走。这种形式主要不是靠政权的力量，而是靠政党的吸引力和影响力，是通过政党的方针政策等所体现出来的国家治理能力和水平赢得人心。这就不属于执政而仅属于领导的范畴。

在不同的历史时期和不同的历史任务条件下，党发挥领导作用的方式必然不同。革命战争时期，革命党以领导人民夺取国家政权为根本目的，破坏和推翻旧政权的法律规约是其重要目标之一。所以，党主要以直接发布命令的方式发挥领导核心功能。党领导人民取得国家政权，建立起人民民主专政的国家后，党处于执政地位，党如何实现对国家政权的领导？党在革命战争年代形成的领导方式必然不能再适应新的形势要求，充分认识执政党与法之间的关系，转变党的领导方式是党领导立法的根本前提。"为了实现党对国家的领导，各级党委的一项重要任务就是抓社会主义民主与法制建设这件大事。一个地方的民主与法制搞得怎么样，人大常委会当然有责任，但首先党委要负责。"② 党领导立法，要将党的政策切实蕴含在立法机关的立法工作中。针对党与法实质关系之间是法大，还是哪一位首长、哪一级地方党委大的设问，彭真回答道，"我看，法大。这次公

---

① 郭天玲：《民主党派参政与人大代表工作的关系》，《前进论坛》1999年第5期。
② 彭真：《加强民主与法制建设，加强人大常委会工作》，《论新时期的社会主义民主与法制建设》，中央文献出版社1989年版，第327—328页。

布的七个法,草案是经过中共中央政治局原则批准,是经过全国人大常委会提请全国人民代表大会审议通过的,它是代表党和全国人民的意志和利益的。有谁比党中央还大,比全国人民代表大会还大呢?"①

党对立法机关的领导方式主要是政治、思想和组织的领导。"我国法律是在党的领导下,由国家最高权力机关制定的,它反映了全国人民的意志和利益,又体现了党的政策和主张,具有极大的权威。因此,从党中央委员会到基层组织,从党中央主席到每个党员,都必须一体遵行。""执行法律和贯彻执行党的路线、方针、政策是一致的。今后,各级党组织的决议和指示,都必须有利于法律的执行,而不能与法律相抵触。如果某些法律的某些内容确已不适应形势发展的需要,应通过法定程序加以修改。"② 因此,通过将成熟的党的路线、方针、政策用法律的形式固定下来,实现党对立法工作的领导。"党委怎样领导政权?是政治上的领导,还是组织上的隶属关系?在政治上必须坚持党的领导……从组织上说,那就有所不同,政权机关并没有义务服从党委,政权机关对党委不是组织上的隶属关系。相反,对政权机关的决议,所有人都要服从,共产党员也不例外,党委也不例外。"③从另一个角度说,"党的领导与依法办事是一致的、统一的。党领导人民制定宪法和法律,党也领导人民遵守、执行宪法和法律"。④ 在我国,党的领导是建立在依法执政基础上的,既要发挥领导核心作用,又需要党适应法治的要求,将自己置于宪法和法律的规范约束下。这样,要适应法治的要求而改善党的领导方式和执政方式,避免因党的领导方式不适当在人民心中造成不守法律的印象。

充分发挥国家权力机关的立法职能。人大及其常委会是我国的立法机关,是党领导立法的直接载体。在社会结构、社会利益日益多元化的当代中国,为了将党依法治国的政策落到实处,党领导立法必须运用好人大及其常委会这一平台。要"发挥人大及其常委会在立法工作中的主导作用。

---

① 彭真:《在全国检察工作座谈会、全国高级人民法院和军事法院院长会议、第三次全国预审工作会议上的讲话》,《论新时期的社会主义民主与法制建设》,中央文献出版社1989年版,第22页。

② 中共中央关于坚持保证刑法、刑事诉讼法切实实施的指示,1979年。

③ 彭真:《开好人民代表大会议,改善党对政权的领导》,《彭真文选》(1941—1990年),人民出版社1991年版,第227页。

④ 同上书,第493页。

建立由全国人大相关专门委员会、全国人大常委会法制工作委员会组织有关部门参与起草综合性、全局性、基础性等重要法律草案制度"[1]。加强社会主义法治建设，必须加强人大在立法中的主导作用，树立人大作为立法主体的权威性。同时，要处理好改革与立法之间的关系，人大及其常委会应借助于法律的强制性和严肃的程序，成为社会利益诉求的主渠道，并不断适应这种利益诉求的变化。"随着形势的发展、情况的变化、经验的丰富，法律的有些规定不适用或者需要补充了，那就必须加以修改。但是，第一，在没改以前，谁也得遵守。第二，要改也得经过法定程序。全国人大或人大常委会制定的法律，只有全国人大或人大常委会才能修改，其他任何机关、任何个人都无权修改。即使中共中央认为需要修改，也是要提交全国人大或人大常委会审议通过修改才能成为法律。"[2]

（四）党领导立法程序

根据哈贝马斯的程序主义法正当性理论，在立法过程中，正当性并不是指存在一种可指定的既定根源，而是在立法活动进程中，通过设计出的正当程序，让参与者在这种程序中以平等合作的方式催生出正当性，从而使整个立法进程及结果具有正当性。正当的立法程序设计是立法正义的关键。"法既不是通过它自身的法律形式也不是通过一种先天的道德内涵来获取充分的规范性意涵，而是通过一种能够产生正当性的立法程序。"[3] 所以，党领导立法必须注重程序，遵循领导立法程序上的正当性，从而真正保证将执政党的政策和主张通过法定程序上升为国家意志。

以严谨遵循立法程序著称的德国议会党团的立法活动是典型。作为社会政治权力实体代表的德国各党派的议会党团在德国的联邦议院中具有重要的政治地位，每个议员都属于议会党团。在所选出的联邦议院召开第一次会议前，每个政党只要取得了5%以上的议席，就可以组成自己的议会党团，选出自己的领导机构，负责处理该党在议会中活动的一切事务。议

---

[1] 《中共中央关于全面推进依法治国若干重大问题的决定》，2014年10月23日中国共产党第十八届中央委员会第四次全体会议通过，2014年10月28日，新华社。

[2] 彭真：《在全国检察工作座谈会、全国高级人民法院和军事法院院长会议、第三次全国预审工作会议上的讲话》，《论新时期的社会主义民主与法制建设》，中央文献出版社1989年版，第23页。

[3] J. Habermas, *Between Facts and Norms: Contributions to a Discourse Theory of Law and Democracy*, tr. William Rehg, Cambridge: Polity Press, 1997, p.135.

会党团在德国联邦议院中通过法案过程中,常常起决定性作用。联邦议院在通过法律条款的程序中,主要目的是听取各政党对法律草案的最后意见,这个意见是举足轻重的,因为法律条款的修改,必须得到一个议会党团或至少5%的联邦议院议员的支持;在议院中有重要影响的元老委员会,是各党团按议席多少推荐出的显要议员组成的,是各政党领导人发挥作用的政治场所之一。所以,议会党团作为执政党的政治组织代表机构,在议会活动中遵循了得到认可的程序规则,对议会的立法活动起到了领导作用。

从制度上确立党对全国人大立法工作领导的程序。2005年制定的《中国共产党全国人大常委会党组关于进一步发挥全国人大代表作用加强全国人大常委会制度建设的若干意见》要求,全国人大常委会党组在党中央领导下,在全国人大及其常委会依法履行职责的过程中,保证全面贯彻落实党的路线方针政策和党中央的决策。全国人大会议的召开,全国人大常委会会议的议程安排,全国人大及其常委会的五年立法规划、准备制定的政治性法律和重大的经济法律,有关法律起草中遇到的重大问题,法律审议中重大的分歧意见,以及监督和决定重大事项、干部任免等工作中的重大问题,由全国人大常委会党组报请党中央决定或者批准后再进入法定程序。全国人大常委会组成人员中的中共党员,将党组织临时关系转到全国人大常委会机关,组成临时党支部,受全国人大常委会党组领导。全国人大常委会党组就人大工作中的重大问题,通过党内组织生活,统一党员的认识,严格要求全体党员牢固树立党的观念、政治观念、大局观念、群众观念,保证党的路线方针政策的贯彻落实。

第二章 中国共产党领导立法历史考察

新民主主义革命是指中国共产党以革命党的性质建立并发展起来的，以夺取国家政权为目标的民主革命。身为革命党，根本任务是领导人民推翻现有腐朽政权，获取民族独立，建立党的宗旨和主张所确立的人民民主国家政权。其根本特点是以阶级矛盾根本对立为前提，"以革命的阶级推翻反革命的阶级政权"，打破旧的国家机器，横扫一切旧的法律制度，实现人民当家作主。革命的根本目的不仅是推翻旧世界，更重要的是建立新政权。虽然中国共产党自成立之日起即以取得国家政权为目的而从事推翻现有政权的革命活动，但对如何执掌国家政权也在各地进行了探索和尝试。在江西瑞金建立了中华苏维埃政权，在陕北根据地进行了局部执政的政权建设。在政权建设中，对党领导立法进行了初步探索，为新中国成立后从革命党向执政党转变、建立人民民主专政的国家政权积累了宝贵的实践经验。

第一节 中国共产党关于革命与法初识

中国共产党成立之始，缘于对西方民主价值观的认同和对中国社会的反思，即确立了对法治的追求。但是，中国社会严酷的政治斗争现实，中国共产党认识到，自身的性质和目标追求决定了其在中国社会并不存在合法的生存发展途径，不可能如西方社会议会斗争中的革命党一样达到目的，只有以推翻现有政权为根本任务之一，实施暴力革命，才能获取国家政权。

一 党的产生和定位

1921年7月23日，中国共产党第一次代表大会召开，确定党的名称为"中国共产党"，通过了《中国共产党纲领》。同年12月，《中国共产党宣言》中指出，中国共产党是中国工人阶级的领导者，党领导工人运动的主要方式是借鉴西方资本主义国家法律范围内的罢工斗争,以期实现中国城市工人阶级的利益。即"革命的无产阶级的产业组合定要用大罢工的方法,不断地扰乱资本家的国家,使劳动群众的敌人日趋软弱。要是到了可以从资本家手中夺得政权的最后争斗的时机,由共产党的号召,宣布总同盟罢工,这就是给资本制度一个致命的打击"。正如《陈独秀致中共一大代表信》中指出:"一曰培植党员;二曰民主主义之指导;三曰纪律;四曰慎重进行发动群众。政权问题,因本党尚未成立,应俟诸将来,而先尽力于政治上之工作。"一大通过的《关于当前实际工作的决议》认为,在反对军阀官僚的斗争中,在争取言论、出版、集会自由的斗争中,党应采取独立的政策以维护无产阶级的利益,不同其他党派建立任何联系。这时的中国共产党,尚处在幼年时期,对中国社会复杂的国情尚未认识清楚。把全部革命理想寄托于城市工人大罢工,试图以此从资本家手中夺取领导权。

二 通过议会革命争取合法权益

在中国共产党成立之前,国际共产主义运动创造了两种夺取国家政权的方式:一是通过议会合法斗争赢得政权,后来这种方式被列宁斥之为修正主义;二是通过暴力革命取得国家政权,如俄国十月革命。党成立之初,因为缺乏革命经验和对国情的深入了解,曾幻想通过合法的议会斗争取得政权。

在中共二大通过的《关于议会行动的决案》中,指出西方共产党的议会行动已沦为议会投机行动,将议会革命行动抛于九霄云外。"在经济先进国,资本主义的大生产既安然发展过好几十年,于是与它表里为用的议会政治,也随着渐趋于巩固。在这样背景之下,无产阶级政党议会行动,就渐渐变成为投机主义和改良主义的议会行动,换过说,就是第二国际的议会行动。德、奥、法、比的社会民主党或社会党,简直以全副精力集中于这种合法的晓舌的改良行动之内,而把无产阶级革命的宣传运动及其他一切必要的违法工作抛在九霄云外。"面对现状,应该通过议会革命占据议会多数席位而争取合法权益:"经济落后如中国,一面成为国际资产帝国主义的掠夺场和半殖民地,一面成为国际资本帝国主义所扶植的武人势力的宰割物和糜烂区域。因此民主革命未成功,议会政治还未确立。虽然形式上,设立了各级议会,但因为武人势力的干涉和蹂躏,常常处在破坏、胁迫的恐怖之中。"为此,"中国共产党为代表中国无产阶级及贫苦农人群众的利益而奋斗的先锋军,所以应当跑入这类时常被封建的武人势力所胁迫、破坏的议会中去,高声告发代谢不穷的由国际帝国主义所收买所扶植的武人政治的罪恶,酝酿成民主革命到最高的潮流,以期达到社会革命的目的。同时又在各级议会中,辩护无产阶级和贫苦农人经济生活的利益,以反抗本国幼稚的资产阶级对于劳动者一切的压迫"。从这一《决案》的表述中我们可以看出,要跑入武人控制的议会中去告发武人,虽然是新组建的共产党成员们的一厢情愿的想法,但是从另一个角度也可以看出,中国共产党自从产生之日起,即源于对议会功能的认识,渴望能够通过推行民主法制以实现其政治价值追求。在后来的政治革命实践中,武装斗争取代了"合法"争取,但中国共产党对法治的渴望可以说与生俱来。

三 组建工人阶级代表机构——中国劳动组合书记部领导立法活动

1922 年 5 月上旬,中国共产党以中国劳动组合书记部的名义召开第一次全国劳动大会。大会总结以往工人运动的经验,接受中国共产党的政治主张,把反帝反封建作为工人运动的基本目标。大会讨论并通过了《八小时工作制案》、《罢工援助案》、《全国总工会组织原则案》和《惩戒工界虎伥案》等 10 项决议案,并公开发表《全国劳动大会第一次会议宣言》。大会决定在全国总工会成立以前,委托中国劳动组合书记为全国工会的总通讯机关,并负责召集第二次全国劳动大会,这实际上承认了中国共产党和中国劳动组合书记部对于全国工人运动的领导地位。中国共产党这次对工人运动的领导和全国性大会的召开,是中国共产党领导工人阶级革命进程中制定革命规章、从事立法活动的初次尝试,希望采取合法行动通过制定章程赢得政权。

但是,"生动丰富的革命实践为共产党人提供了许多新鲜的经验,错综复杂的革命斗争又把许多缺乏现成答案的新问题提到共产党人的面前"。[①] 在经历了一系列的挫折和失败后,中国共产党展开了对中国革命

[①] 《中国共产党历史》第一卷,中共党史出版社 2010 年版,第 153 页。

的性质和前途、资产阶级和农民问题、争取无产阶级领导权、武装斗争等问题的一系列调查研究和论证过程,对党后来真正将马克思主义与中国国情相结合,形成新民主主义革命理论具有重大的首创意义。

四 苏维埃政权和党的关系

1928年年底,张学良宣布东北易帜后,国民政府实现了全国的统一。国民政府在南京成立后,对内实行了一整套旨在维护地主阶级、买办资产阶级利益的政策,坚持一党专政的独裁统治。1931年5月,国民党控制的国民会议通过了《训政时期约法》,以国家根本法的形式确认了国民党一党专政的统治。

(一)中国共产党被国民政府列为"非法"组织

国民党政权建立后,用法律、行政、特务、军事等手段残酷镇压任何革命活动,集中一切反革命势力向共产党人和革命群众进攻。中国共产党被宣布为"非法"组织,加入共产党成为最大的"犯罪"。1928年2月召开的国民党二届四中全会通过《制止共党阴谋案》,其中称,"凡经审察确为属于共党之理论方法机关运动者,均应积极铲除,或预为防范"。2月29日,国民党中央政治会议第130次会议通过《暂行反革命治罪法》,规定对"意图颠覆中国国民党及国民政府,或破坏三民主义而起暴动者",分别处以死刑、无期徒刑或有期徒刑,上述内容被写进同年3月公布的《中华民国刑法》。在这种情况下,中国共产党的许多干部被国民政府杀害,党的活动被迫转入地下。

(二)苏维埃的性质和基本职能

中共根据革命斗争形势,做出了进行苏维埃政权建设的指导思想。1928年,中共六大提出"力争建立工农兵代表会议(苏维埃)的政权",是当前中国革命的"中心任务"。大会通过的《苏维埃政权的组织问题决议案》阐明了关于苏维埃这种政权形式的建构问题。

在崇尚苏联经验的历史时期,中共对苏维埃的理解,完全依照苏共的界定。列宁曾对苏维埃有过完整的定义:"苏维埃乃新的国家机关,他给我们以:(一)工农的武装力量,这力量不像旧式军队一样是脱离民众的,而是和民众密切联结的;从军事讲,这力量比以前的军队强大得多;就革命的意义上讲,这力量是任何东西所不能代替的。(二)这个机关是和群众及大多数人民密切无间的相联系的,容易考验自己的错误,容易恢复意外的创伤，这是从来国家机关所未曾梦见的。（三）这个机关为民意而选出，因民意而撤换，没有官僚主义的空架子，所以比从前的国家机关不知要更民权主义得几多倍。（四）它在各项职业间实现密切的联系，所以没有官僚主义，而能促进种种深入群众的改良。（五）它是先锋队，是被压迫的工农阶级中最觉悟最努力最先进的部分的组织形式，因此，被压迫阶级的全体广大群众直到而今还是僻处于政治生活及历史之外的，他们的先锋队经由这个机关，可以促进他们的教育，训练并领导他们。（六）它兼有议会主义及直接民权二者之长：人民选举代表，同时有立法及行政之权。和资产阶级的议会政策相较，这种进步在民权主义的发展上，实有全世界的历史意义。苏维埃只有取得全部国家政权以后，才能在真正选举的基础上发展，方能充分扩大它的任务和能力，倘不如此，则苏维埃便毫无长处，成为嫩芽（嫩芽是不能长久存在的），便流为玩偶。二元政权是苏维埃的瘫症。"①

（三）苏维埃政权和党的关系

《苏维埃政权的组织问题决议案》可以说是党的历史上第一份关于国家政权与党的领导的关系阐述的文件。苏维埃政权作为民主国家政权机关，在制度设计中即为议行合一的政权体制，同时民主与法制相伴相生，立法是其基本职能之一。如何处理党与苏维埃的关系，决议案中专门就苏维埃与党的关系作阐述，指出党应通过党团在苏维埃政权机关中发挥领导作用，加强党在苏维埃政权中的影响力。

"党是苏维埃思想上的领导者，应经过党团指导苏维埃。党在各处苏维埃中，均应有党团的组织，经过这些党团，经过党员所发的言论，表示党对苏维埃工作上各种问题的意见。党随时随地都应作苏维埃思想上的领导者，而不应限制自己的影响。不过党应预防以党代苏维埃或以苏维埃代党的种种危险。党应预先保障其在苏维埃领导机关中的领导作用，因此，党须在苏维埃中组织有威望的能工作的党团，以执行党的命令。但是以当地党部代替党团，那就是一种危险。党团只执行党部的指示。当党团和该地方党部的影响不能保持平衡，而后者的作用较小时，苏维埃常有代替党

---

① 《苏维埃政权的组织问题决议案》，中国共产党第六次全国代表大会文件（1928年7月10日），中央档案馆编：《中共中央文件选集》第四册，中共中央党校出版社1989年版，第403—404页。

的危险。苏联革命后最初几年,有些地方上党的作用几乎缩小到极端,这种经验应该顾及。在中国也有以苏维埃代替党的危险。苏维埃政权之正确的组织,是要以党的坚固的指导为条件。为达到此目的,必须注意党的组织之行为,毋使其发生软弱的现象。所以在党部工作的同志,不应当较在苏维埃中发(为)弱,党经过苏维埃或其他组织内的同志,应该在一切条件下,应该公开在苏维埃中,在苏维埃工作上加强和巩固党的影响。"①

党的六大上关于党与苏维埃政权关系的思考尽管并不成熟,甚至存在与实践相脱节的设想,但这一文件为后来苏维埃政权建设奠定了思想基础,为苏维埃政权建设过程中党领导立法工作进行了最初的制度设计。

五 井冈山《土地法》立法

1928年12月,毛泽东总结土地革命的经验,将土地革命过程中形成的一些成熟做法加以规范化,肯定农民分得土地的神圣权利,主持制定了井冈山《土地法》。但是受中共中央关于没收土地和建立苏维埃问题的第37号通告的影响,加上缺乏实践经验,这部《土地法》也存在原则性的错误。如在"没收"问题上,规定没收一切土地,而不只是没收地主阶级的土地;在土地所有权问题上,规定所有权属于政府而不是属于农民,禁止土地买卖。

随着红四军向赣南、闽西进军,依据六大精神,1929年4月,毛泽东总结赣南土地革命经验的基础上,主持制定兴国县《土地法》,将井冈山《土地法》中规定的"没收一切土地"改为"没收一切公共土地及地主阶级的土地",对土地革命作出了原则性的改正。7月,在毛泽东的指导下,闽西党的第一次代表大会通过的《政治决议案》提出:"自耕农的田地不没收";富农多余的土地要没收,但在革命初期"不没收其土地",也"不废除其债务";"对农村小地主要没收其土地,废除其债务,但不要派款及其他过分打击";"对大小商店应取一般的保护政策(即不没收)";"分田时以抽多补少为原则,不可重新瓜分妄想平均以烦手续"。会后,在很短的时间内,闽西长汀、连城、上杭、龙岩、永定等县纵横300多里的地区,解决

---

① 《苏维埃政权的组织问题决议案》,中国共产党第六次全国代表大会文件(1928年7月10日),中央档案馆编:《中共中央文件选集》第四册,中共中央党校出版社1989年版,第408页。

了50多个区500多个乡的土地问题，使60多万人得到了土地。

其他根据地，如赣东北地区，在建立苏维埃政权之后开展"废债分田"的土地革命运动。广大农民没收豪绅地主阶级和封建祠堂的土地，并焚烧契约。湘鄂西地区，1929年1月鹤峰县苏维埃政府成立后，公布《耕田农有法令》，焚毁地主田契文约。1930年5月右江苏维埃政府制定《土地法暂行条例》，完成土地分配工作。

六　中央苏区政权的立法实践

（一）中华苏维埃第一次全国代表大会履行立法职能

1931年11月7—20日，中华苏维埃第一次全国代表大会在瑞金叶坪村举行。来自闽西、赣东北、湘赣、湘鄂西、琼崖、中央等根据地，红军部队，以及在国民党统治区的全国总工会、全国海员总工会的610名代表出席了大会。毛泽东代表苏区中央局向大会作《政治问题报告》。根据临时中央有关宪法大纲的来电原则，大会通过《中华苏维埃共和国宪法大纲》，通过由临时中央提供讨论的《中华苏维埃共和国土地法令》、《中华苏维埃共和国劳动法》、《中华苏维埃共和国关于经济政策的决定》等。大会选出63人组成的中央执行委员会，宣告了中华苏维埃共和国临时中央政府的成立。

宪法大纲明确了苏维埃政权的性质、地位和目的。"中国苏维埃政权所建设的是工人和农民的民主专政的国家。""这个专政的目的，是在消灭一切封建残余，赶走帝国主义列强在华的势力，统一中国，有系统地限制资本主义的发展，进行国家的经济建设，提高无产阶级的团结力与觉悟程度，团结广大的贫农群众在它的周围，以转变到无产阶级的专政。""苏维埃是革命战争的领导者组织者，苏维埃是群众生活的领导者组织者，发展革命战争，改良群众生活，这是我们的任务，这是我们的目的。"宪法大纲规定：苏维埃政权领域内的工人、农民、红军士兵及一切劳苦民众和他们的家属，不分男女民族和宗教信仰，在苏维埃法律面前一律平等。宪法大纲还规定不承认帝国主义在华的政治上、经济上的一切特权，废除一切不平等条约，帝国主义在华的一切财产收归国有等。苏维埃政权的最高权力机关为全国工农兵代表大会，在大会闭会期间，苏维埃中央执行委员会为最高政权机关，中央执行委员会之下组织人民委员会，处理日常政务，并发布一切法令和决议案。

由于临时中央根据共产国际的指示,急于要求"把几个分离的苏区打成一片","联系成整个的苏区",夺取中心城市,对苏维埃的前途进行了不切实际的估计。苏维埃代表大会所通过的宪法大纲、土地法令、劳动法和关于经济政策的决定等文件,为临时中央政府、各根据地政府的立法确立了共同遵守的基本准则,它们或是根据六届四中全会的中央政治局指示制定的,或是由中央政治局和共产国际共同起草并提交大会的。党领导立法命题蕴含其中。在这些文件中,正确地肯定了工农大众享有各项政治、经济权利,但在中间派别问题和土地、劳动、税收等问题的立法上仍然贯彻了"左"的政策。

(二) 苏维埃中央政府的立法发展

1. 推行民主选举制度

中华苏维埃第一次全国代表大会通过的宪法大纲决定:苏维埃共和国实行各级工农兵代表大会制度。即通过召开各级工农兵代表大会,吸收工农群众参加政权,行使民主权利。工农兵代表大会包括乡(市)、区、县、省和全国五级。《中华苏维埃共和国宪法大纲》规定:苏维埃共和国公民直接选派代表参加各级工农兵代表大会,讨论和决定一切国家的地方的政治事务。逐级选举产生上一级工农兵代表大会,这种在民主选举基础上产生的工农兵代表大会,既能保证工农劳苦大众选举能够代表自己意志和利益的代表参加政权,又能保证在民主基础上的集中,体现了民主集中制的原则。1931年11月至1934年1月,中央根据地进行了三次民主选举。为了做好选举工作,苏维埃政府颁布了选举法细则,对工农兵代表大会产生的办法、选举单位、代表的任期和定期向选举人作工作报告,以及选民撤销代表资格等都作出了明确的规定。

2. 通过土地法贯彻党的土地革命政策

按照共产国际的指示,土地革命由党领导的苏维埃政权执行,即"苏维埃政权的政策,苏维埃的建设,红军的建设,必须要保障无产阶级的领导权,巩固与中农贫农的联盟,在苏维埃领导之下发展群众在公共生活各方面的革命的自动性"。[①] 中央专门致中央苏区中央局一封《中央为土地问题致中央苏区中央局信》,信中开头写道:"中央苏区中央局:本

———————

① 《共产国际执委主席团给中国共产党的信》,1931年7月共产国际执委主席团扩大会议通过。

年八月你们通过的关于土地问题决议案,现已收到,知道你们已正在开始抛弃过去对于解决土地问题的非阶级路线的办法,而接受——国际和中央的决议,但这仅仅是开始,在你们决议案中,我们还发现有很多非阶级路线的观点和办法,必须立即加以纠正,才能使土地革命的果实真正落在贫农雇农和中农的手中,而不为富农攫去。"所以,中央要求中央苏区中央局在土地法立法过程中,要将"这一决议案与国际决议及土地法令同时发表,必将给富农以更多便利来曲解和不执行国际决议和土地法令,来攫取土地革命的果实,以影响中农而更加削弱贫农雇农的力量。中央要求你们在接到这一指示后,立即改正这些错误的观点和办法,重新成立决议,使目前苏大会通过的土地法令能毫无修改和曲解地在群众中彻底执行"。[①]《中华苏维埃共和国宪法大纲》明确规定:"中国苏维埃政权以消灭封建制度及彻底地改善农民生活为目的,颁布土地法,主张没收一切地主阶级的土地,分配给贫农、中农,并以实现土地国有为目的。"据此,中华工农兵苏维埃第一次全国代表大会通过了《中华苏维埃共和国土地法令》,将党的土地革命政策转化为法令。

3. 临时中央政府对苏维埃法律体系的构建

1931年和1933年,临时中央政府先后颁布《地方苏维埃政府的暂行组织条例》、《中华苏维埃共和国地方苏维埃暂行组织法(草案)》,明确各级苏维埃政府是比较精干的政府,临时中央政府各个部包括部长在内一般只有3—5人,由苏维埃政府产生的人民委员会每次召开常委会,少则半天,多则一天。所议事情,议而有决,决则必行,贯彻落实迅速而有效。这期间,苏维埃政权先后颁布120多部法律、法令,有苏维埃国家的根本法、行政法规、刑法、民法、婚姻法、经济法,初步建立起具有鲜明阶级性和时代特征的法律体系。

4. 党关于中华苏维埃政府的政治功能的界定

中华苏维埃政府作为中央政府组建起的政权机构,发挥了其作为政权机构的功能。比如1935年,针对日本发动的旨在"建立一个新的华北政权"的华北事变,中共驻共产国际代表团草拟了《中国苏维埃政府、中国共产党中央为抗日救国告全体同胞书》(即《八一宣言》),并正式以中

[①] 《中央为土地问题致中央苏区中央局信》,《红旗周报》第26期。

华苏维埃共和国中央政府和中国共产党中央委员会的名义在法国巴黎出版的《救国报》上发表。再比如中共中央在瓦窑堡召开政治局会议后,毛泽东作《论反对日本帝国主义的策略》的报告,提出了关于改变对富农的政策问题。最后,会议决定,苏维埃人民共和国要改变对待富农的政策。富农的财产不没收,富农的土地,除封建剥削之部分外,不问自耕的与雇人耕的,均不没收。乡村中实行平分一切土地时,富农有与贫农中农分得同等土地之权。对于富农的土地和财产,除封建剥削部分外,采取保护政策。这一政策实施,是在中央政治局决议基础上,以苏维埃人民共和国的名义发布的具有法令性质的政策,实现了党的主张与政权功能的结合。这一政策同时表明,党作为中国工人阶级先锋队,审时度势,随着形势、环境和中心任务的变化,通过党设立的政权机构及时将党的政策贯彻执行下去,保证党的中心任务的完成。

综上所述,一方面,中央苏区苏维埃政权建设尚处于探索过程中,党与政权的关系还未真正显现。一系列称为"法"的纲领性文件的制定颁布,是在中共代表大会及其领导人直接主持下制定并颁布实施的。在革命政权机构初创进程中,党通过领导颁布一系列体现农民根本利益、切合农民实际需求的法令,起到调动农民革命积极性的作用,有利于革命运动的深入开展,符合革命形势的需要。毕竟在通过暴力革命夺取执政权的过程中,党与政权的关系还处于革命斗争的从属地位,这一特点贯穿于整个革命历史时期,党领导民主政权立法也仅体现于局部地区的红色政权。难能可贵的是,党领导农民或代表共同参与制定的法令,改变着中国农民的行为习惯,农民关于法的意识在党的领导和推动下得以萌生。

第二节 党领导根据地立法

一 组建陕甘宁边区民主政权

在全民族抗战爆发之际进行敌后抗日根据地的政权建设,完全是一个探索的过程。抗日民主政权的性质是由各抗日阶级联合起来,对汉奸反动派的专政。它的任务是反抗日本帝国主义,保障一切抗日人民的民主权利和自由。只有大多数的人民都积极起来参政,并积极为国家民族的利益与大多数人民的利益而奋斗的时候,抗日民主政权才能巩固与发展,帝国主义与封建势力的压迫才能推翻，中国的独立自主与人民的民主自由才能实现。抗日民主政权的组织实行了民主集中制、代表会议制，实行普遍的选举，实行少数服从多数的制度。民主政权必然伴随着法制，党领导边区政府根据战时实际，制定出一系列兼具民主性和阶级性的法律，陕甘宁边区的法制建设得到较强发展。

（一）边区议会的酝酿

1937年9月6日，原陕甘宁革命根据地的苏维埃政府（中华苏维埃共和国临时中央政府西北办事处），正式改称陕甘宁边区政府（1937年11月—1938年1月改称陕甘宁特区政府）。陕甘宁边区政府的建设和巩固得到中共中央高度重视。1939年七八月间，中央政治局扩大会议召开。会议提出坚持民主政治，首先在陕甘宁、晋冀察等边区树立模范的民主政治，以推动全国的根据地政权建设目标。根据党的抗日民族统一战线政策，从1937年5月起，陕甘宁边区按照不分阶级、不分党派、不分宗教信仰、男女平等、民族平等的原则，推行民主选举。到10月，完成乡、区、县三级政权的选举，成立各级议会和民主政府。

1938年9月29日—11月6日，中共中央六届六中全会召开，毛泽东在会上作《论新阶段》政治报告。报告分析了抗日战争的形势，要求全党工作要放在战区和敌后，巩固和加强党的团结统一，扩大党内民主，认真执行民主集中制原则。根据这一精神，边区政府实行议会民主制度。在乡、区、县各级选举的基础上，于1938年11月开始进行边区议会选举，12月即选出500多名边区参议会议员。但由于战争和其他原因，边区参议会未能及时召开。

（二）抗日民主政权建设的根本原则

1940年3月，毛泽东为中共中央写了《抗日根据地的政权问题》的党内指示，系统完整地提出了"三三制"政权思想，对根据地政权的性质、选举制度、人员构成、组织原则、施政方针及党的领导等各方面都作了具体的规定，完善了各革命阶级联合专政的统一战线政权，根据地政权建设进入一个新的发展阶段。"抗日统一战线政权的施政方针，应以反对日本帝国主义，保护抗日的人民，调节各抗日阶层的利益，改良工农的生活和镇压汉奸、反动派为基本出发点。"并规定了实施的具体方法，"责成各中央局、各中央分局、各区党委、各军队首长，对党内作明确的说明，使此指示充分地实现于政权工作中。"[①] 1941年4月15日，邓小平在中共中央北方局出版的《党的生活》第35期上发表《党与抗日民主政权》一文，对抗日根据地的"三三制"政权建设作了深入的探讨。

1. "三三制"政权为民主主义共和国政权建设积累下初步的经验。"'三三制'的抗日民主政权原则，为我党中央所提出的真实政策，已取得广大群众的拥护，尤应为全党同志所奉行。""三三制"政权是在抗日的民族解放战争中，由中共按照革命统一战线原则将几个革命阶级联合组成政权，对日寇、汉奸、亲日派、反动派实行专政，进行坚决斗争。而且，"这不仅是今天敌后抗战的最好政权形式，而且是将来新民主主义共和国所应采取的政权形式"。[②]

2. 从不同角度论述"三三制"政权的具体内容。"在组织形式上，无论行政机关或民意机关，共产党员只占三分之一或少于三分之一，进步势力占三分之一，中间势力占三分之一。在政策性质上，必须照顾一切抗日阶级和阶层的利益，对各个抗日党派都要保障其合法存在的自由权利。"[③] 在利益决策上要充分发扬民主，允许不同意见和利益诉求顺畅表达，并真正反映不同阶层的利益，"在政权中反映出不同的利益、不同的政治立场、不同党派阶级的民主政治的斗争。我们不但不惧怕这种民主政治斗争，而且要发展这样的民主政治斗争，因为它对于我们是有利无害的"。[④] 按照民主政权的基本组织形式和性质，在几个革命阶级的联合专政中，必然会产生政权中的优势问题，即领导权问题。在抗日民主根据地，中国共产党必须掌握这种"优势"，牢牢把握在"三三制"政权中的领导地位。那么，这种领导地位如何巩固？邓小平指出，"优势从何而得？一方面从组织成分上去取得，这在'三三制'原则本身是包含着的；但更基本的是从民主政治斗争中去取得，即是说，主要从依靠于我党主张的正确，能为广大群众所接受、所拥护、所信赖的政治声望中去取得。确切地说，党的优势不仅在于政权中的适当数量，主要在于群众的拥护。民

---

① 毛泽东：《抗日根据地的政权问题》，《毛泽东选集》第二卷，人民出版社1991年版，第743页。

② 《邓小平文选》第一卷，人民出版社1994年版，第8页。

③ 同上。

④ 同上书，第9页。

主政治斗争可以使党的主张更加接近群众，可以使群众从自己的政治经验中更加信仰我党。所以，只有民主政治斗争，才能使我党取得真正的优势。"①

3. 在政权建设中，维护党的优势地位必须反对"以党治国"的观念，清醒认识"三三制"政权实质是民主问题，党在发挥领导作用时必须贯彻民主精神，反对种种"以党治国"的错误观念和表现：

第一，维护党的优势，并不代表事无巨细均由党员包办。不代表"共产党员占多数了，天下是我们的了，因而可以为所欲为了，于是许多过左的错误由之而生，中间分子对我不满，进步分子非常不安，群众对党的舆论也不好"。②

第二，误解党的领导，把党的领导解释为"党权高于一切"。具体表现：一是遇事干涉政府工作，随便改变上级政府法令；二是不经过行政手续，随便调动在政权中工作的干部；三是有些地方没有党的通知，政府法令行不通，形成政权系统中的混乱现象。甚有把"党权高于一切"发展成为"党员高于一切"者，党员可以为非作歹，党员犯法可以宽恕。其结果怎样呢？党政不分使有的人消极不敢讲话，有的脱离我们以至反对我们，进步分子则反为我忧虑。在群众眼里，认为政府是不中用的，一切要决定于共产党。于是要钱的是共产党，要粮的是共产党，政府一切法令都是共产党的法令，政府一切错误都是共产党的错误，政府没有威信，党也脱离了群众。党的自身组织又如何？结果是党的各级指导机关日趋麻木，不细心地去研究政策，忙于事务上的干涉政权，放松了政治领导。结果党员"因党而骄"，在政权中工作的党员自高自大，盛气凌人，自以为是，看不起非党员，自己可以不守法，不遵守政权的纪律和秩序。甚至有少数党员自成一帮，消极怠工，贪污腐化，互相包庇。于是投机分子混入党内，从各方面来破坏党。

第三，以党治国说到底是执政理念上的不自信。有些党员干部崇尚简单地直接发布施令，而规避复杂的民主实施过程，主要原因是他们自己不相信自己的主张正确，怕见人，怕通不过，以为一切问题只要党员占多数，一举手万事皆迎刃而解。殊不知这是麻痹党腐化党，使党脱离群众的

---

① 《邓小平文选》第一卷，人民出版社1994年版，第9页。
② 同上书，第10页。

最好办法。

那么，该如何规避这种以党治国的错误观念？首先，复杂的政策问题不要关起门来决定，否则必然发生错误；其次，不要把非党干部、把群众看成任人摆弄的傀儡，否则必然脱离群众，引起群众的反对；再次，党和党员不要失掉对于新事物的知觉，否则会逐渐腐朽。民主政治的好处，正在于它能够及时反映各阶级各方面的意见，使党能够正确地细心地去考虑问题决定问题；它能够使我们从群众的表现中去测验我党的政策是否正确，是否为群众所了解所拥护；它能够使我们对事物感觉灵敏，随时具有高度的警惕性；它能够使我们党得到群众的监督，克服党员堕落腐化的危险，及时发现投机分子以及破坏分子而清洗出党；它能在民主政治斗争中提高党员的斗争能力，使党更加接近群众，锻炼党使党成为群众的党。[①]

（三）抗日民主政权政党关系

1941年5月，中国共产党公布《陕甘宁边区施政纲领》，把"三三制"原则写入了纲领。指出："本党愿与各党各派及一切群众团体进行选举联盟，并在候选名单中确定共产党员只占三分之一，以便各党各派及无党无派人士均能参加边区民意机关之启动与边区行政之管理，在共产党员被选为某一行政机关之主管人员时，应保证该机关之职员有三分之二为党外人士充任，共产党员应与这些党外人士实行民主合作，不得一意孤行，把持包办。"[②] 抗日根据地的政权，是抗日民族统一战线性质的政权，与苏维埃工农民主专政不同，抗日民主政权是经过民主选举和按照严格的民主集中制建立起来的。抗日民主政权的政权结构包括立法、行政和司法机关。边区（省）、县的参议会既是民意机关，也是最高的权力机关。

从政党角度来说，"三三制"是共产党和民主党派之间建立的和谐、稳定、合作的新型政党制度。其最初是由1935年12月中国共产党召开的瓦窑堡会议通过的。毛泽东曾对"三三制"作过精要概括，指出："将政治制度上国民党一党一阶级的反动独裁政体，改变为各党派各阶级合作的民主政体。"[③] 其目的就是敦促国民党的政治改革。在民主政权的人员万分上，以"三三制"原则进行分配。即在"人员分配上，应规定为共产

[①] 《邓小平文选》第一卷，人民出版社1994年版，第10—12页。

[②] 《陕甘宁边区施政纲领》，中央档案馆原件复印。

[③] 《毛泽东选集》第三卷，人民出版社1968年版，第236页。

党员占1/3，非党的左派进步分子占1/3，不左不右的中间派占1/3"，"上述人员的分配是党的真实的政策，不能敷衍塞责。"① 谢觉哉在陕甘宁边区第三届参议会上的讲话中指出：这样的民主，各阶层——农民、工人、地主、资产阶级，都有出路，都在发展的路上、抛弃旧的不好的生活的道路上，在互让互助的建设中走向进一步的团结。

二　党领导陕甘宁边区政府立法

在全民族抗战爆发之际，在敌后抗日根据地建立的抗日民主政权性质上是由各抗日阶级联合起来，对汉奸反动派的专政。它的根本任务是反抗日本帝国主义，保障一切抗日人民的民主权利和自由。只有大多数的人民都积极行动起来参政，并积极为国家民族的利益与大多数人民的利益而奋斗的时候，抗日民主政权才能巩固与发展，帝国主义与封建势力的压迫才能推翻，中国的独立自主与人民的民主自由才能实现。抗日民主政权的组织实行了民主集中制、代表会议制，实行普遍的选举，实行少数服从多数的制度。民主政权必然伴随着法制，边区政府根据战时实际，制定出一系列关于民主的法律，关于制裁那些违反民主、侵犯民权的官员的办法，陕甘宁边区的法制建设得到较好发展。

（一）党领导边区参议会立法

1939年1月17日至2月4日，陕甘宁边区第一届参议会在延安召开。到会的参议员有145人。会议通过林伯渠作边区政府工作报告，通过《陕甘宁边区抗战时期施政纲领》，以及边区政府组织条例、选举条例、边区各级参议会组织条例、边区高等法院组织条例、土地条例等。会议选举高岗为边区参议会议长；选举林伯渠为边区政府主席；雷经天为边区高等法院院长。4月4日，根据党的抗日救国十大纲领，边区政府公布《陕甘宁边区抗战时期施政纲领》。施政纲领规定：要巩固与扩大抗日民族统一战线，动员一切力量保卫边区，保卫中国，实行各民族平等团结，共同抗日；发扬政治民主，实行普选，保障人民的民主自由权利；确立私人财产所有权，发展工农业生产，保护自由经营，废除高利贷；发扬艰苦作风，提倡生产节约，厉行廉洁政治等。这个施政纲领，明确规定了边区和

---

① 《毛泽东选集》第二卷，人民出版社1991年版，第741—742页。

其他抗日民主根据地的性质、特点和基本政治经济政策，表明中国共产党在抗日民主根据地所实行的是真正的民主主义制度。

根据陕甘宁边区的经验和"三三制"的原则，华北、华中各根据地加强政权建设，相继召开参议会，制定施政纲领，并颁布各种法规条例。1941年11月陕甘宁边区第二届参议会通过的《陕甘宁边区保障人权财权条例》。这些施政纲领和条例明确规定：一切抗日人民，不分种族、阶级、党派、性别、职业与宗教，在政治法律上一律平等；一切抗日人民都有言论、出版、集会、结社、迁移、信仰及抗日自卫之自由；一切抗日人民都有人身不受侵犯之权利。这些条例法规的颁布和实施，对于提高干部和群众的人权观念，保障人民的人权、财权，加强各抗日阶层的团结，起了积极的作用。

(二) 建立广泛的立法主体

为了巩固抗日根据地，必须进一步巩固和扩大抗日民族统一战线，加强抗日民主政权的建设，中共中央要求各地更好地贯彻执行"三三制"原则，从政治上团结各抗日阶级阶层。中共中央一再强调，中国共产党所要的是活泼的、有组织有能力的、适应战争环境的受群众拥护的政权机关。任何一个大党，不应以绝对多数去压倒人家，而要容纳多方。在政府中，共产党员中要占1/3，并在质量上具有优越的条件，就可以保证党的领导权。党的领导地位和优势，是靠真理，靠政策的正确性，靠组织的有力量、党员的模范工作以及人民的拥护来实现的。1941年4月27日，中共中央政治局批准《陕甘宁边区施政纲领》，5月1日由中共陕甘宁边区中央局颁布。纲领经毛泽东反复修改，规定了政治、经济、军事、文化、教育等方面的基本政策，规定了保障人权、保持政府廉洁，以及土地、工商业、文化教育和民族等方面的原则和政策。纲领规定边区参议会实行"三三制"原则，共产党员必须与党外人士实行民主合作，不得把持包办、独断专行。纲领要求把陕甘宁边区建设成为军民一致、军政团结、政治民主、经济上有办法的对全国有示范作用的先进地区。按照"三三制"原则，各根据地先后通过民主选举建立起临时参议会和政府机关。开明绅士李鼎铭被选为陕甘宁边区政府副主席（他首先提出了精兵简政的意见）。毛泽东在会上发表演说，要求担任政府工作的共产党员，发扬民主作风，遇事同党外人士商量，鼓励党外人士对各种问题提出意见，取得多数同意，然后去做。抗日民主根据地的基层政权是直接选举产生的。由于一些选民不识字，为保证他们能够行使民主权利，采用了"掷豆子"等方法进行选举。通过选举，在村政权中，雇农、贫农和中农占据绝对优势，同时也团结了农村中的开明绅士。政权建设中广泛的抗日民族统一战线性质，使边区参议会的立法主体构成更加具有广泛代表性。

（三）强化党的集中统一领导

1942年9月1日，中共中央政治局作出《中央关于统一战线抗日根据地党的领导及协调各组织之间关系的规定》，规定指出："根据地领导的统一与一元化，应当表现在每个根据地有一个统一的领导一切的党的委员会。"这里所说的统一领导，是指党从政治上对政权军队民众团体等一切其他组织的领导，是指大政方针的领导，而不是领导一切具体事务，更不是包办代替一切工作。在抗日战争中实行党的一元化领导具有合理性和必要性，能够增加党的团结，统一了抗日根据地各部门的工作步调，保证了党的方针政策的贯彻执行，推动对敌斗争的发展和根据地的巩固建设。但同时也强调，按照列宁关于"必须十分明确地划分党（及其中央）和苏维埃政权的职权"①的精神，明确中国共产党对政权系统的领导，应该是原则的、政策的、大政方针的领导，而不是事事干涉，代替包办。那么，党对参议会及政府工作的领导，也只能经过自己的党员及党团，党委及党的机关无权直接命令参议会及政府机关。所以，党对国家机关的领导不应通过直接地向其发号施令的方式进行，不要直接超越党的法制权限去代行本应属于国家机关行使的职权范围。

比如减租减息政策是中国共产党在抗日战争时期处理土地问题的基本政策。但直到1941年年底，有的地区还只是把减租减息作为宣传口号，并未认真执行，对抗日根据地的巩固极为不利。针对这种情况，中共中央于1942年1月作出《关于抗日根据地土地政策的决定》，2月6日又发出《关于如何执行土地政策决定的指示》。这两个文件在总结经验的基础上，对减租减息政策及执行办法作了明确规定。由此，在这两个文件的指导下，各抗日根据地普遍掀起了减租减息的高潮。从这一政策的贯彻执行来看，这是由中国共产党直接以发布文件的形式来推进减租减息政策的落实的。从政权建设上来看，并不是将这一政策通过政权机构上升为法律来执

---

① 《列宁选集》第三卷，人民出版社1987年版，第64页。

行的,而是由革命领导党直接推动实施的。这在非常战争时期是客观形势的需要,是必要的。但这也给党成长为执政党后执政方式的转变和最终确立带来了难度。

三 制定《和平建国纲领》的民主成果

抗日战争胜利后,1946年1月10日,中共代表同国民政府代表正式签订停战协定。当天,政治协商会议在重庆召开,会议由国民政府主持召集,通过《政府组织案》、《国民大会案》、《和平建国纲领》、《军事问题案》、《宪法草案案》等五项协议。参加政治协商会议的代表共38名,其中国民党代表8名,共产党代表7名,中国民主同盟代表9名,无党派代表9名,中国青年党代表5名。政协会议的中心议题是关于政治民主化和军队国家化的问题。在政治民主化方面,首要的问题是改组国民党一党专政的政府。经过艰苦的谈判,会议通过《和平建国纲领》将其作为政府的施政纲领。纲领确定建设统一自由民主的新中国,保持国家的和平发展;规定政府委员会为最高国务机关,并拥有用人权;规定政府委员名额的一半由国民党员以外的人士充任,而所有涉及施政纲领之变更者须有出席委员2/3赞成始得议决等。如果实行这样的政府改组,国民党虽然在其中仍占据主要地位,但其权力已受到相当程度的约束。其他党派和无党派民主人士将拥有能够保障施政纲领不致被曲解、变更、撕毁的否决权。

改组后的政府应是从结束国民党的"训政"到实施宪政的过渡时期的政府,负有召集国民大会以制定宪法的任务。政协会议通过的《宪法草案案》规定,立法院相当于议会制之国家的最高立法机关,由选民直接选举产生;行政院为最高行政机关,并对立法院负责,立法院对行政院全体不信任时,行政院或辞职或提请总统解散立法院。在制度设计上参照了欧美资本主义国家实行的议会制和内阁制。实行这种政体,虽仍不能从根本上改变国民政府的阶级本质,但否定了国民党的一党专政和蒋介石的个人独裁,是迈向政治民主化方向的一大进步。省长民选、制定省宪等,实行这类规定,对于解放区民主政权的存在和发展,可以起到一种保障的作用。同时,政协协议的通过,也是中国共产党民主奋斗的成果。

四 党领导制定《中国土地法大纲》

1946年5月4日,中共中央发布《关于土地问题的指示》即《五四指示》，提出应坚决拥护广大农民群众在反奸、清算、减租、减息斗争中直接从地主手中获得土地，实行土地改革的行动，并规定了实现"耕者有其田"的各项具体政策。《五四指示》的提出，标志着解放区在农民土地问题上，开始由抗日战争时期的削弱封建剥削，向变革封建土地关系、废除封建剥削制度的过渡。这是中国共产党的土地政策的重要改变。《五四指示》发布以后，各解放区迅速开展了土地改革运动。在一些老解放区，进一步加强基层政权和各种群众组织的建设，调整干部配备，健全领导机构。陕甘宁解放区对边区县乡三级政权，在坚持"三三制"原则下，再次进行民主选举。根据广大群众的意愿，选出群众信赖的新领导干部。解放区建设的中心问题是贯彻党的《五四指示》，即根据广大农民群众强烈要求得到土地的愿望，领导农民实行土地制度改革，进行土地制度的改革运动（简称"土改运动"）。这次土改运动的中心内容是，发动并依靠广大农民群众，通过反奸、清算、减租、减息等方式，从地主手中获得土地，实现"耕者有其田"。各解放区党政组织根据《五四指示》的精神，结合本地区的实际情况，采取了灵活多样的方式。

1946年7月，中共中央出于对巩固统一战线的考虑，认为需要制定一种使民主人士、中间人士都易于接受的政策，即以征购方式重新分配他们多占的土地。陕甘宁解放区是老根据地，一半地区的地主、富农已基本消失，另一半经过多次减租减息，地主、富农已被削弱，其中不少还是开明士绅。边区政府在充分考虑这些特点后，于1946年12月颁布《征购地主土地条例草案》，对地主除按规定留下自耕土地外，其余由政府发行公债征购，并将征购的土地分配给无地或少地的农民。公债作为地价交付地主，分10年还本。中共西北中央局和陕甘宁边区政府为了提高农民的政治觉悟，在征购前首先发动农民对地主开展面对面的诉苦清算，然后再讨论征购中的各项问题，如根据清算应退赔多少、留下多少、征购多少、地价定多少等。通过这种办法，大部分土地无偿退赔给农民，一部分土地以公债形式转移到农民手中。1947年2月8日，中共中央充分肯定并向各解放区通报了陕甘宁解放区这种征购方式的经验。

为总结土改工作的经验，推动解放区土改运动的进一步发展，中共中央工作委员会于1947年7—9月在河北省建屏县（今平山县）西柏坡村召开全国土地会议。中央工委书记刘少奇主持会议并作了报告。会议着重讨论土改和整党两大问题，通过了《中国土地法大纲（草案）》（10月10

日正式颁布)。会议分为两个阶段:第一阶段,7月17日—8月下旬,主要是由各解放区代表汇报土地改革的情况,总结交流经验,开展批评和自我批评,检查存在的问题;第二阶段,8月底—9月13日,主要是讨论土地改革的政策,制定《中国土地法大纲》,并研究了结合土改进行整党的问题。8月20—21日,刘少奇在会上作报告强调,土地会议的中心是要彻底进行土地改革。9月4日,刘少奇在会上讲话,认为平分土地的办法是消灭封建最彻底的办法,普遍、彻底地平分土地的政策毛病最少、好处最大,简单明了,贫农容易掌握,是个大解放。这是最公平的办法,党内问题也好解决了。9月11日讲话提出要以抽多补少、抽肥补瘦的办法来实行彻底平分土地而不采取打乱平分的办法。

9月13日,刘少奇在大会闭幕式上作了总结报告,详细分析了土地改革中存在的问题及其原因。对会议讨论的主要问题作出结论。《五四指示》后的一年多,各解放区都进行了土地改革运动,取得了很大的成绩。但是,大部分地区不彻底,即使是比较彻底的地区也还有若干问题。土地改革不彻底主要有三个原因:第一,指导土地改革的政策不彻底。《五四指示》实现了从减租、减息政策到"耕者有其田"的转变,但是,这个指示是适合当时过渡时期特点的带过渡性的政策。当党与群众的思想准备成熟后,应当适时地提出彻底平分土地的政策。第二,党内不纯。这是土地改革不彻底的基本原因。党内不纯的情况不改变,就不可能彻底完成土地改革的任务。第三,官僚主义。主要有两种官僚主义,一种是"雷厉风行"强迫命令的官僚主义,另一种是"饱食终日、无所用心"的官僚主义。最严重、妨碍群众最大的,就是那种"雷厉风行"强迫命令的官僚主义。刘少奇的总结报告还着重讲了实行彻底平分土地方针后的政策问题、整党问题和坚持群众路线的问题。

会议根据"彻底平分土地"原则,制定并通过了《中国土地法大纲》。《大纲》共16条,其主要内容可以概括为六个方面。

第一,彻底废除了封建和半封建的土地制度。《大纲》明确规定:"废除封建性及半封建性剥削的土地制度,实行耕者有其田的土地制度。""废除一切地主的土地所有权。""废除一切祠堂、庙宇、寺院、学校、机关及团体的土地所有权。""废除一切乡村中在土地制度改革以前的债务。"并规定:"乡村农人接收地主的牲畜、农具、房屋、粮食及其他财产,并征收富农的上述财产的多余部分。"

第二，规定了土地改革的合法执行机关。《大纲》规定："乡村农民大会及其选出的委员会，乡村中无地少地的农民所组织的贫农团大会及其选出的委员会，区、县、省等级农民代表大会及其选出的委员会为改革土地制度的合法执行机关。"

第三，规定了平均分配一切土地和分配财产的办法。"乡村中一切地主的土地及公地，由乡村农会接收，连同乡村中其他一切土地，按乡村全部人口，不分男女老幼，统一平均分配，在土地数量上抽多补少，质量上抽肥补瘦，使全乡村人民均获得同等的土地。"并规定，"接收地主和征收富农的牲畜、农具、房屋、粮食等财产"，"分给缺乏这些财产的农民及其他贫民，并分给地主同样的一份"。

第四，规定了土地改革之后农民的土地、财产所有权。"分给各人的财产归本人所有，使全乡村人民均获得适当的生产资料及生活资料。""分给人民的土地，由政府发给土地所有证，并承认其自由经营、买卖及在特定条件下出租的权利。"

第五，规定了保护工商业的政策。"保护工商业者的财产及其合法的营业不受侵犯。"

第六，组织人民法庭，保障土地改革的实施。"对于一切违抗和破坏本法的罪犯，应组织人民法庭予以审判及处分。人民法庭由农民大会或农民代表会所选举及由政府所委派的人员组成。"

10月10日，中共中央通过决议，正式发布了《中国土地法大纲》。《大纲》公布以后，各解放区迅速掀起了土地改革的热潮。《中国土地法大纲》是中国共产党在战时采取的立法形式，由党直接立法，在战时出于斗争的需要，具有必然性，不同于和平时期的立法过程。在土改运动的同时，整顿党的队伍，实行开门整党，以表明将党与人民利益的高度一致和党把自己置于广大群众监督之下的决心和态度，将党是代表群众利益的党的实质深入人心。这期间，中国共产党的多项新民主主义政策也得到了完善。

五 党领导确立人民代表会议制度

新中国成立后，新生政权的组织既不能照搬苏联的苏维埃政权形式，也不能照搬西方国家的议会制形式，而是通过普选实行人民代表大会制，并通过代表大会选出政府领导人，制定各项施政条例。早在1940年，毛泽东在《新民主主义论》中提出，"中国现在可以采取全国人民代表大会、省人民代表大会、县人民代表大会、区人民代表大会直到乡人民代表大会的系统，并由各级代表大会选举政府"①。1944年12月1日，谢觉哉起草了准备在陕甘宁边区参议会第二届第二次会议上作参议会常驻会工作报告，毛泽东在给谢觉哉的信中针对民主和宪法问题作出明确指示，提议将边区政府参议会改为人民代表会议，在中共历史上第一次提出了人民代表会议这一概念。1948年4月1日，毛泽东《在晋绥干部会议上的讲话》中指出，人民代表会议一经建立，就应当成为当地的人民的权力机关，一切应有的权力必须归于代表会议及其选出的政府委员会。明确人民代表会议是地方最高权力机关的地位。为此，"必须认真地开好足以团结各界人民共同进行工作的各界人民代表会议。人民政府的一切重要工作都应交人民代表会议讨论，并作出决定。必须使出席人民代表会议的代表们有充分的发言权，任何压制人民代表发言的行动都是错误的"。②但在刚刚接管的新解放城市，因群众尚未充分发动起来，工作尚无基础，不能召开人民代表会议或人民代表大会，只能召开协商性质的、主要对群众起联系作用的各界代表会议，然后待时机成熟再实行普选，推行人民代表大会制。华北解放区首先按照这个设想，进行了政权建设。

1948年8月，华北临时人民代表大会在石家庄召开。大会通过《华北解放区施政方针》、《华北人民政府组织大纲》、《人民政府组织条例》等。华北人民政府成立后，开展了大量的工作，进行积极的探索，积累了丰富的政权建设经验，并为中央人民政府的建立在组织上做了准备。后来中央人民政府的许多机构，就是在华北人民政府所属有关各机构的基础上建立起来的。各界代表会议是城市军事管制时期建立的一种临时的协议机关。中共中央规定：在城市实行军事管制的初期，应以各界代表会议为党和政权领导机关联系群众的最好组织形式。党所领导的人民代表会议是我们的组织武器，而各界代表会议则可看作人民代表会议的雏形。"我党的

---

① 《毛泽东选集》第二卷，人民出版社1991年版，第677页。
② 毛泽东：《为争取国家财政经济状况的基本好转而斗争》（6月6日在中国共产党第七届第三次中央全体会议上的报告），《人民日报》1950年6月13日。

一切决议和主张,均可经过他们的协助,取得广大人民的拥护。"① 各界人民代表会议的召开,为人民代表大会制的新中国政体的确立,打下了良好的基础。

1949年3月13日,毛泽东在中共七届二中全会上作总结报告,其中指出关于人民代表会议制度和党的代表会议制度二者之间是相配合的关系,是党的代表会议配合人民代表会议制度。二中全会本身就是一次党的代表会议。8月25日,毛泽东为中共中央起草的关于各县均应召开县各界人民代表会议的指示。指示要求新老解放区各县每月或每两月至少召开一次各界人民代表会议,由农会、工会、学生会、文化教育界、工商业界及党政军选派代表参加,讨论全县工作。大县代表200余人,中县代表100余人,小县代表数十人。8月26日,毛泽东作出三万以上人口的城市和各县均应召开各界人民代表会议的指示,要求各省委、区委、地委负责领导办理,一改过去长期不开各界人民代表会议的不良作风。召开各界人民代表会议,不论新区老区一律举行。举行此项会议的一个重要目的,即是经过此种会议去发动农民群众。要"积极利用城市的各界代表会议及各县的全县代表会议,将一切施政中的重大问题逐一提出自己有了准备的想过了的有了办法的向会议作报告,并交付讨论,征求他们的意见。此种会议,党员及完全可靠的左翼分子总共超过二分之一,能保证通过我们的意见即够,以便团结大批的中间分子及一部分必须拉拢的右翼分子,使他们向我们靠拢"。② 切实发挥各界代表会议的作用,将党的各项方针政策经过各界代表会议审议通过,从而发挥党在各界代表会议中的领导作用。9月4日,毛泽东再次做《关于各地召开各界代表会议的指示》:第一,对前一阶段各界代表会议情况做出经验总结,指出凡未注意召开各界代表会议仍然束缚于党内小圈子的,就走了弯路。第二,必须反对形式主义,每次会议要有充分准备,要有中心内容,要切切实实讨论工作中存在的为人民所关心的问题,要展开批评和自我批评,要当作一件大事去办,否则将损害党的政治威信。第三,关于党的领导与民主精神的关系,在新解放区,各界代表会议的召开若干次,代表的产生可以推派和聘请为主,以可

---

① 《中央关于新解放城市中组织各界代表会的指示》(1948年11月30日),中央档案馆编:《中共中央文件选集》第十七册,中央党校出版社1992年版,第532页。
② 《毛泽东文集》第五卷,人民出版社1996年版,第336页。

靠民众团体的民主选举为辅。以后,即可改为以各团体、各界的民主选举产生为主,推派和聘请为辅。总以既能保证会议由我党领导,又能养成民主精神为原则。第四,无论是各界代表会议或人民代表大会,党员均不要太多,以能保证通过决议为原则。大体上,党员及可靠左翼分子,略为超过 1/2 即够,以便吸收大批中间分子及少数不反动的右翼分子,争取他们向我们靠拢。第五,会议之前由党委(市委、县委等)如今代表中的党员开会一次,决定方针。能开党的代表大会或代表会议则更好,但不要每次都如此。①

六 党领导制定新中国第一部具有临时宪法性质的《共同纲领》

早在 1948 年 11 月 25 日,中共中央代表同由国民党统治区和香港到达哈尔滨市的民主党派人士和无党派民主人士进行协商,对于成立新政协筹备会和新政协的性质、任务等问题,取得共识。北平和平解放后,各民主党派和无党派民主人士的代表人物先后从哈尔滨等地到达北平,参加新政协的筹备工作。中国共产党和各民主党派合作,共同建立新中国,这是它们以前共同进行革命斗争的继续,也为新中国成立后实行中国共产党领导的多党合作和政治协商制度奠定了基础。这一制度成为新中国的一项基本政治制度。1949 年 3 月 5—13 日,中国共产党在西柏坡召开七届二中全会。会议批准由中国共产党发起的关于召开新的政治协商会议及成立民主联合政府的建议。6 月 15—19 日,新政协筹备会在北平召开第一次全体会议,选出毛泽东、朱德、李济深等 21 人组成筹备会常务委员会。常委会推行毛泽东为主任,周恩来、李济深、沈钧儒、郭沫若、陈叔通为副主任,李维汉为秘书长(后因病由林伯渠代理)。会议决定在常委会领导下设立六个小组,分别完成下列各项任务:一是拟订参加新政协的单位及其代表名额;二是起草新政协的组织条例;三是起草共同纲领;四是拟订中华人民民主共和国政府方案;五是起草宣言;六是拟订国旗、国歌及国徽方案。通过这些小组的工作,迅速完成了召开新政协及建立民主联合政府的准备工作。毛泽东于 6 月 30 日发表的《论人民民主专政》一文,是

---

① 《毛泽东文集》第五卷,人民出版社 1996 年版,第 337—338 页。

对马克思列宁主义国家学说的丰富和发展，它为新中国的成立，奠定了理论和政策基础。

1949年9月17日，新政协筹备会召开第二次全体会议，基本通过由各小组分头起草的政协组织法草案、共同纲领草案、政府组织法草案等。会议一致通过将新政治协商会议改称为中国人民政治协商会议。9月21—30日，中国共产党人民政治协商会议第一届全体会议在北平召开。出席大会的有党派、区域、人民解放军、团体代表共45个单位以及特别邀请人士，共有正式代表、候补代表及特邀代表662人。中国共产党作为发起政协会议的最大政党，代表名额与中国国民党革命委员会、中国民主同盟相当，同为正式代表16人，候补代表2人。毛泽东在开幕词中指出：现在的中国人民政治协商会议是在完全新的基础上召开的，它具有代表全国人民的性质，它获得全国人民的信任和拥护。因此，中国人民政治协商会议实质上执行了全国人民代表大会的职权，在议程中将决定关于成立中华人民共和国的一切事宜。会议讨论通过《中国人民政治协商会议共同纲领》（起临时宪法作用）、《中华人民共和国中央人民政府组织法》、《中国人民政治协商会议组织法》。《中国人民政治协商会议组织法》规定：中国人民政治协商会议为全中国人民民主统一战线的组织，在普选的全国人民代表大会召开以前，中国人民政治协商会议全体会议执行全国人民代表大会的职权。在全国人民代表大会召开以后，就有关国家建设事业的根本大计或重要措施，向全国人民代表大会或中央人民政府委员会提出建议案。七届二中全会决议和毛泽东为纪念中国共产党成立28周年发表的重要文章《论人民民主专政》，共同构成了制定共同纲领的理论基础和政策基础，实际上规划了建设新中国的蓝图。

第三节　执政初期党领导立法的探索

新中国成立后，中国共产党由领导工人、农民夺取国家政权的革命党，转变为领导各阶级、阶层维护国家政权、巩固国家政权的执政党，党的领导的性质和基本任务都发生了根本改变。随着包括国民党"六法全书"在内的一切旧的法律体系的废除，建立新的人民民主国家法律体系的客观要求也日益呈现，中国共产党在执政初期高度重视法制建设，并在曲折中探索。至"文革"结束，党领导立法体现为三个特点：第一，

1949年新中国成立至1957年上半年反"右"派斗争扩大化前,中国共产党模仿苏联模式,积极推进立法发展,是新中国党领导立法初步探索并迅速发展的阶段;第二,1957年下半年整风运动至1966年"文革"爆发前,1954年宪法的命运逐渐发生了转变,是党领导立法开始弱化的曲折阶段;第三,1966年至1976年"文革"结束,在"踢开党委闹革命"的动荡时期,宪法和法律面对逐渐被废弃的悲惨命运,党领导立法陷入全面被破坏的混乱、僵滞阶段。

一 领导群众运动中推进立法

在中华人民共和国成立前夕召开的中国人民政治协商会议上,通过了具有临时宪法性质的《中国人民政治协商会议共同纲领》。这部由周恩来主持起草的起临时宪法作用的纲领规定,在经济方面实行公私兼顾、劳资两利、城乡互助、内外交流的政策,将"新民主主义"由执政党的主张变成国家大法。这是新中国成立前后第一次将执政党政策上升为国家大法。1949年2月28日,中共中央发布《关于废除国民党的六法全书与确定解放区的司法原则的指示》,彻底废除了旧法。《中国人民政治协商会议共同纲领》第十七条规定:"废除国民党反动政府一切压迫人民的法律、法令和司法制度,制定保护人民的法律、法令,建立人民司法制度。"因此,新中国的立法和立法体制可以说是在"空地"上建立起来的。

1951年10月23日,政协第一届全国委员会第三次全体会议在北京开幕,毛泽东在开幕词中提出:增加生产,厉行节约,以支援中国人民志愿军,是中国人民今天的中心任务。随着增产节约运动在全国范围内展开,各地在深入检查中揭发出大量令人震惊的贪污、浪费和官僚主义现象,审查处理了刘青山、张子善巨大贪污案。之后,反对贪污、反对浪费、反对官僚主义的"三反"运动在全国范围内开展起来。12月1日,中共中央作出《关于实行精兵简政、增产节约,反对贪污,反对浪费和反对官僚主义的决定》。这个《决定》由周恩来指导起草,报请毛泽东审阅批准,再经周恩来定稿后发出。8日,中共中央又发出毛泽东起草的《关于反贪污斗争必须大张旗鼓地进行的指示》。"三反"运动是中共中央在新中国成立初期进行的一场严肃而紧张的革命斗争,是在国家积累资金、进行经济建设过程中开展一场以发动群众、依靠群众为基础的政治运动。

在这场波及全国的群众运动中,中央领导人非常重视法制的作用。周恩来在主持召开中央一级党政军和群众团体的干部大会上指出,要做到言出法随,并且要把制度健全起来。"如果我们不以严格的制度限制或制裁这些不法行为,国家的前途是不可想象的。"① 此后,周恩来为中共中央起草《惩治贪污条例》,并对其内容广泛征求意见。1952年1月26日,周恩来在征询对《惩治贪污条例》意见的电报中提出"多数从宽、少数从严、以前从轻、以后从重"的量刑方针,并估计在已发现贪污行为的人中需要处刑的为5%—10%。② 而对刘青山、张子善之类的严重犯罪分子,他在2月4日批准了河北省人民政府主席杨秀峰的报告:"判处死刑,立即执行。"鉴于运动高潮中出现斗争扩大化和逼供信的现象,周恩来对这类问题采取了审慎而严肃的态度。比如当中央国家机关准备在北京中山公园举行审判大贪污犯的大会时,农业部有一个被定为大贪污犯的人证据不实,周恩来用了一个通宵的时间来审查案情,并予以纠正。6月初,"三反"运动进入处理阶段。周恩来参与修改定稿《中共中央关于争取胜利结束"三反"运动中的若干问题的指示》,7月15日,周恩来签署《政务院关于胜利结束三反运动中几个问题的指示》,"三反"运动宣告结束。

"三反"运动在国民经济恢复时期占有重要的历史地位。它是新中国成立初期一次移风易俗的社会改革运动,对清除旧社会遗毒、树立道德法制观念起到了积极作用,并在群众运动中思考了加强法制建设的重要性。

二 新税制修订过程中党与立法的关系

新中国成立初期,我们党面临繁重的社会改革任务、抗美援朝、保家卫国战争和恢复遭受严重破坏的国民经济,财政支出浩大,成为新中国财政困难的根源。同时,由于老区农民负担重、新区农业税收尚未步入正轨和城市税收难以掌控的状况,税收收入增长缓慢,入不敷出,税收立法尤为迫切和重要。1949年11月,中央人民政府财务部在北京召开了新中国

---

① 周恩来在第119次政务会议上的报告记录,1952年1月11日。
② 《中共中央致各中央局并转分局、省、市、区党委,各大军区党委并转各省军区党委,志愿军党委电》,1952年1月26日。

成立后第一次全国税务会议。根据《共同纲领》第40条关于"国家的税收政策，应以保障革命战争的供给，照顾生产的恢复和发展及国家建设的需要为原则，简化税制，实行合理负担"的规定，1950年1月31日，中央人民政府政务院颁布了《全国税政实施要则》、《工商业税暂行条例》、《货物税暂行条例》。《全国税政实施要则》指出：必须加强税收工作，建立统一的税收，全国实行合理负担、平衡城乡、统一税收，以利于革命战争的供给和生产的恢复与发展。全国税收立法权由中央人民政府政务院统一行使，任何地区或部门都不得变更、自定。《要则》规定，根据5种经济并存、私营工商业大量存在的情况，决定实行多种税、多次征的复合税制。这一税制为新中国成立初期保障革命战争的供给和生产的恢复与发展发挥了重要作用。

（一）修正旧税制

随着经济的发展和改组，复合税制的消极作用日益显露，主要是各税重复、零星分散、手续烦琐。旧税制制定时，对还很薄弱的国营和合作社经济作了优惠的特殊规定，即对国营商业和合作社商业内部调拨不征税。私营企业也逐渐想方设法，采取产销直接见面的方法偷逃批发环节营业税，造成税收流失。为此，"五反"运动中专门强调反对私营企业偷税漏税现象。1952年下半年，为了迎接国家大规模经济建设，财政需要增加税收，支援建设。经过"五反"运动后，漏税的私营企业要补交税款，偷税的要罚。造成一些私营企业有消极情绪，甚至实行怠工或躺倒不干。这时如果再过多增加税收，私营企业本身会有倒闭的危险，财政支出面临的困难也将更多。为保护税源，有必要对旧税制进行修正。

1952年9月，财政部在财政工作会议上确定修正税制，并针对这个问题召开了各大区财政部长会议和第四次全国税务会议。根据几次会议讨论的意见，提出修正税制的具体方案。12月26日，周恩来主持召开政务院第164次政务会议，批准了这个方案。周恩来讲道，"这次税制基本上没有变，如果说有一种改革，那就是将一部分商品改征商品流通税了，总的说来，还是税制的修正"。[①] 这一修正方案主要考虑两点：一是合作社的发展，不能单靠优待，主要应靠改善其经营，加强经济核算。因此，取

---

① 周恩来在第164次政务会议上的发言记录，1952年12月26日。

消了合作社的许多优待,使其同国营企业、私营企业在纳税上待遇一样,并征得了合作社总负责人的同意。二是改变国营商业部门依靠国家贷款、收购等优待规定,使国营企业、合作社和私营企业的纳税待遇一致。如此,督促国营企业和合作社加强经营管理,谋求内生发展。随后,财经部门又征求工商联负责人及工商界知名人士意见。31日,《人民日报》刊登了《关于税制若干修正及实行日期的通告》,发表题为《努力推行修正了的税制》的社论和《全国工商联筹委会拥护修正税制》的报道。

(二) 新税制颁布实施后引起争论

修正的税制公布后,在社会上引起强烈反响。1953年元旦刚过,关于新税制的疑问便铺天盖地而来。有人认为新税制不应该在国营企业和私营企业之间画等号。如果这样,社会主义的国营企业就不能得到鼓励发展,而资本家的企业从新税制中得到了鼓励会更加激发其逐利本性,形成实现社会主义的障碍。更有人提出,新税制公私一律纳税,不是一个税制问题,而是牵扯到我们党提倡什么、反对什么的问题。山东分局向明等联名给中央写信,提出新税制执行后引起了物价波动、抢购商品、私商观望、思想混乱等。北京市委也写信给中央,反映北京的商店出现了抢购风潮。1月15日,毛泽东给周恩来、邓小平、陈云、薄一波写信,询问新税制事。信中写道:

"新税制事,中央既未讨论,对各中央局、分局、省市委亦未下达通知,匆卒发表,毫无准备。此事似已在全国引起波动,不但上海、北京两处而已,究应如何处理,请你们研究告我。"[①]

"此事我看报始知,我看了亦不大懂,无怪向明等人不大懂。究竟新税制与旧税制比较利害各如何?何以因税制引起物价如此波动?请令主管机关条举告我。"

新税制主要存在两个方面的问题:一是简单变更纳税环节,造成税收流失。当时批发商中私商经营的比重还很大,而把在流通环节难以收上来的工业品的批发营业税转移到生产环节课征,批发商得以免税,这就打击了国营商业和一些内地工业;税制执行过程中,由于私营商业往往是批发兼营零售,两者难以划分。加上工厂出厂价没有及时调整,也在一定程度

---

① 中央文献研究室编:《建国以来毛泽东文稿》第四册,中央文献出版社1990年版,第27页。

上会让私营批发商逃税漏税。二是"公私一律平等纳税"违背了七届二中全会决议关于节制资本的政策。从当时发表的《人民日报》社论来看,为了说明修改税制的必要性和目的,中央财经委员会副主任兼财政部长薄一波将"国营企业和私营企业都要按照修改的税制纳税"简化为"公私一律平等纳税"。2月5日,毛泽东在中央政治局会上批评指出,实施新税制是"右倾机会主义"错误,政务院犯了分散主义的错误,要加强党中央对政务院的领导。

从历史条件来看,首先,国营商业和私营商业性质不同,当时国营商业的全部利润要上缴,私营商业只向国家缴所得税。这就决定了国营商业不仅是国家经济主体,更发挥着重要的维持生产、稳定市场的作用。而私营商业的目标仅是追求经济效益,满足市场供应。所以,正如陈云后来评价道:"对国营商业、合作社商业和私营商业提出'公私一律',看起来好像是很公平合理,实际是不公平的,因此,'公私一律'的提法是错误的。"[①] 其次,新税制急于出台,太过于匆忙。为了赶在元旦前一天公布实施新税制,以在春节前一个半月的旺季多收点税,没有顾及税收工作的复杂情况,税制方案颁布前也未广泛征求意见。最后,修正税制中把公私关系简单地概括为"公私纳税一律平等",不符合中共中央酝酿提出过渡时期总路线的政治要求。

实质上,新税制问题起源于党在社会主义过渡时期总路线的确立问题。1952年,毛泽东指出,中华人民共和国的成立,意味着新民主主义革命阶段的结束和社会主义阶段的开始,要加快对工农业的社会主义改造。他提出了过渡时期的总路线:要在一个相当长的时期内,逐步实现国家的社会主义工业化,并逐步实现国家对农业、对手工业和对资本主义工商业的社会主义改造。社会主义改造的目标就基本上消灭个体生产和私人资本,根本改变新中国的所有制结构,实现社会主义公有制度。刘少奇等一部分国家领导人则对此持有不同意见,认为应该继续实行新民主主义社会秩序。党在执政之初对重大施政方针的讨论是有益而积极的,税制修正引起的争论正是执政政策思考差别的体现。后经过中央广泛征求意见、充分讨论,最终确立了向社会主义过渡时期的总路线。单纯从新税制制度本

---

① 《陈云文选》第二卷,人民出版社1995年版,第198—199页。

身来看,"公私一律平等纳税"符合基本税法原理,有利于维护市场稳定,在制度设计初衷上有利于巩固党的执政地位。但因在税制修正的指导思想、立法程序等方面尚未理顺,在社会上造成了原来没有预料到的物价上涨和思想混乱。

(三) 新税制问题促使进一步理顺税收立法关系

从立法修法角度看,新税制修正在立法进程上主要存在四个方面的问题:一是税收立法主体模糊,仅由财政部征求意见后即行颁布实施,背离了"全国税收立法权由中央人民政府政务院统一行使,任何地区或部门都不得、变更、自定"的税收立法原则;二是财政部在未经政务院授权的前提下,即修正并颁布税制,其超越了税收立法权限;三是对税制修正这一牵一发而动全身的立法活动,缺乏广泛征求意见和税收立法充分讨论环节;四是党领导税收立法缺位。在税制修正重大立法事项上,党中央未能充分发挥统揽全局、协调各方的战略决策作用。

1953年2月19日,根据毛泽东的批评意见,周恩来召集座谈会,强调政府各部门向党中央请示报告和作好分工的问题。3月10日,周恩来主持起草中共中央《关于加强中央人民政府系统各部门向中央请示报告制度及加强中央对于政府工作领导的决定(草案)》,主要内容包括三个方面:一是政府工作中一切主要和重要的方针、政策、计划和重大事项,均须事先请示中央,并经过中央讨论和决定或批准以后,始得执行。二是撤销中央人民政府党组干事会,加强政府各部门党组工作,各党组直接接受中央的领导。三是为了更好地使政府各主要领导人"直接向中央负责,并加重其责任",重新规定现在政府工作领导同志的分工。这实际上初步解决了税收立法体制和立法权限问题。

6月14日,中央召开全国财经会议,中心问题是讨论和批评财政部的新税制方案。基于对新税制错误的深刻认识,薄一波针对修正税制错误的批评作出回应:"1952年12月公布的修正税制,由于从单纯财政观点(保税)出发,没有从总政策出发加以考虑,也没有进行具体的调查研究,没有进行典型试验,主观轻率从事,因而从方针到具体做法都犯了严重的错误。在组织上也是错误的,犯了分散主义的错误。"[①] 7月25日,

---

① 《全国财经会议领导小组会议纪要》第10号,1953年7月13日。

财政部副部长吴波在扩大的第 24 次领导小组会议上发言，再次检查修正旧税制中的错误。8 月 1 日，薄一波在会上作第二次检讨，但在当时的会议气氛下，还是不过关。8 月 11 日，周恩来对修正税制问题作出是工作错误而不是路线错误的结论。同时，周恩来还强调，在经济建设中必须加强党的统一领导的原则，在任何时候都必须坚持。这次税收、商业、财政、金融工作中所犯的许多错误，是与向党闹独立性，与无政府无组织无纪律的错误倾向，与分散主义离不开的。[①]

总的来看，这次税制修正还是有其积极历史意义的。在中央的领导下，经广泛征求意见、充分讨论后，坚持中央"保证税收，简化税制"的税收原则，主要对原工商税收作了五个方面的修正：一是把原来的货物税、工商营业税、工商营业税附加和印花税合并为商品流通税，实行从产到销一次征收，试行商品流通税。二是将货物税税目由原来 358 项合并为 174 项，并将缴纳货物税企业的工商营业税、印花税并入货物税征收。三是把工商企业原来缴纳的营业税和印花税，并入营业税内征收。四是取消特种消费行为税，将其中电影、戏剧及娱乐部分税目改征文化娱乐税，其余税目并入营业税；同时，将粮食、土布交易税收征货物税，并停止药材交易税。五是秉持公私企业区别对待、简繁不同的原则，对合作社经济实行多项减免税政策，以壮大社会主义经济力量，改造私营经济。修正后的税制贯彻了过渡时期总路线，对发展国民经济，进一步扶助合作经济，改造私营经济和保证国家财政收入均起到重要作用。

(四) 新税制修正过程的启示

立法是现代国家管理的重大政治活动，是国家权力存在和行使的法的根据，涉及国家政治生活和社会生活的各个方面，更是各种政治力量博弈并共同作用的结果。作为执政党，在立法活动中起到关键的领导作用。新中国成立初期，旧法废除，新法数量极少，立法程序、立法范围、立法权限、立法主体及相互关系等尚未确立，对诸如修正税制此类问题的出现很大程度缘于时代立法条件的局限。新税制立法进程至少给我们今天以下几点启示。

[①] 《周恩来传（1949—1976）》上，中央文献出版社 1998 年版，第 140 页。

1. 充分认识税法的重要性及其在法律体系中的重要地位

税收是国家财政收入的主要来源和权力保障，关乎每一位纳税人的切身利益。税收的强制性、无偿性和固定性等属性决定了税制决策的全局性和经济利益主体对税收立法的敏感性。正如法国空想社会主义者圣西门讲道："在任何一个国家里，规定财产的法和使财产受到尊重的法都是根本法；社会的存在取决于所有权的保存，因而需要有规定所有权的法律；规定国家预算的法律，是一切法律中最重要的法律。"① 税收作为维系国家公共服务正常运行的经济保障，税收立法则是一项普遍性的法律，在国家法律体系中居于基础法的重要地位。所以，税收立法及税制改革要充分考虑到复杂的政治社会条件及其对国家经济社会可能产生的重大影响。

2. 科学界定立法权限，落实税收法定原则

基于新中国成立初期的新税制问题，促使以毛泽东为核心的党的领导集体充分认识到税法的重要性，1954年第一届全国人民代表大会第一次会议通过的《宪法》第102条规定："中华人民共和国公民有依照法律纳税的义务"，确立了税收法定原则。经过"文化大革命"的波折，直到1982年《宪法》中才再次确定"中华人民共和国公民有依照法律纳税的义务"。但在改革开放初期，考虑到税收立法面临的错综复杂情况，全国人大及其常委会依据《宪法》第89条关于全国人大及其常委会可以授予国务院其他职权的规定，于1985年出台《全国人民代表大会关于授权国务院在经济体制改革和对外开放方面可以制定暂行的规定或者条例的决定》，授权国务院可以根据宪法，在同相关法律和全国人民代表大会及其常务委员会有关决定的基本原则不相抵触的前提下，制定暂行的税收规定或者条例。

随着社会主义市场经济的发展和中国特色社会主义法律体系的形成和完善，我国税收制度基本建立并日趋完善。党的十八届三中全会将"落实税收法定原则"列为一项重要改革任务。2015年3月15日，第十二届全国人民代表大会第三次会议作出《关于修改〈中华人民共和国立法法〉的决定》，审议通过《中华人民共和国立法法》修正案草案。其中一个重要内容就是对税收法定原则作出明确规定，将税种的设立、税率的确定和

---

① [法]圣西门：《圣西门选集》（第2卷），商务印书馆1985年版，第191—193页。

税收征收管理等税收基本制度,列为只能制定法律的事项。这就意味着,"凡是开征新税,要由全国人大及其常委会制定税收法律;凡是要对现行税收条例进行修改,一般都要上升为法律;其他的税收条例,要区别轻重缓急,逐步地上升为法律。"① 更加明确规定了全国人大常委会的税收专属立法权,预计在 2020 年之前,将全面落实税收法定原则。这是我国税制史上具有里程碑式的改革,将全民性质的税法上升为由国家最高权力机关制定,税收立法上升到更加成熟的状态。这与新中国成立初期税收立法体制上的最初设计形成鲜明对比。

3. 坚持党领导立法

基于税收在经济社会中的重要地位和作用,作为初掌国家政权的执政党,面对新中国成立初期复杂的经济、政治形势,必须充分行使和发挥党对税收立法的领导作用。即在党的领导下,广泛征求意见,明确立法权限,将国家的财政需要同经济社会的要求与立法活动联系起来,使税收立法体现党的领导与人民意志的一致性。以毛泽东为核心的党中央吸取新税制修订过程中的经验教训,从执政的角度初步意识到党必须重视立法、领导立法,并为之后《土地改革法》、《工会法》尤其是 1954 年《宪法》的制定及关于国家基本政权机构的设置作了准备,为我国党领导立法基本格局的形成奠定了基础。党的十八届四中全会提出的"加强党对立法工作的领导,完善党对立法工作中重大问题决策的程序"是其核心精神的最新传承。

三 党领导制定新中国第一部宪法

1953 年是新中国民主法制建设史上具有重要意义的一年。经济恢复刚刚结束,开始执行国民经济发展的第一个五年计划,进入大规模的社会主义建设时期,加强立法工作成为国家社会的迫切需要。在国家机构设置上,中央对政务院政法法律委员会的工作职责更加明确,加强社会主义民主法制建设成为其根本任务。新的形势是"现在,彻底消灭三大敌人残余势力的社会改革运动已经大体上结束了。今后必须加强正规的革命法制

---

① 2015 年两会期间,大会副秘书长、发言人傅莹回应"油降税涨":开征新税均由人大制定税收法,中国网,2015 年 3 月 4 日。

建设，以保障国家建设事业的顺利进行和人民的利益不受损害"。① 因此，政法工作"主要已经不是进行像过去那样的社会改革运动，而是逐步健全和运用人民民主的法制，进一步巩固人民民主专政；同时继续完成过去尚未完成的某些社会改革，以保障经济建设和各种社会主义改造事业的顺利进行，保护人民群众的民主权利使之不受侵犯。要逐步实行比较完备的人民民主的法制，来保护和促进社会生产力的进一步发展"。②

（一）1953年普选为宪法起草做好组织准备

1月3日，中央人民政府委员会第二十次会议通过《关于召开全国人民代表大会及地方各级人民代表大会的决议》，决定于1953年召开由人民用普选的方法产生的乡、县、省（市）各级人民代表大会，并在此基础上召开全国人民代表大会，制定宪法，批准国家五年建设计划纲要和选举新的中央人民政府；同时，决定成立由毛泽东为主席、32位委员组成的宪法起草委员会，成立由周恩来为主席、23位委员组成的选举法起草委员会。2月11日，中央人民政府委员会第22次会议通过《全国人民代表大会及地方各级人民代表大会选举法》，3月1日公布施行。决定成立中央选举委员会，刘少奇为主席，彭真等28人为委员。在中央选举委员会的领导下，从1953年4月开始在全国范围内先后开展了人口普查、选民登记等工作。展开了中国历史上第一次全国普选，有3.2亿选民参加了投票选举。至6月，全国各地基层选举工作相继完成。七八月间，各省、自治区、直辖市先后举行人民代表大会会议，全国45个选举单位（包括台湾地区）共选出全国人大代表1226人，其中共产党员668人，占54.48%；非党人士558人，占45.52%。

（二）宪法及组织法起草

中央领导人直接主持宪法起草。毛泽东亲自主持了中华人民共和国第一部宪法的起草工作。1953年12月27日至1954年3月17日，毛泽东抽出专门的时间，带领由陈伯达、胡乔木、田家英等组成的宪法起草小组，在杭州起草宪法。刘少奇在北京召集中央政治局委员及有关人员，对历次宪法草案稿进行详细讨论，提出意见。1954年2月28日和3月1日，刘少奇主持召开中央政治局扩大会议，讨论并原则通过宪法草案初稿三读

---

① 彭真：《论新中国的政法工作》，中央文献出版社1992年版，第77页。

② 同上书，第87页。

稿,并决定由董必武、彭真、张际春负责根据会议讨论的意见及宪法起草小组的意见,对三读稿进行研究和修改,形成宪法草案初稿四读稿。3月15日,中央政治局扩大会议决定:由陈伯达、胡乔木、董必武、彭真、邓小平、李维汉、张际春、田家英等八人组成宪法小组,负责对宪法草案初稿作最后修改。这期间,毛泽东委托彭真将国内一些知名专家吸收到宪法草案初稿修改工作中,比如比较宪法专家钱端升,国际法专家周鲠生,语言文字专家吕叔湘、朱德熙等,共同研究宪法草稿。这样,毛泽东在杭州主持宪法起草,稿子一条一条传过来;彭真在北京组织法律专家、语言文字专家讨论和修改,几乎天天与杭州联系。[①] 3月23日,毛泽东主持宪法起草委员会第一次会议,代表中国共产党正式提出《中华人民共和国宪法草案(初稿)》,由会议讨论。6月14日,中央人民政府委员会第30次会议通过《宪法草案和关于公布宪法草案的决议》,决定将宪法草案交付全国人民讨论。在此后的近3个月时间里,全国有1.5亿人参加讨论。9月9日,中央人民政府委员会召开第34次会议,讨论通过根据全民讨论意见修改后宪法草案,决定正式提请全国人民代表大会审议。

  中央主持与宪法配套的组织法起草。与宪法起草同步,中央决定起草与宪法配套的国家机构组织法即《人民法院组织法》、《人民检察院组织法》、《地方各级人民代表大会和地方各级人民委员会组织法》(简称《地方组织法》),由中央政法委负责起草。为将三部组织法草案按时提请宪法起草委员会审议,由代理政法委主任、分党组干事会书记彭真主持组织了主要由最高人民法院和司法部组成的人民法院组织法起草小组,主要由最高人民检察署和中央人民政府委员会法制委员会组成的《人民检察署法》起草小组,主要由内务部、法制委员会组成的地方组织法起草小组。1954年5月19日,政法委向毛泽东并中央政治局报告关于起草人民法院组织法的情况和意见。8月2日,彭真到北戴河向毛泽东呈送了《人民法院组织条例草案(初稿)》和《人民检察署组织条例草案(初稿)》及《地方组织法草案(初稿)》。由政法委负责起草的三部组织法草案"均由彭真同志督率主管部门起草,不久可以脱稿"。[②] 8月19日,在政法委会议上彭真作了关于三部组织法草案的说明,会议原则同意三个草案,决定

[①] 《世纪对话——忆新中国法制奠基人彭真》,群众出版社2002年版,第130页。
[②] 董必武致中共中央并毛泽东的函,1954年7月5日。

进一步修改后，提请全国人民代表大会审议。

（三）公民在法律面前人人平等

1954 年 9 月 15 日，中华人民共和国第一届全国人民代表大会在北京中南海怀仁堂隆重开幕。毛泽东在开幕词中指出："我们这次会议具有伟大的历史意义。这次会议是标志着我国人民从 1949 年建国以来的新胜利和新发展的里程碑，这次会议所制定的宪法将大大地促进我国的社会主义事业。"① 刘少奇代表宪法起草委员会向大会作《关于中华人民共和国宪法草案的报告》。从 9 月 16 日起，大会用三天的时间讨论宪法草案和刘少奇所作报告。

在大会讨论发言中，彭真在大会上作了《公民在法律面前人人平等》的发言，就宪法确定的"公民在法律上一律平等"这一社会主义法制基本原则作了深刻阐述。

第一，公民在法律面前必须一律平等。"我们的国家是工人阶级领导的人民民主国家，我们全体公民在法律面前可能平等，也必须平等。人人遵守法律，人人在法律上平等，应当是，也必须是全体人民、全体国家工作人员和国家机关实际行动的指针。在我们这里，不允许言行不符，不允许有任何超越于法律之外的特权分子。"

第二，列举遵守法律方面的一些仍存在的错误思想并作出深刻剖析。一是"在少数国家工作人员中还有这么一种思想，他们以为法律是只管老百姓或者只管'小人物'的，至于'大干部'、'大人物'，只要注意执行党和国家的方针政策就够了，对法律遵守不遵守，是无关紧要的。这种思想，也是完全错误的"。二是"共产党是国家的领导者，那么他们只要遵守党的纪律就行，对于遵守国家法律，似乎马虎一点也不要紧。这种思想，也是错误的、危险的。他们不知道党的纪律和国家法律是一致的"。

第三，明确在法律面前一律平等的具体要求和做法。针对少数认为国家工作人员、共产党员、国家机关对法律遵守不遵守无关重要的错误思想，一是"必须明确国家对于任何违法犯罪的人，不管他的职位多高，都是不能加以包庇的"。二是"共产党员在遵守宪法和法律方面，是不能

---

① 《人民日报》1954 年 9 月 16 日。

有任何例外、任何特殊的,如果硬要说有的话,那就是他们必须以身作则,成为守法的模范,并且团结群众为宪法和各种法律的实施而斗争"。三是"按照我们的宪法草案,不仅国家机关工作人员,国家的行政机关要严格遵守宪法和法律,国家的检察机关和审判机关要严格遵守宪法法律,国家的各级权力机关,直至全国人民代表大会,也都要严格遵守宪法法律。一切认为国家机关可以违法的思想,实际上是一种'只许州官放火,不许百姓点灯'的反动统治阶级的思想,是和我们的宪法草案的精神根本不相容的,我们必须反对它"。①彭真的发言所确立的关于宪法法律实施的基本原则,具有重要的现实意义和深远的历史意义。八届全国人大常委会副委员长王汉斌在他的回忆文章中指出:"今天重读这个发言,仍然感到它有很强的现实性和针对性。"②

1954年9月20日,大会全票通过《中华人民共和国宪法》和《全国人民代表大会组织法》,21日,通过《国务院组织法》、《人民法院组织法》、《人民检察院组织法》和《地方组织法》。9月27日,大会最后一项议程是选举和决定新的国家领导工作人员,选举刘少奇为第一届全国人民代表大会常务委员会委员长,宋庆龄、林伯渠、张澜等为副委员长,彭真为副委员长兼秘书长。在中央政治局中,彭真分管全国人大常委会的日常工作,常委会不设党组,由彭真直接对中央负责,形成新中国成立初期党领导立法的基本格局,保证了新中国第一部宪法的科学性、民主性与党的领导的高度一致。其基本内容和精神一直沿用至今。

(四)党领导制定新中国第一部宪法的基本经验

毛泽东说,"这个宪法草案所以得人心,是什么理由呢?我看理由之一,就是起草宪法采取了领导机关的意见和广大群众的意见相结合的方法。这个宪法草案,结合了少数领导者的意见和八千多人的意见,公布以后,还要由全国人民讨论,使中央的意见和全国人民的意见相结合。这就是领导和群众相结合,领导和广大积极分子相结合的方法。过去我们采用了这个方法,今后也要如此。一切重要的立法都要采用这个方法"。③毛

---

① 《彭真文选》,人民出版社1991年版,第256—259页。
② 《缅怀彭真》,中央文献出版社1998年版,第46页。
③ 毛泽东:《关于中华人民共和国宪法草案》(1954年6月14日),《建国以来重要文献选编》第五册,中央文献出版社1983年版,第287页。

泽东根据 1954 年宪法的草案拟定过程，总结出了两条立法经验。

1. 宪法起草借鉴吸收了古今中外的宪法及宪法基本思想。总结历史经验，特别是新中国成立五年以来的革命和建设经验，同时也是本国经验和国际经验的结合。毛泽东指出，"我们这个宪法草案，主要是总结了我国的革命经验和建设经验，同时它也是本国经验和国际经验的结合。我们的宪法是属于社会主义宪法类型的。我们是以自己的经验为主，也参考了苏联和各人民民主国家宪法中的好的东西。讲到宪法，资产阶级是先行的。英国也好，法国也好，美国也好，资产阶级都有过革命时期，宪法就是他们在那个时候开始搞起的。我们对资产阶级民主不能一笔抹杀，说他们的宪法在历史上没有地位。但是，现在资产阶级的宪法完全是不好的，是坏的，帝国主义国家的宪法尤其是欺骗和压迫多数人的"。[①] 宪法草案既总结了无产阶级领导的反对帝国主义、反对封建主义、反对官僚资本主义的人民革命的经验，总结了新中国成立后社会改革、经济建设、文化建设和政府工作的经验，也总结了清朝末年以来关于宪法问题的经验。对清末的"十九信条"、民国元年的《中华民国临时约法》、北洋军阀政府的几个宪法和宪法草案、国民政府时期的宪法都进行了比较、吸收和鉴别，吸收优点，摒弃糟粕，为制定这部宪法草案提供了经验。对待国外宪法以谦虚开放的姿态，积极学习借鉴，在明确我国宪法是属于社会主义宪法性质的基础上，主要参考了苏联和各人民民主国家宪法中好的东西。对待英国、法国、美国等西方资本主义国家的宪法，同样也有吸收借鉴。

2. 宪法起草是原则性和灵活性的有机统一。宪法草案坚持的基本原则有两个，即民主原则和社会主义原则。首先，作为全民参与起草宪法的重大政治活动，人民民主的原则贯穿于整部宪法的起草全过程；其次，坚持社会主义原则的同时也要与灵活性紧密结合，社会主义宪法不可能一蹴而就。如何坚持社会主义原则？毛泽东指出："一时办不到的事，必须允许逐步去办。比如国家资本主义，是讲逐步实行。国家资本主义不是只有公私合营一种形式，而是有各种形式。一个是'逐步'，一个是'各种'。这就是逐步实行各种形式的国家资本主义，以达到社会主义全民所有制。社会主义全民所有制是原则，要达到这个原则就要结合灵活性。……现在

[①] 毛泽东：《关于中华人民共和国宪法草案》（1954 年 6 月 14 日），《建国以来重要文献选编》第五册，中央文献出版社 1983 年版，第 288 页。

能实行的我们就写，不能实行的就不写。比如公民权利的物质保证，将来生产发展了，比现在一定扩大，但我们现在写的还是'逐步扩大'。这也是灵活性。"① 可见，宪法起草对坚持原则性与灵活性做出了很好的结合。另外，关于统一战线、少数民族等问题的宪法条文，也坚持了原则性和灵活性相结合的方法。

第一届全国人民代表大会召开及宪法和配套《选举法》及五部国家机构组织法的颁布实施，标志着人民代表大会制度作为新中国根本政治制度正式确立，并写入宪法这一根本大法。《宪法》规定："中华人民共和国的一切权力属于人民。人民行使权力的机关是全国人民代表大会和地方各级人民代表大会。""中华人民共和国全国人民代表大会是最高国家权力机关。""全国人民代表大会是行使国家立法权的唯一机关。""全国人民代表大会由省、自治区、直辖市、军队和华侨选出的代表组成。全国人民代表大会代表名额和代表产生办法，包括少数民族代表的名额和产生办法，由选举法规定。"

四 党领导下的全国人大及其常委会行使立法权

（一）完善全国人大常委会组织机构

1954年宪法确定，全国人大常委会的一项重要任务是立法，可以分为起草法律、审查修订法律和解释法律三个方面。在全国人大常委会具体工作开展进程中，按照立法的一般工作规律，新中国的第一代立法者认识到，要做好立法工作，就必须学习理论，熟悉情况和法律。有马列主义基本方法论和法律观的指导，结合实际情况，以党的正确理论指导，真正了解实际，才能有正确的政策；有正确的法律理论和熟悉情况，才可能制定正确的法律条文。

在全国人大常委会的机构设置上，也注意了理论与实践相结合。全国人大常委会办公厅成立了法律室，系统地研究法律。同时，成立研究室，研究法律理论和实际情况以及立法经验等。为满足立法实践中借鉴、学习其他国家和古代法律的需要，成立编译室，翻译外国的尤其是苏联的法律和法律著作，编印中国古代的法律著作。设置人民来信来访、民族室、秘

---

① 毛泽东：《关于中华人民共和国宪法草案》（1954年6月14日），《建国以来重要文献选编》第五册，中央文献出版社1983年版，第289页。

书处、行政处等工作机构，另外还设立了顾问室，请一些对国际法、民法、刑法等真正有研究的人做顾问。到 1954 年 12 月底，常委会办公厅及其所属的法律室、研究室、编译室、顾问室、民族室、人民接待室、秘书处和总务处等办事机构和工作机构相继建立并配备相应的工作人员。当时，常委会机关尚未设置党组。为了加强党对人大工作的领导，1955 年 12 月 30 日，由彭真致信马明方、安子文并核转周恩来，提议设立机关党组。经中央批准，全国人大常委会机关很快地建立了党组。

(二) 授权全国人大常委会制定单行法规

1954 年宪法规定全国人大是行使国家立法权的唯一机关，按照《中华人民共和国地方组织法》规定，省、市、县人民政府不再有权拟定有关的暂行法令、条例和单行法规的制度。全国人大常委会无权制定法律，而唯一的全国人大一年只开一次会，这种高度集中统一的立法体制难以适应社会主义建设和社会主义改造过程中对有关法律的迫切需求。基于形势的发展，全国人大法案委员会针对这一立法问题进行了充分论证研究，提出全国人民代表大会应授权全国人大常委会适时制定一些单行法规，以适应国家建设和工作对立法的要求。1955 年 7 月 30 日，在一届全国人大第二次会议党组召开的党员代表第二次会议上，彭真指出："一部分党内同志认为授权不好，宪法规定人民代表大会是唯一的立法机关，而且斯大林同志也这样说过。如果常委会也可以立法，立法机关就不是一个，而是两个了。"但是，"斯大林同志的结论，根据苏联经验，在实际中已经作了修改。我们这一条也需要修改"，"授权常委会是必要的"。[①] 一届全国人大第二次会议通过决议，授权全国人大常委会在全国人大闭会期间制定"部分性质的法律"，即全国人大常委会被授权制定单行法规，而不仅是宪法中所称的"法令"。这一定程度上满足了当时国家对法律的客观需要。

(三) 注重调查研究，使立法更加符合实际情况

新中国成立初期起草了 4 部基本法律，即刑法、民法、刑事诉讼法和民事诉讼法。这 4 部法律是在人民代表大会制度正式建立之前，党中央领导政务院政治法律委员会开始着手起草。一届全国人大一次会议后，由彭

[①] 彭真在一届全国人大第二次会议党组召开的党员代表第二次会议上的讲话记录，1955 年 7 月 30 日。

真直接主持起草工作。起草这4部基本法律的基本原则是以积极慎重的态度,分别轻重缓急,成熟的部分先制定单行法律,不成熟的部分在继续研究基础上先制定单行法律,待条件成熟再予以综合成为民法、刑法。

以刑法的起草为例。在形成刑法之前,全国人大及其常委会先后通过了逮捕拘留条例、治安管理处罚条例等单行法律。在单行法律基础上,刑法草案起草初稿时,起草组成员一起逐条研究了苏联和东欧社会主义国家的刑法,从中吸取对我国有用的东西;同时,根据新中国的实际情况,也研究了国民政府时期的刑法,而英美的刑法则限于客观条件没有找到。通过比较分析,彭真批评了苏联维辛斯基提出的"口供和未经查实的证言"都可以作为证据的错误理论,指出这是刑讯逼供造成冤假错案的重要根源之一。① 因此,我国的刑法要根据我国的实际情况,参照中外历史经验拟订。可以说,刑法草案的主要规定符合中国国情、具有中国特点,同时也借鉴吸收了国外刑法中一些具有共性的规定。1957年6月27日,在刑法草案座谈会上,彭真对草案主要内容作出说明。在说明草案规定无期徒刑的理由时,他说:死者不可复生,断者不可复续。实际执行中,无期徒刑犯劳动改造表现好的,可以改判有期徒刑。在回答关于死刑缓期两年执行以观后效这一条的争论时说:这是世界上其他国家没有的刑种,实际执行中只有5‰—10‰执行了死刑,其余多数改判为无期徒刑或有期徒刑。这样,使那些可杀可不杀的犯罪分子就不杀。在阐明对部分罪犯实行管制的出发点时说:实际上,管制起来就是免予被关起来。因为被关起来的罪犯,自己不能生产,家里人没有饭吃,国家还得救济。因此,对罪行较轻的犯人,管制比判刑好。② 1957年,刑法草案已起草出第22稿,一届全国人大第四次会议征求代表意见后,授权全国人大常委会审议修改刑法草案。至1963年,经中央书记处、中央政治局常委会和毛泽东原则审阅后,刑法草案形成了第33稿。同时,在中央的领导和督促下,民法、民事诉讼法和刑事诉讼法也逐步进行了起草工作。

根据立法实际需要,科学划分法律解释权。作为立法权重要组成部分的法律解释权,依照1954年宪法有关规定,属于全国人大常委会。基于

---

① 项淳一:《缅怀彭真同志的深刻教诲》,《缅怀彭真》,中央文献出版社1998年版,第164页。

② 彭真在全国人大常委会刑法草案座谈会上的讲话记录,1957年6月27日。

全国人大常委会每年收到的要求解释法律、法令的大量群众来信，该由谁来解释？法律解释可以分为立法性解释、司法性解释和常识性解释三类。1955年6月，一届全国人大常委会第17次会议通过关于法律解释问题的决议，规定：凡关于法律、法令条文本身需要进一步明确界限或做补充规定的，由全国人大常委会分别进行解释或用法令加以规定；凡关于审判过程中如何具体应用法律、法令的问题，由最高人民法院审判委员会进行解释；关于要求解释法律、法令问题的来信中，属于学术性或常识性的问题，因为在法律上并无约束力，决定交由中国科学院进行解释，或者交由《人民日报》报社商同有关部门进行解释。在后来的法律解释实践中，一届全国人大常委会对有关法律、法令问题作出了多次法律解释，为法律法令的有效实施起到了重要的保证作用。

（四）确立党领导立法的基本指导原则

1. 一切从实际出发

法律作为上层建筑，是统治阶级意志的表现，在社会主义新中国，法律代表的是全体人民的意志，所以法律的实施关涉每个人民切身利益。同时，经济基础决定上层建筑，经济基础决定法律制度，同时，法律又反过来影响经济、保护经济并推动经济的发展。所以，法律"不是空洞理论，而是非常实际的东西，必须从实际出发。否则，搞出来的东西不符合中国人民的需要"。① 那么，如何在社会主义事业建设过程中，迎接这一项崭新事业的挑战，面对出现的许多新情况、新问题而不迷失方向？彭真认为，在立法方面，"目前还不宜追求制定一些既不成熟又非急需的完备、细密的成套的法规，以致闭门造车；应该按照当前的中心任务和人民亟须解决的问题，根据可能与必要，把成熟的经验定型化，由通报典型经验逐渐形成制度和法律条文，逐步地由简而繁，由通则而细则，由单行法规而形成整套的刑法、民法"。② 同时，法制的完善是个渐进的过程，"建设完备的法制，也不是一朝一夕即可以完成的，中华人民共和国成立以后，想马上把所有的法律都制定出来是不可能的，也是不应该的。制定一个法律要经过一个相当长的研究过程，我们需要若干年把法律健全起来"。③

---

① 《彭真文选》，人民出版社1991年版，第265页。
② 彭真在政务院第84次政务会议上的报告，1951年5月11日。
③ 《彭真文选》，人民出版社1991年版，第267页。

2. 坚持民主立法原则

法律总是体现统治阶级意志。社会主义新中国的法律所代表的是工人阶级领导的全体人民的根本利益，所以，"制定法律不能只靠少数人，要依靠群众"。[①] 民主原则具体落实到立法过程中，从酝酿、起草到形成法律草案都要坚持走群众路线，同时要集中各方面的专家和实际工作者的意见，使制定出的法律更加符合实际，切实解决问题。

全国人大及其常委会在行使立法职权时，如何发扬民主？党的领导作用如何体现？首先要坚持民主集中制原则。主要通过集体讨论的会议形式，充分发扬民主，使立法过程中的各种问题都能够让代表和常委会组成人员畅所欲言，无论是赞成的、批评的甚至反对的意见都可以讲，集思广益，多谋善断，真正在充分发扬民主的基础上实现集中，提高立法质量。1956年6月13日，在一届全国人大第三次会议党组召开的全体党员代表会议上，彭真指出："党外人士的发言，我们一概不审查。有些人如要发言，找我们商量，我们可以看一看他的发言稿，如无大的原则性问题，有些小的不同意见，就不要提了；有些很明显的错误，可以提一提。"同时，根据过去人大、政协多次会议的经验，针对在小组会上党外人士发言的多、党内同志发言的很少的情况，党员干部应该采取的正确方法是，"如果对中央尚未定的大的方针，或对中央的既定方针有不同的意见，都需要在党内酝酿，除此之外，有什么问题，都可实事求是地在会上提出来。在会上，党员与党员的意见不一致，对会议也没有什么妨碍，即使有妥当的意见，也可以改正"[②]，从而使全国人大及其常委会这一国家最高权力机关在行使立法职权过程中真正地发扬民主。

3. 坚持科学立法原则

尽管法律具有阶级性，但法律作为一种客观存在和需要，具有共通的属性和特征。所以，不仅要从各种纷繁的法律体系中注重区分阶级属性，而且还可以将古今中外有关立法技术、立法程序等进行学习借鉴，吸收其中有益的东西为我所用。"我们立法要从我们的实际情况出发，以宪法为依据，以马列主义为指针。此外，要研究各人民民主国家的法律，也要了

---

① 《彭真文选》，人民出版社1991年版，第271页。
② 彭真在一届全国人大第三次会议党组召开的全体党员代表会议上的讲话记录，1956年6月13日。

解资本主义国家的法律以及旧中国的法律。搞立法工作必须精通宪法，还要研究有关历史文献。"① 这就要求立法过程中，既要一切从实际出发，根据本国的社会制度、具体情况制定有关法律，反对盲目照搬；也要注意吸收借鉴其他国家甚至是资本主义国家立法过程的有益的部分，提高立法技术，增强立法的科学性，实现民主立法和科学立法的有机统一。

要以宪法为根本法。一届全国人大第一次会议后，民主人士陈叔通、黄炎培提出：宪法中多处提到"依照法律规定"的字样，但许多方面尚未立法。宪法颁布前，中央和地方颁布的法律、条令与宪法规定有矛盾的不少。中央领导对这些意见高度重视，彭真为此专门向刘少奇并毛泽东、中央致信："常委会首先要抓紧立法工作。过去公布的法令、条例，有的与宪法有矛盾和抵触，需要组织检查和归口处理。人大会上代表发言中的批评、建议，需要具体处理。"②

从 1954 年 9 月到 1957 年年底三年多时间里，党领导立法稳步推进。为把城市基层民主纳入法制化轨道，中央决定由彭真亲自主持起草《城市街道办事处组织条例（草案）》、《城市居民委员会组织条例（草案）》，并于 1954 年 12 月 31 日在一届全国人大常委会第四次会议审议通过。另外，《中国人民解放军军官服役条例》、《兵役法》、《人民警察条例》、《公安派出所条例》、《户口登记条例》、《国境卫生检疫条例》、《农业税条例》等一批重要法律也在这一时期由全国人大及其常委会审议通过，形成了我国社会主义建设时期第一批法律。据有关统计，从 1954 年 10 月到 1957 年年底，在中央领导下，一届全国人大常委会举行了 89 次全体会议，制定了 80 多项法律、法令，决定了一系列重大问题，对建立并健全新中国的法律制度起了奠基作用。"1957 年夏季以前，在全国人大和常委会会议上，代表、委员能够畅所欲言，充分发表意见，包括不同的意见和批评的瞽见，人大工作比较活跃，发挥了最高国家权力机关的作用，可以说是建国以来人大工作最好的历史时期之一。"③

---

① 《彭真文选》，人民出版社 1991 年版，第 270 页。
② 转引自彭真致刘少奇并毛泽东、中共中央的信，手稿，1954 年 10 月 24 日，《彭真传》第四卷，中央文献出版社 2012 年版，第 855 页。
③ 王汉斌：《社会主义民主法制文集》（上），中国民主法制出版社 2012 年版，第 9 页。

五　探索国家立法体制中地方立法权问题

（一）地方可以搞立法

党的八大前后，中央对地方立法权问题进行了集中研究和探索。1956年4月，毛泽东在《论十大关系》的讲话中，针对中央和地方关系问题指出："我国宪法规定，地方没有立法权，立法权集中在全国人民代表大会。这一条也是学苏联的……美国似乎不是这样。美国这个国家很发达，它只有一百多年就发展起来了，这个问题很值得注意。我们恨美国那个帝国主义，帝国主义实在是不好的，但它搞成这么一个发展的国家总有一些原因。它的政治制度是可以研究的。看起来，我们也要扩大一点地方的权力。地方的权力过小，对社会主义建设是不利的。"[①] 新中国对立法及立法体制的学习思考借鉴不再以苏联体制唯命是从，开始向美国等更多的西方民主国家借鉴吸收先进的立法经验及体制设计，地方立法权被考虑其中。正如毛泽东指出，在不违背中央方针的条件下，按照情况和工作需要，地方可以搞章程、条例、办法。[②]

（二）立法体制设计基本思路

吸取斯大林关于中央和个人高度集权造成严重后果的教训，党和国家对扩大民主、加强法制高度重视。1956年9月，在党的八大上将民主法制建设确立为新中国国家工作中的迫切任务之一。新中国着手系统地制定比较完备的法律，健全国家法制的战略方针。在全国人大的部门机构设计上，在关于考虑搞八个专门委员会问题上，刘少奇主张"唱对台戏"，毛泽东也同意，认为"这有利于中央从不同角度考虑问题"。[③] 周恩来在讲话中针对改进人民代表大会的工作时也指出："资本主义国家的制度我们不能学，那是剥削阶级专政的制度，但是，西方议会的某些形式和方法还是可以学的，这能够使我们从不同方面来发现问题。换句话说，就是允许唱'对台戏'，当然这是社会主义的'戏'。"[④] 1957年4月，邓小平进一

[①] 薄一波：《若干重大决策与事件的回顾》（上），中共党史出版社2008年版，第344—345页。

[②] 《建国以来重要文献选编》第八册，中央文献出版社1994年版，第253页。

[③] 彭真关于全国人大专门委员会和立法问题的谈话，1983年4月21日。

[④] 《周恩来选集》下卷，人民出版社1984年版，第208页。

步指出:"有监督比没有监督好,一部分人出主意不如大家出主意。共产党总是从一个角度看问题,民主党派就可以从另一个角度看问题、出主意。这样,反映的问题更多,处理问题会更全面,对下决心更有利,制定的方针政策会比较恰当,即使发生了问题也比较容易纠正。"①

(三) 立法体制设计的具体方案

根据党的八大精神和中央领导指示,全国人大常委会广泛搜集、整理国外尤其是苏联和东欧等一些社会主义国家议会开展工作的基本经验,并予以借鉴和参考。1956 年 11 月 15 日至 1957 年 2 月 1 日,彭真率全国人大代表团先后访问了苏联、捷克斯洛伐克、罗马尼亚、保加利亚、阿尔巴尼亚、南斯拉夫六国,历时 79 天。代表团着重了解了六国议会工作情况,针对议会的组织、常设委员会的工作范围和工作方法、议会在国家政权建设中所起的作用等方面的问题,先后同这些国家议会领导人、各常设委员会主席和有关议员进行了 15 场座谈,回国后整理出 13 份专题材料。在讨论过程中,结合各国经验和中国实际情况,全国人大常委会认为,可以考虑在全国人大增设几个委员会,如司法检察、工业、商业、交通、农业、文教、城市、社会福利等委员会,与国务院各部门实行"对口监督"。同时,地方人大也需要有常设机构来加强对同级政府工作的监督。在充分调研和探索的基础上,1957 年 5 月 8 日,《关于健全我国人民代表大会制度的几点意见的报告》以全国人大常委会机关党组的名义正式上报中央,提出关于我国立法体制的具体设计方案。主要内容如下。

1. 强化全国人大及其常委会的立法和监督职能

第一,全国人大撤销法案委员会,将工作按法案性质,分别划归增设的八个常设委员会,即政治法律委员会、工业委员会、交通委员会、商业委员会、农业委员会、社会福利委员会、文化教育委员会、外交委员会。改进民族委员会、预算委员会的工作,保留代表资格审查委员会。

第二,明确各委员会是全国人大的常设委员会,受全国人大常委会领导,协助常委会工作。其职责是:审查全国人大及其常委会交付的有关法律、法令问题的议案,拟定法律、法令的草案,向全国人大或其常委会提出关于法律、法令问题的方案的意见;对有关国家机关进行监

---

① 《邓小平文选》第一卷,人民出版社 1994 年版,第 273 页。

督，有权听取有关国家机关的工作报告，询问情况，检查工作，提出批评和建议。

第三，各委员会设主任委员一人、副主任委员一人至二人，委员若干人。主任委员或副主任委员中，至少要有一位专职。委员中要有一部分专职驻会办公，还可以吸收不是代表的专家和其他人员参加工作。

第四，为了加强常委会日常工作的领导，由委员长、副委员长、秘书长组成办公会议，每周举行一次会议。同时，对常委会的办公机构作相应的调整和加强，在秘书长领导下进行工作。

2. 设立县以上地方各级人大常委会和常设委员会，并赋予一定范围的地方立法权限

第一，县以上地方各级人大一律设立常委会。常委会设立后，原由同级人民委员会行使的一部分职权，划归常委会。除赋予县以上地方各级人大常委会决定权、监督权、任免权等职权外，可以考虑给予省、直辖市人大及其常委会一定范围的立法权限，以便根据国家的法律、法令和政策，因地制宜地制定一些适用于本行政区域的单行条例或补充规定，报请全国人大常委会批准后实行。县以上自治机关制定自治条例和单行条例问题，仍然按照宪法的规定办理。

第二，省自治区直辖市人大可以根据需要，设立若干委员会，市县人大常委会可以设立若干小组或由常委会委员分工办事。

第三，全国人大常委会对地方各级人大常委会的工作，可以进行监督；全国人大各常设委员会和地方人大各常设委员会，在工作上应取得密切联系。

根据这个报告，全国人大常委会草拟了《关于修改宪法的议案（草案）》、《关于修改全国人民代表大会组织法的议案（草案）》、《关于县级以上的地方各级人民代表大会设立常务委员会的决议（草案）》，并准备提请一届全国人大第四次会议审议。但是，随着全国范围内反右派斗争的全面展开，几项草案均被搁置下来，而且被定性为"为右派夺取党的领导权大开方便之门"等。反右派运动在全国开展后，全国人大及其常委会的立法工作也基本停顿下来，全国人大常委会机关人员从360人减少到59人，很多人下放劳动。下放劳动的工作人员离开的时候，彭真对他们讲：希望你们在新的岗位上继续加强学习，特别是对法律知识的学习，今

后国家还要搞法制,总有一天你们是要回来的。① 历史证实了这一预言。1978年党的十一届三中全会召开后,这一报告的内容和几个议案草案再一次被启用并付诸实践,为我国当前立法体制的最终确立提供了重要的历史参考价值。

六 党领导立法陷入停滞及其影响

回顾中华人民共和国成立初期,在废除国民政府全部法律之后,开启了新中国立法的征程。1949年9月,中国人民政治协商会议第一届全体会议通过的《中华人民共和国中央人民政府组织法》规定,在普选的全国人民代表大会召开前,由中国人民政治协商会议的全体会议执行全国人民代表大会的职权,制定《中华人民共和国中央人民政府组织法》,选举中华人民共和国中央人民政府委员会,并赋予其行使国家权力的职权。依据中国人民政治协商会议全体会议制定的共同纲领,中央人民政府委员会行使的立法权包括:一是制定并解释国家的法律,颁布法令,并监督其执行;二是规定国家的施政方针;三是废除或修改政务院与国家的法律、法令相抵触的决议和命令。1951年9月,《中华人民共和国人民法院暂行组织条例》、《中央人民政府最高人民检察署暂行条例》和《各级地方人民检察署组织通则》颁布;1952—1953年在全国范围内开展司法改革运动,立法与司法成为一个硬币的两面,相互促进,相依相存;1954年,在中共中央的直接推动下,在6亿中国人民讨论的基础上,全国人民代表大会一届一次会议通过了国家根本大法《中华人民共和国宪法》。同时颁布了《中华人民共和国人民法院组织法》、《中华人民共和国人民检察院组织法》、《人民调解委员会暂行通则》;8月12日先后颁布了《中华人民共和国劳动改造条例》、《中华人民共和国逮捕拘留条例》等。在短短的4年时间里,党积极领导立法活动,各项法律法规陆续建立起来,初步形成法律体系。

但从1957年下半年开始,出现了"左"的思潮,随着反右斗争的扩大化,这种思潮更加泛滥。最为关键的是,中国共产党的最高领袖毛泽东对法治的态度和看法发生了根本改变。在1958年8月召开的中共中央政

---

① 访问顾昂然谈话记录,2008年12月15日,《彭真传》第二卷,中央文献出版社2012年版,第867页。

治局扩大会议上,毛泽东说:"法律这个东西没有也不行,但我们有我们这一套,还是马青天那一套好,调查研究,就地解决,调解为主……'大跃进'以来都搞生产,大鸣大放大字报,就没有时间犯法了。不能靠法律治多数人,大多数人靠养成习惯……民法、刑法那么多条,谁记得了。宪法是我参加制定的,我也记不得……我们基本上不靠那些,主要靠决议、开会,一年搞四次,不靠民法、刑法来维持秩序。人民代表大会、国务院开会有它们那一套,我们还是靠我们那一套,刘少奇提出,到底是法治还是人治?看来实际靠人,法律只能作为办事的参考。"[①] 1958年9月15日,由张春桥执笔的文章《破除资产阶级的法权思想》发表在《解放日报》第6期上。毛泽东看后,令这篇文章在《人民日报》全文转载,并亲笔拟了一段编者按,在1958年10月13日《人民日报》显著位置刊载,核心是将法治认定为资产阶级的统治思想。新中国成立初期以来党中央对立法的态度发生了显著转变。同时,在司法战线上开始轻视法制,甚至打击坚持依法办事的司法干部,新建立不久的律师制度、辩护制度以及检察机关的法律监督都被当成资产阶级法律观点加以批判。60年代初,全国性的司法会议上更是提出司法程序是"烦琐哲学",按程序办案是"旧法观点"。法律制度的废弃、司法活动的无效,新中国成立初期建立起来的立法活动陷入停滞。党领导立法被破除法律活动替代。

1967年8月5日,毛泽东《炮打司令部》大字报张贴一周年纪念日,《人民日报》全文登载这张大字报,并发表社论《炮打资产阶级司令部》。人们在北京天安门广场召开了十万人的誓师大会,同时也是一场由江青等人精心安排的批斗刘邓陶大会,刘少奇等被架进会场进行人身批斗。批斗会结束后,刘少奇被押回住处办公室,他疲惫已极,但怒火未息,立即按铃叫来了机要秘书。他拿出《中华人民共和国宪法》。刘少奇一手拿着宪法,一手扶桌站立,大声抗议说:"我是中华人民共和国的主席,你们怎样对待我个人,这无关紧要,但我要捍卫国家主席的尊严!谁罢免了我国家主席?罢免我是要通过全国人民代表大会的。你们这样做,是在侮辱我们的国家!我个人也是一个公民,为什么不让我讲话?宪法规定了每一个公民的民主权利和人身权利,都要受到保障,谁破坏宪法,是要受到法律

[①] 全国人大常委会办公厅编著:《人民代表大会制度建设四十年》,中国民主法制出版社1991年版,第102页。

的严厉制裁的!"① 但刘少奇的抗议没有得到任何回音。人们头脑中的关于宪法的概念被完全冲刷掉。此后,中国社会主义法制建设陷入停滞并不断遭到破坏,党领导立法为"无法无天"替代。同样,地方立法体制和权限上的探索也陷入停滞,这段惨痛历史也给后人留下了深刻教训和历史反思。

对党领导立法命题的形成和发展考察离不开历史经验及教训的总结。1956年9月,毛泽东在中共八大预备会议第二次全体会议上说:"我的那些文章,不经过北伐战争、土地革命和抗日战争,是不可能写出来的,因为没有经验。所以,那些失败,那些挫折,给了我们很大的教育;没有那些挫折,我们党是不会被教育过来的。"②

新制度主义理论有一个路径依赖的概念,说的是:"一种制度一旦形成,不管是否有效,都会在一定时期内持续存在并影响其后的制度选择,就好像进入一种特定的'路径',制度变迁只能按照这种路径走下去。"③路径依赖可分为良性的路径依赖和恶性的路径依赖。良性路径依赖是指比较合理的制度设计后,随着条件的改变能够进入一种良性的发展路径,基本属性就是能够实现经济增长,社会达到收益递增的目的,从而出现路径依赖的正效应;恶性的路径依赖是指由于原初制度配置不科学,致使其沿着错误的路径越走越远,使自己陷入了"闭锁"的路径循环状态,导致社会发展迟缓,经济停滞不前,从而出现路径依赖的负效应。

中国共产党从革命党转变为执政党后,虽然在实际政治地位和认识上转变为执政党,但在思维方式和行为上却仍存在革命党的惯性。尽管革命过程中在根据地进行了局部执政的尝试,但执政是为革命的中心任务服务,是对革命目标而精心打造的政权示范,带有革命的理想色彩。是对人民政权进行初步的蓝图描绘,也是为对抗现政权而采取的重要策略,其所处地位是革命进程中的副产品。当中国共产党缔造了新中国的基本法律制度体系,却在法律实施过程中陷入革命进程的路径依赖,最终推翻了党领导立法活动。所以,新中国成立初期的党领导立法实质上仍是革命党领导的立法,还不完全是真正意义上的执政党领导的立法。因为虽然作为实际

---

① 图们、祝东力:《刘少奇蒙难始末》,中共党史出版社1998年版,第63—64页。
② 毛泽东:《在八大预备会议第二次全体会议上的讲话》,《党的文献》1991年第3期。
③ 周业安:《政治过程中的路径依赖》,《学术月刊》2007年第8期。

上的执政党,但执政思维并没有完全转变,稍有风吹草动,便回到革命路径无法自拔。研究和学习党领导立法的历史,可以使我们站在历史的航船上认清当前的方位和未来的航向,准确地把握现实,预测未来,从历史中吸取经验教训,探索新路。

第四节 改革开放新时期党领导立法实例探析

经过社会主义革命和建设探索中的挫折,邓小平说:"总结历史,不要着眼于个人功过,而是为了开辟未来。过去的成功是我们的财富,过去的错误也是我们的财富。我们根本否定'文化大革命',但应该说'文化大革命'也有一'功',它提供了反面教训。没有'文化大革命'的教训,就不可能制定十一届三中全会以来的思想、政治、组织路线和一系列政策。"[①] 以十一届三中全会为转折点,以人民代表大会及其常委会为平台,中国共产党在构建法治中国的历史过程中,党领导立法实现了质的飞跃。党与法的关系在实践中不断理顺,逐步探索出了处理党与国家立法关系的根本途径,确立了"依法治国,建设社会主义法治国家"的基本治国方略,成功将一系列政治问题转化成为法律问题,从而为最终解决党与国家政权的关系问题提供了法的依据,即党领导人民制定了宪法和法律,党也领导人民遵循宪法和法律。加强社会主义民主和法制建设,推进以宪法为最高统帅的中国特色法律体系的建立和完善,党领导立法格局逐步走向制度化、规范化。

一 十六字方针确立

(一)社会主义法制建设的历史徘徊

随着"四人帮"被粉碎,1977年8月召开的中国共产党第十一次全国代表大会宣告历时十年的"文化大革命"已经结束,建设社会主义现代化强国成为历史任务。但这次大会没有能纠正"文化大革命"的"左"倾错误理论、政策和口号。1978年2月,中国共产党第十一届中央委员会第二次全体会议确定的任务是,从政治上、思想上和组织上为第五届全

---

① 《邓小平文选》第三卷,人民出版社1993年版,第272页。

国人民代表大会和中国人民政治协商会议第五届全国委员会的胜利召开，完成各项必要的准备工作。全会一致通过了《政府工作报告》、《一九七六至一九八五年发展国民经济十年规划纲要（草案）》、《中华人民共和国宪法修改草案》和《关于修改宪法的报告》，决定提请第五届全国人民代表大会第一次会议审议。在随后召开的第五届全国人大第一次会议上，华国锋作政府工作报告，重申要把实现我国农业、工业、国防和科学技术的现代化作为全党和全国人民一致奋斗的目标，并正式写入大会通过的《中华人民共和国宪法》。这是"文化大革命"后，第一次将党的政策通过宪法的形式得以确认并贯彻执行。党领导立法似乎又重新走上中国的政治舞台。

但是，"文化大革命"的影响并不是即刻可以消除的，"两个凡是"指导方针的提出使结束"文化大革命"的成果被阻滞，仍然延续"左"的错误，成为制造新的冤假错案的根源，干扰党的工作重点的转移。"凡是派"垄断了对毛泽东言论的发布权和解释权，仍然带有鲜明的"以阶级斗争为纲"和人治色彩。在当时的历史状态下，离法治的未来似乎仍然遥不可及。1978年5月，文章《实践是检验真理的唯一标准》在《光明日报》发表，成为针对"两个凡是"的重磅炮弹，引发一场涉及全国并且在一定程度上决定了党和中国发展前途和命运的真理标准问题大讨论，重新确立实事求是的根本思想方法和工作方法，使党领导立法重新回到执政的历史舞台。

（二）中央工作会议和十一届三中全会关于我国民主法制建设的反思

为拨乱反正、纠正"左"的错误，1978年11月10日至12月15日中央工作会议召开，历时36天。会议原定议题是讨论几个有关加快工农业发展的问题，商定1979年、1980年国民经济计划安排问题并讨论李先念在国务院务虚会上的讲话等三项主要议程。在进入正式议题之前，华国锋代表中央政治局提出，要首先用两三天的时间讨论由中央政治局常委（主要是邓小平）提出的从1979年1月将全党工作重点转移到四个现代化建设上来的问题。但会议的发展始料不及，全党工作重点转移问题成为会议的中心议题，邓小平在闭幕会上的讲话更成为随后召开的十一届三中全会的主题报告，改变了十一届三中全会原本只打算通过成立中纪委的事项。在邓小平的领导下，通过41天的中央工作会议和十一届三中全会，中央在彻底否定"两个凡是"的基础上作出全党工作重点转移的决策，确定了解放思想、实事求是的思想路线，提出了促进生产力发展的改革措施，着重提出了健全社会主义民主和加强社会主义法制的历史任务。这在1981年6月十一届六中全会通过的《关于建国以来党的若干历史问题的决议》中给予历史定位，即党在十一届三中全会上"着重提出了健全社会主义民主和加强社会主义法制的任务"。

中央工作会议上不少人提出健全社会主义民主和法制的建议并得到积极响应。比如在会议最后一天的小组会中，参加会议的西北组一致通过了《西北组十二月十四日上午讨论发言的综合简报》，代表了整个西北组的集体意见。这个简报分为12节，其中一节专门就民主法制问题发表意见，认为叶剑英、邓小平关于发扬民主加强法制的意见极端重要，完全同意叶剑英所说的这次中央工作会议上我们党内的民主与社会上的人民民主精神都要发扬的意见。[①] 12月15日，叶剑英在中央工作会议闭幕会上作重要讲话，并将这一讲话内容写进会议公报。《公报》中指出，"大规模的急风暴雨式的群众阶级斗争已经基本结束，对于社会主义社会的阶级斗争，应该按照严格区别和正确处理两类不同性质的矛盾的方针去解决，按照宪法和法律规定的程序去解决，决不允许混淆两类不同性质矛盾的界限，决不允许损害社会主义现代化建设所需要的安定团结的政治局面"。[②] 正如列宁曾经说过的一句话"胜利了的社会主义如果不实行充分的民主，它就不能保持它所取得的胜利"。民主与法制密不可分，为了保障人民民主，必须加强社会主义法制，使民主制度化、法律化。全国人大常委会委员长叶剑英指出，"人大常委会如果不能尽快担负起制定法律、完善社会主义法制的责任，那人大常委会就是有名无实，有职无权，尸位素餐，那我这个委员长就没有当好，我就愧对全党和全国人民"。[③] 应当把立法工作摆到全国人大的重要议事日程上来。

继中央工作会议召开的十一届三中全会上，健全民主与法制成为会议的议题之一。邓小平在中共中央工作会议闭幕会上发表题为《解放思想，实事求是，团结一致向前看》讲话，为随即召开的中共十一届三中全会

---

① 于光远、王恩茂等：《改变中国命运的41天》，海天出版社1998年版，第153页。

② 同上书，第86页。

③ 王汉斌：《王汉斌访谈录——亲历新时期社会主义民主法制建设》，中国民主法制出版社2012年版，第8页。

作了充分准备，这一讲话实际也成为三中全会的主题报告，报告中指出："国要有国法，党要有党规党法。党章是最根本的党规党法。没有党规党法，国法就很难保障。"① 所以，"为了保障人民民主，必须加强法制。必须使民主制度化、法律化，使这种制度和法律不因领导人的改变而改变，不因领导人的看法和注意力的改变而改变"。② 但是，面对"无法无天"的"文化大革命"的深刻历史教训，法律的缺失成为加强法制建设的历史瓶颈，关于人治与法治之间区分的概念尚未厘清。"现在的问题是法律很不完备，很多法律还没有制定出来。往往把领导人说的话当作'法'，不赞成领导人说的话就叫作'违法'，领导人的话改变了，'法'也就跟着改变。所以，应该集中力量制定刑法、民法、诉讼法和其他各种必要的法律，例如工厂法、人民公社法、森林法、草原法、环境保护法、劳动法、外国人投资法等，经过一定的民主程序讨论通过，并且加强检察机关和司法机关，做到有法可依，有法必依，执法必严，违法必究。现在立法的工作量很大，人力很不够，因此法律条文开始可以粗一点，逐步完善。有的法规地方可以先试搞，然后经过总结提高，制定全国通行的法律。修改补充法律，成熟一条就修改补充一条，不要等待'成套设备'。总之，有比没有好，快搞比慢搞好。此外，我们还要大力加强对国际法的研究。"③

十一届三中全会后，为贯彻落实将党的工作重点转移到集中力量进行社会主义现代化建设上来，中央确定由全国人大常委会统筹立法工作，并于1979年1月成立了全国人大常委会法制委员会。1979年2月17日至23日，五届全国人大常委会第六次会议召开，全国人大常委会副委员长乌兰夫对设立全国人大常委会法制委员会作了以下说明："为了保护人民民主和社会主义现代化建设事业的顺利进行，必须加强社会主义法制。因此，从现在起，应当把立法工作摆到全国人民代表大会和它的常务委员会的重要议程上来。为此，需要采取相应的组织措施，拟在全国人民代表大

---

① 《邓小平文选》第二卷，人民出版社1994年版，第147页。
② 同上书，第146页。
③ 同上书，第146—147页。

会常务委员会设立法制委员会,协助常务委员会加强法制工作。"[①] 1981年10月16日,在全国人大常委会法制委员会全体会议上,彭真针对当时立法状况指出,立法任务很繁重,目标是健全社会主义民主,健全社会主义法制。法律归根到底是为经济基础服务的,要进行社会主义建设、实现"四化"的中心任务,没有健全的法制不成。"文化大革命"前已经制定的法律、法令、行政法规,有1500多件。1979年全国人大常委会法制委员会成立后,两年多时间制定一批重要的法律,国务院还颁布了一批行政法规。但法律还很不完备,特别是经济方面的法律要求最迫切。

(三)从根本制度上确立党领导立法

1. 民主和法制两手都不能削弱

1979年6月28日,邓小平在会见以竹入义胜委员长为团长的日本公明党第八次访华团时谈道,"民主和法制这两个方面都应该加强,过去我们都不足。要加强民主就要加强法制。没有广泛的民主是不行的,没有健全的法制也是不行的。我们吃够了动乱的苦头。……我们这些年实际上没有法,没有可遵循的东西。这次全国人大开会制定了七个法律。有的实际上部分地修改了我们的宪法,比如取消革命委员会,恢复原来的行政体制。……我们的民法还没有,要制定;经济方面的很多法律,比如工厂法等,也要制定。我们的法律是太少了,成百个法律总要有的,这方面有很多工作要做,现在只是开端。民主要坚持下去,法制要坚持下去。这好像两只手,任何一只手削弱都不行"。[②]

2. 党领导立法的必然性

马克思主义认为无产阶级政党的任务包括三个方面:一是通过革命夺取政权,实现无产阶级专政;二是消灭私有制,实行生产资料公有制;三是全面解放和发展社会生产力。自新中国成立以来,以毛泽东为首的第一代党中央领导集体,为实现中国现代化曾作过多次决议和指示,但由于在摸索中的前进和对国际国内形势判断失误,提出了"以阶级斗争为纲"的错误路线。十一届三中全会明确提出将以阶级斗争为纲转移到以经济建设为中心的轨道上来,实现了政治、思想、组织路线上拨乱反正。实现工

[①] 王汉斌:《王汉斌访谈录——亲历新时期社会主义民主法制建设》,中国民主法制出版社2012年版,第9页。

[②] 《邓小平文选》第二卷,人民出版社1994年版,第189页。

作重点转移到社会主义现代化建设上来，必须使生产关系、上层建筑等都要相应改变。如何实现这种改变，面临巨大的困难和挑战，因为"旧中国留给我们的，封建专制传统比较多，民主法制传统很少。解放以后，我们也没有自觉地、系统地建立保障人民民主权利的各项制度，法制很不完备，也很不受重视"。① 民主法制建设成为新历史时期社会主义现代化建设的必然要求。

党成为执政党之后，必须站在人民群众中间领导人民争取民主，并且为了巩固民主而实施法制。但是，这种民主不是恩赐的，由执政党恩赐的民主是不牢靠的，只有人民真正树立了民主意识，通过主动争取得来的民主才是巩固的民主。同样，建立在民主基础上的法制也必须在党的领导下，在人民广泛参与的基础上进行立法，才能为保障民主、促进经济建设真正发挥作用，人民才能真正自觉维护法制，党领导立法即成为必然的历史命题。所以，法律就是把那些经过实践检验已证明是正确的党和国家的方针、政策用法律的形式固定起来。领导，就是要按照法律来领导。要依法办事，有法可依，执法必严，违法必究。你要懂法，就要学法。现在要依法办事，依法治国，你是领导，不懂法怎么行？② 例如改革开放以来通过的七部法律之一的《中外合资经营企业法》。1979年广东省委提出建立经济特区，加快发展广东经济的设想。同年6月，五届人大二次会议通过《中外合资经营企业法》，7月，中央批准建立经济特区，很快改变了这里的面貌。现在来看，广东境内诸如深圳等沿海地区发生变化的最根本原因，是党在十一届三中全会精神的贯彻落实和党领导立法成果的有效实施。

3. 如何坚持和发展民主法制

邓小平指出，"什么是中国最大的政治？四个现代化就是中国最大的政治"。③ 因而，20世纪80年代中国要做三件事，一是在国际事务中反对霸权主义，维护世界和平；二是台湾回归祖国，实现祖国统一；三是经济建设，加紧四个现代化建设。这三件事的核心是现代化建设，是解决另外

---

① 《党和国家领导制度的改革》，《邓小平文选》第二卷，人民出版社1994年版，第332页。

② 彭真：《关于社会主义法制的几个问题》，《红旗》1979年第11期。

③ 《邓小平文选》第二卷，人民出版社1994年版，第234页。

两个问题的最主要的条件。经济建设,有赖于政治环境的根本转变。国内和党内民主生活已开始走上正轨,民主制度日益健全。基于此,邓小平对新中国成立以来的民主法制建设作出对比,认为实行社会主义民主法制是人心所向,符合人民的根本利益和愿望。"在建国以来的29年中,我们连一个刑法都没有,过去反反复复搞了多少次,三十几稿,但是毕竟没有拿出来。现在刑法和刑事诉讼法都通过和公布了,开始实行了。全国人民都看到了严格实行社会主义法制的希望。……但这个时候出来一股思潮,它的核心是反对社会主义,反对党的领导。"①

坚持发展民主和法制,必须首先杜绝"文化大革命"中的错误做法。"我们坚持发展民主和法制,这是我们党的坚定不移的方针。但是实现民主和法制,同实现四个现代化一样,不能用'大跃进'的做法,不能用'大鸣大放'的做法。就是说,一定要有步骤,有领导。……应该让群众有充分的权利和机会,表达他们对领导的负责的批评和积极的建议,但是'大鸣大放'这些做法显然不适宜于达到这个目的。因此,宪法有关'四大'的条文,根据长期实践,根据大多数干部和群众的意见,党中央准备提请全国人大常委会和全国人大审议,把它取消。"② 在1980年2月29日的中共十一届五中全会第三次会议上,邓小平讲道,"全会建议全国人民代表大会修改宪法第45条,取消其中关于'四大'即大鸣、大放、大字报、大辩论的规定,这在保障国家政治生活的安定方面,也是一个很重要的问题"。③

4. 要从根本制度上解决问题

对根本制度的设计和改革,最终必然体现在所立宪法法律上。1980年8月18日,邓小平在中央政治局扩大会议上作《党和国家领导制度的改革》的讲话中指出,"我们过去发生的各种错误,固然与某些领导人的思想、作风有关,但是组织制度、工作制度方面的问题更重要。这些方面的制度好可以使坏人无法任意横行,制度不好可以使好人无法充分做好事,甚至会走向反面。领导制度、组织制度问题更带有根本性、全局性、稳定性和长期性。这种制度问题,关系到党和国家是否改变颜色,必须引

---

① 《邓小平文选》第二卷,人民出版社1994年版,第243页。
② 同上书,第256—257页。
③ 同上书,第275页。

起全党的高度重视"。①

在重大制度设计和立法活动中,中央通过直接向人大会议提出建议的方式,实现对立法的领导。在对党和国家领导制度的改革设计中,邓小平明确指出要依靠宪法法律实现改革目标。"中央将向五届人大三次会议提出修改宪法的建议。要使我们的宪法更加完备、周密、准确,能够切实保证人民真正享有管理国家各级组织和各项企业事业的权力,享有充分的公民权利,要使各少数民族聚居的地方真正实行民族区域自治,要改善人民代表大会制度,等等。关于不允许权力过分集中的原则,也将在宪法上表现出来。"② 而对政府工作,要"真正建立从国务院到地方各级政府从上到下的强有力的工作系统。今后凡属政府职权范围内的工作,都由国务院和地方各级政府讨论、决定和发布文件,不再由党中央和地方各级党委发指示、作决定。政府工作当然是在党的政治领导下进行的,政府工作加强了,党的领导也加强了。"③

同年8月21、23日,针对奥琳埃娜·法拉奇提问道,怎样才能避免或防止再发生"文化大革命"这样可怕的事情?邓小平的回答是要从制度方面解决问题。"我们过去的一些制度,实际上受了封建主义的影响,包括个人迷信、家长制或家长作风,甚至包括干部职务终身制。我们现在正在研究避免重复这种现象,准备从改革制度着手。我们这个国家有几千年封建社会的历史,缺乏社会主义的民主和社会主义的法制。现在我们要认真建立社会主义的民主制度和社会主义法制。只有这样,才能解决问题。"④ 坚持四项基本原则的核心是坚持党的领导。"在中国这样一个大国,没有共产党的领导,必然四分五裂,一事无成。对于党内外任何企图削弱、摆脱、取消、反对党的领导的倾向,必须进行批评、教育乃至必要的斗争。这是四个现代化能否实现的关键,也是决定这次调整成功或失败的关键。"⑤ 所以,要从根本制度上解决问题,必须以党领导建立社会主义民主和社会主义法制为基本路径。

---

① 《邓小平文选》第二卷,人民出版社1994年版,第333页。
② 同上书,第339页。
③ 同上书,第339—340页。
④ 同上书,第348页。
⑤ 同上书,第358页。

二 全面修改宪法

根据党的十一届三中全会以来的路线方针政策，适应新时期政治经济文化发展的需要，党领导全面修改宪法被提上重要议事日程。1980年8月30日，中共中央向五届全国人大三次会议主席团提出了关于修改宪法和成立宪法修改委员会的建议。9月10日，五届全国人大三次会议通过决议，同意中共中央的建议和中共中央提出的宪法修改委员会名单，决定由宪法修改委员会主持修改1978年宪法，提出修改草案，由全国人大常委会公布，交付全民讨论，再由宪法修改委员会根据讨论意见修改后，提交本届全国人大四次会议审议。邓小平亲自指导了这次修宪工作。"在起草这部宪法过程中，中央政治局和书记处专门召开八次会议讨论，宪法修改委员会开了五次会议，有三次都是逐章逐条讨论修改，并在全民中进行了四个月的讨论，才提交五届全国人大第五次会议审议通过的。"[①]

（一）宪法修改的历史背景

1982年宪法制定之前，除起临时宪法作用的《共同纲领》外，新中国先后制定过三部宪法。1954年制定的宪法是一部比较好的宪法。1975年制定的宪法是"文化大革命"产物，1978年宪法是粉碎"四人帮"后制定的，受前者影响依然较大，并对"文化大革命"抱肯定态度，坚持以"无产阶级专政下的继续革命"为指导思想。十一届三中全会召开后，对1978年宪法个别内容作了两次修改。1979年重新修订《地方组织法》时，根据各方面、各地方提出的取消革命委员会、恢复人民委员会，设立地方人大常委会等意见，全国人大常委会法制委员会向中央提出三个方案：一是用立法形式把革命委员会体制固定下来；二是取消革命委员会，恢复人民委员会；三是县级以上地方各级人民代表大会设常务委员会，并恢复人民委员会（包括省长、市长、县长等职务）。今天回头分析这三个方案，第一个方案当时不赞成的人很多；第二个方案在名义上虽然取消了革命委员会，但对于扩大人民民主、健全社会主义法制并不能发挥实质性的帮助和改进。邓小平批示赞成第三种方案，中央政治局常委会讨论同意，并按邓小平批示的原则修改了宪法和地方组织法。规定县级以上地方

[①] 王汉斌：《社会主义民主法制文集》（上），中国民主法制出版社2012年版，第16页。

各级人大设立常委会,并根据人大常委会委员和代表的意见,将革命委员会改为人民政府。但是为从根本上解决各类问题,必须全面修改宪法。

(二) 邓小平为起草1982年宪法确定了重要的指导思想

1980年9月10日,五届全国人大三次会议通过关于修改宪法和成立宪法修改委员会的决议。起初由宪法修改委员会秘书长胡乔木主持修改宪法的起草工作,提出了修改宪法的基本框架和意见。1981年6月《关于建国以来党的若干历史问题的决议》通过后,胡乔木因身体原因建议推迟修改宪法的时间。邓小平认为,宪法修改必须抓紧,不能推迟。同时,各地关于宪法修改问题的意见也收集起来印发给中央常委。党内意见有分歧很正常,但不能把党内争论放到宪法里,宪法只写已经证明正确的条文。1981年10月3日,全国人大常委会宪法修改委员会秘书处工作会议上,主持修宪工作的彭真提出:宪法修改要以1954年宪法为基础,包括一院制、国家主席等问题;要将"四个坚持"作为宪法的总的指导思想,理直气壮地将坚持"四项基本原则"写进宪法,即党的领导要在宪法中表述出来;宪法要体现高度民主、高度文明。邓小平对其表示赞成。在宪法修改草案讨论中,有人提出中国共产党不是犯过错误吗?怎么还要中国共产党领导?彭真指出,中国共产党确实犯过错误,损失也不小。到共产主义还有一段距离,还是会发生很多波折,还会犯错误,共产党犯了错误是自己可以改正的。

经过深入的调查研究和广泛的讨论后制定的1982年宪法,继承和发展了1954年宪法的优良传统和基本原则,成为一部具有中国特色、适应新时期需要、能够保障社会主义现代化建设顺利进行和国家长治久安的宪法,也是新中国成立以来最完善的一部宪法。

(三) 宪法修改过程中的几个细节

一是四项基本原则写入宪法序言。将四项基本原则写入宪法是宪法修改必须要坚持的根本原则,关键问题是如何将四项基本原则写入宪法?当时讨论的方案有两个:一是写入宪法条文中;二是放在序言中。经过反复研究,写入宪法条文中于法理上是说不通的。比如针对"坚持马列主义、毛泽东思想",不可能要求人人都要坚持。新中国成立前夕制定的《共同纲领》和"五四"宪法,没有把马列主义、毛泽东思想和中国共产党的领导写入条文,只在1954年宪法序言中有两处叙述到党的领导。而1975年和1978年宪法将马列主义、毛泽东思想和党的领导列入条文予以规定是不符合社会主义宪法精神的。孙冶方给宪法修改委员会写信,建议取消1978年宪法中关于党的领导和国家指导思想的条文。《邓小平年谱(1975—1997)》中指出:1981年12月,邓小平在同胡乔木谈修改宪法时强调,宪法序言里要提马列主义、毛泽东思想,条文里不提。彭真经过反复考虑提出,把四项基本原则写入序言,从叙述中国近代历史发展的事实来表明坚持四项基本原则比较顺当,并亲自执笔起草了宪法序言。

二是将公民权利和义务置于国家机构之前。之前的三部宪法中,均将公民的基本权利和义务放在国家机构部分之后。但按照国家权力来自于人民的社会主义民主政治基本逻辑,是先有公民的权利,然后根据公民的授权产生国家机构,而不是由国家机构来规定公民的权利和义务。所以,1982年宪法修改中有人提出应把公民的基本权利和义务放在国家机构之前。中央认为,国家的一切权力属于人民,国家机构是根据人民的授权建立的。没有人民的授权,国家机构就失去了权力的基础和来源。所以,在宪法内容结构设计上,应先规定公民权利和义务,再规定国家机构,能较充分体现国家的一切权力属于人民的根本性质。同时,《公民的基本权利和义务》一章与《总纲》有密切的顺承关系,比较切合国家一切权力属于人民的政治逻辑。

三是不要搞两院制。在国家机构和职权设计上,有建议提出实行西方式的两院制,中国人民政治协商会议为上院,全国人民代表大会为下院。但这个问题在1954年宪法起草时就专门研究过,毛泽东明确指出:"政协的性质有别于国家权力机关——全国人民代表大会,它也不是国家的行政机关。有人说,政协全国委员会的职权要相等或大体相等于国家机关,才说明它是被重视的。如果这样说,那么'共产党没有制宪之权,不能制定法律,不能下命令,只能提建议',是否也就不重要了呢?不能这样看。如果把政协全国委员会也搞成国家机关,那就会一国二公,是不行的。要区别各有各的职权。政协是全国各民族、各民主阶级、各民主党派、各人民团体、国外华侨和其他爱国民主人士的统一战线组织,是党派性的,它的成员主要是党派、团体推出的代表。"[①] 可见,将政协设立为具有立法职能的上院不符合中国实际情况,也不符合人民代表大会制度为

[①] 《毛泽东文集》第1—8卷,人民出版社1993年版,第259页。

我国基本政治制度的议行合一的政治体制。所以,当时中央的一致意见是不搞两院制,如果两家意见不一致,协调起来非常麻烦,运作很困难。1980年9月27日,邓小平在为全国政协章程修改委员会第一次会议准备的一个文件中批示:"不要把政协搞成一个权力机构。政协可以讨论,提出批评和建议,但无权对政府进行质询和监督。它不同于人大,此点请注意。"同年11月12日,邓小平在乌兰夫、刘澜涛的信上批示:"原来讲的长期共存、互相监督,是指共产党和民主党派的关系而言,对政府实施监督权,有其固定含义,政协不应拥有这种权限,以不写为好。"这就阐明了人大监督与政协监督的不同性质,前者具有法律的约束力,后者不具有这种约束力。同时明确指出政协不是国家权力机构,不属国家机构的组成部分。至于针对有的政协人员强烈要求把"民主监督"写入宪法的建议,但根据邓小平的批示精神,不能写入。正如胡乔木在宪法修改委员会第三次会议上所作的说明中指出:"民主监督"这句话是完全正确的,可是写到宪法里就变成了一个法律性的问题了,政协同人大、政协同国务院的关系就复杂化了。国务院要接受全国人大及其常委会的监督,这是国家的基本结构,是宪法上规定的。如果宪法上同时规定政协也实行"民主监督",那么这个"民主监督"的对象当然首先是国务院了。这样,国务院要面对两个权力监督机关。同时,人大的决定也将不具有法律上最高权力机关决定的意义了,还要在政协就同样问题再作决定,结果国家就变成两个最高权力机关了。

四是扩大全国人大常委会的职权。据邓小平提出的"要改善人民代表大会制度"的要求,把原来属于全国人大的一部分职权交由其常委会行使,规定全国人大和全国人大常委会共同行使国家立法权,除基本法律由全国人大制定外,其他法律都可以由全国人大常委会制定,扩大了全国人大常委会的职权。同时规定,全国人大常委会的组成人员不得担任行政、审判、检察机关的职务,常委会委员应尽量实行专职制;在机构设置上,增设专门委员会,在人大和人大常委会领导下进行工作。关于中央与地方关系,加强地方政权建设,在县级以上地方各级人大设立常委会,赋予省级人大及其常委会制定地方性法规的权力。改变农村人民公社政社合一的体制,设立乡人民政府和人民代表大会等。这些规定,都是国家政治体制的重要改革,对健全国家体制,加强国家权力机关的工作和建设,具有重大而深远的意义。

五是废除领导职务终身制。邓小平在《党和国家领导制度的改革》和其他一些讲话中，反复强调要废除领导职务终身制，指出"干部领导职务终身制现象的形成，同封建主义的影响有一定的关系，同我们党一直没有妥善的退休解职办法也有关系"。① 废除干部领导职务终身制，关键是要健全干部的各项制度，对各级各类干部职务的任期，以及离休、退休，要按照不同情况，作出适当的、明确的规定。他强调任何领导干部的任职都不能是无限期的，这是关系到我们党和国家能否兴旺发达、朝气蓬勃的一个大问题。宪法修改委员会重视邓小平的这个意见，认为这是总结国际国内历史经验教训得出的重要结论，应该在宪法中反映出来。经过研究，在宪法条文中专门规定国家主席、副主席，全国人大常委会委员长、副委员长，国务院总理、副总理、国务委员，最高人民法院院长，最高人民检察院检察长，连续任职不得超过两届。这就取消了实际上存在的领导职务终身制。这对健全国家领导体制，建设社会主义民主政治制度，保持国家的活力和稳定发展，发挥了重要作用。另外，在保留最高人民检察院、设立行政监察机关、实行民族区域自治制度、一国两制等基本的国家制度均经过反复讨论研究，在宪法中体现出来，为国家机构的健全提供宪法依据。

其实，邓小平自1980年起用很大精力抓了两件大事：一是起草《关于建国以来党的若干历史问题的决议》；二是起草新宪法，把国家的根本制度和根本任务用宪法规定下来。这两件大事是关系党和国家前途命运的"基本建设工程"。邓小平对于《关于建国以来党的若干历史问题的决议》先后作了十三次谈话，也多次审阅关于修改宪法问题的报告和宪法修改草稿，参加政治局会议讨论，及时作出了一系列重大的决策。在我国进入历史转折新时期的实践中，邓小平逐步形成建设中国特色社会主义理论，提出了党在社会主义初级阶段"一个中心，两个基本点"的基本路线，成功地开辟了在改革开放中实现社会主义现代化的新道路，并用宪法的形式确立下来，使中国的发展有了一条清楚的、明确的轨道，具有极为重大深远的历史意义。

---

① 《邓小平文选》第二卷，人民出版社1993年版，第331页。

三 由政策到法律

在总结新中国成立后制定《土地改革法》、《镇压反革命条例》、《惩治贪污条例》及《刑法》等的做法基础上，党领导立法经历了一个从主要依靠发布政策到领导制定法律的过程。政策与法律的关系可以概括为：政策是法律的先导，法律是政策的定型化，由政策上升到法律，需要经历实践的探索。在对现实情况进行调查研究基础上，把实践证明是正确的、成熟的经验用法律形式肯定下来，成熟一个制定一个。

（一）将经济方面的法律作为立法工作的重点

邓小平指出："世界上一些国家发生问题，从根本上说，都是因为经济上不去，没有饭吃，没有衣穿，工资增长被通货膨胀抵消，生活水平下降，长期过紧日子。"[①] 1979年以来，随着党的工作重心转移到经济建设上来，全国人大及其常委会坚持把制定经济方面的法律作为立法工作的重点，积极而慎重地加快经济立法的步伐。

党领导经济建设并没有太多的经验积累，更没有符合中国改革开放需要的法律制度作为依据，有的只是"摸着石头过河"的尝试。因而，经济立法往往是在实践摸索中将解决问题的办法以法律形式固定下来。立法工作的一个基本原则就是一定要从中国的实际出发，一定要调查研究。不调查研究，就很难拟定出符合我国国情的经济法律。1981年2月，在研究经济合同法等起草问题时，全国人大及其常委会曾多次派赴四川、江苏、上海、辽宁、北京、天津等十六个省市调研。

单纯依赖解决问题之后形成法律，显然不能满足改革开放后中国经济社会发展的需要。法律应具有一定的预见性，要对可能出现的社会问题提出解决办法。在中国，法律的制定要根据党的方针政策，政策上升为法律后，党委和政府决定的政策、措施，都要服从法律，不能同法律相抵触；如果决定采取同法律不一致的政策，应当依照法定程序先行修改法律，但在法律没有修改前，政策同法律不一致的，在执行中必须先按法律规定办。这就是今天党中央提出的"凡属重大改革都要于法有据"基本思想的萌芽。1979年中央提出对外开放的政策时，中国还没有办过中外合资

---

① 《邓小平文选》第三卷，人民出版社1993年版，第354页。

企业,但是借鉴国外的实践,结合列宁在实行"新经济政策"时提出的租让制度,党领导全国人大及其常委会制定了中国第一部对外开放的法律,即《中外合资经营企业法》,为对外开放提供了重要的法律依据。同时,这也是一部既具有预见性又切合实际需要的法律。

(二) 维护法制的统一和权威

党的十二大通过的新党章规定:"党必须在宪法和法律范围内活动。"胡耀邦在十二大政治报告中强调这是一项极其重要的原则,从中央到基层,一切党组织和党员的活动都不能同国家宪法和法律相抵触。1982 年宪法序言中规定:"全国各族人民、一切国家机关和武装力量、各政党和各社会团体、各企事业组织,都必须以宪法为根本的活动准则,并且负有维护宪法尊严、保证宪法实施的职责。"宪法总纲中规定:"国家维护社会主义法制的统一和尊严。一切法律、行政法规和地方性法规都不得同宪法相抵触。任何组织或者个人都不得有超越宪法和法律的特权。一切违反宪法和法律的行为,予以追究。"最后这句话是五届人大五次会议讨论中加上的。执政党和国家最高权力机关分别在党章和宪法中作出这样的规定,是党内法规与国家法律之间关系的高度一致的体现,是党领导立法的具体制度体现。

邓小平提出的"两个不变",是区分人治与法治的根本性标志。法律总是由人制定并执行的,如果党领导人民制定的法律可以因领导人的改变而改变,可以因为领导人的看法和注意力的改变而改变,即所谓"人存政举、人亡政息",就不是法治而是人治。所以,党领导立法,必须树立起以宪法为核心的社会主义法律体系的统一和权威,首要的是要按照宪法办事。从另一个角度来说,1954 年宪法制定后,如果切实得到遵守,"文化大革命"的历史悲剧就不会上演,"像党中央可以直接决定撤销国家主席,可以直接下令逮捕国务院副总理、全国人大常委会副委员长那样荒谬的事就不会重演了"。[①]

(三) 改革和完善立法体制的系列措施

1978 年年底,党的十一届三中全会提出发展社会主义民主、健全社会主义法制的任务,中央在抓紧制定有关法律时,认为根据实际需要,立

---

① 王汉斌:《社会主义民主法制文集》(上),中国民主法制出版社 2012 年版,第 201 页。

法要搞得快一些，同时考虑到法律要有稳定性、连续性，不能朝令夕改，立法又要搞得好一些。需要在实践中逐步建立立法体制、立法制度和立法程序。

1. 明确规定法律的不同层次、地位和效力。

针对过去制定的法律的地位和效力不够规范，不够明确，有的称法律，有的称法规，有的称法令，有的称政令，界限不是很明确的问题，在起草修改宪法时，明确规定了全国人大及其常委会制定法律，国务院制定行政法规，省级人大及其常委会制定地方性法规，国务院各部委和省级政府制定规章，这对建立国家统一的立法体制和法律体系具有重大的意义。

2. 扩大全国人大常委会的立法权。

1980年8月29日，胡耀邦主持五届全国人大三次会议的党员代表和全国政协五届三次会议的党员委员会联席会议并讲话。在讲话中指出："党和政府的主张、政策、方针，必须经过全国人大通过和决定，才能在法律上变成国家的意志，才能成为全国人民都必须遵守的法律。"而党员在人代会上该怎么做，即如何处理党员与人民代表大会代表的身份关系，人民代表大会上的党员不能违背党的总方针、总政策，更不能到人民代表大会上去争论党内争论未决的重大问题。否则，既无益于工作，也无法使问题得以很好的解决。在人民代表大会上的中共党员，要将主要精力集中于列入大会议程的重大问题并认真解决。作为代表一员，党员在维护党的方针、政策的前提下，对各项具体工作问题，可以以人民代表的身份畅所欲言，提出建设性的批评建议。

1981年3月，五届全国人大常委会第17次会议再次明确了党的领导与人大及其常委会的关系：全国人大常委会与地方人大常委会之间是相互联系、法律性质的监督关系，不是上下级的领导关系或指导关系；做人大常委会工作的，要时刻注意党的领导，我们要贯彻的不是个人意见，而是中共中央的意见，是党的意见。党的意见经过最高权力机关审议通过，变为国家的法律、决定；否则，只是党的主张。4月20日，中共中央批转《彭真同志在全国各省、自治区、直辖市人大常委会负责同志两次座谈会上的讲话》。批语指出：县以上地方各级人民代表大会设立常务委员会，是我国地方政权组织的一项重要改革。必须加强县以上地方各级党委对地方各级人大常委会的领导。①

1982年宪法改变了全国人大是行使立法权的唯一机关的立法体制，规定全国人大及其常委会共同行使国家立法权。全国人大制定刑事、民事、国家机构和其他方面的基本法律；全国人大常委会制定和修改除应当由全国人大制定的基本法律以外的其他法律，并可对全国人大制定的法律进行部分补充和修改。这是中国立法体制的一个重大改革。作为常设机构的全国人大常委会拥有国家立法权，对加快立法步伐，提高立法质量，起了重大作用。

3. 赋予省、自治区、直辖市人大及其常委会制定地方性法规的权力。

1979年通过的地方各级人大各政府组织法授权省级人大有一定的立法权，规定省、自治区、直辖市人大及其常委会根据本行政区域的具体情况和实际需要，在同宪法法律政策法令政令不抵触的前提下，可以制定地方性法规，报全国人大常委会和国务院备案。1980年4月，在全国人大常委会召开的各省、自治区、直辖市人大常委会负责人座谈会上，对地方人大常委会的职权、任务、定位作出明确界定。

关于地方人大常委会的职权，首要的任务就是制定、颁布地方性法规。这是一项过去没有的很大的权力。在处理坚持党的领导与发挥国家权力机关作用的问题上，"工农商学兵政党，党是领导力量。这是一项基本原则。但是，这并不是党要包办一切。人民代表大会和它的常委会，就是在党的领导下，代表人民直接管理国家的。它的任务是保证宪法、法律，保证党和国家的方针政策的正确实施。可以说，健全人民管理国家的制度，正是为了更好地实现党的领导。两者的目的、任务是一致的，都是为最大多数人的最大利益服务的。我们的法律是党和国家的方针、政策的定型化。法律是党领导制定的，但是，必须经过全国人民代表大会或全国人大常委会审议通过。法律一经通过、颁布，每个公民都要服从。党员服从法律，就是服从党的领导，就是服从全国人民。党领导人民制定法律，也领导人民遵守法律。有人问：是法大，还是哪级党委大，哪个党委书记大？当然是法大。不论哪级党委，更不论哪个负责人。如果他的意见与法律不一致，那是他个人的意见。谁都得服从法律"。② 1982年宪法进一步

---

① 《彭真传》编写组编：《彭真年谱》第五卷，中央文献出版社2012年版，第91页。
② 彭真：《论新时期的社会主义民主与法制建设》，中央文献出版社1989年版，第61页。

肯定了这一规定，并在修改后的地方组织法中作出相应规定。这是我国立法体制的又一项重大改革。

4. 规定国务院可以制定行政法规，并授权它可以在经济体制改革和对外开放方面制定暂行的规定或者条例。1982 年宪法规定国务院可以制定行政法规。针对经验不成熟的不能立法，实际工作又不能等的问题，采取了授权立法。1985 年六届全国人大三次会议通过了关于授权国务院在经济体制改革和对外开放方面可以制定暂行的规定或者条例的决定。

5. 明确了对全国人大和全国人大常委会制定的法律，国务院和省级人大及其常委会还可以根据实际需要制定实施细则或实施办法。

6. 规范全国人大常委会审议法律的程序。1983 年 3 月，全国人大委员长会议上决定，今后全国人大常委会审议法律草案一般采取如下程序：凡向全国人大常委会提出的法律草案，由委员长会议提出是否列入常委会会议议程的意见，经常委会同意列入议程后，先在常委会会议上听取法律草案的说明并进行初步审议，然后将法律草案交法律委员会和有关的专门委员会进行审议，提出修改建议；同时，常委会组成人员将法律草案和有关资料带回，进行研究，在下次或者以后的常委会会议再对法律草案进行审议。把经过委员长会议通过的这一决定作为委员长会议纪要印发常委会会议并作为审议法律草案的程序。1987 年制定的常委会议事规则又专门写上了这一条规定。这是完善常委会审议法律草案程序的重大举措。对法律草案实行最少两审的制度，有效地发挥了全国人大及其常委会审议法律草案的作用。这种审议不是走形式，而是具有实质性意义。在实践中确立了采取立法工作部门、实际工作部门和法律专家三结合的办法，做到集思广益，集中集体智慧。1985 年，全国人大常委会初步审议民法通则草案后，召开全国所有政法院系民法教授、法学研究机构民法专家、各级法院民庭负责人以及有关部门实际工作者共 180 多人参加的座谈会，对民法通则草案逐条讨论修改，使民法通则成为调整社会主义商品经济关系的基本法律。六届全国人大常委会通过了《关于在公民中基本普及法律常识的决议》，提出要把法律交给广大人民群众掌握，使广大人民学法知法守法，树立法制观念，学会运用法律武器，同一切违反宪法和法律的行为作斗争，保障公民的合法权益，维护宪法和法律的实施。

四 确立党领导立法的原则和程序

改革开放伊始,要健全社会主义法制,全国人大常委会法制委员会立法主要坚持了几个原则:一是立法要从中国的实际出发,特别是从当前的实际出发。洋为中用,古为今用。二是考虑问题要客观、全面,把握本质。法要反映实际,解决矛盾,客观、全面、本质,不能形而上学,要有逻辑性。三是立法工作要讲究方法。哪一部分成熟了,便可以起草哪一部分,再慢慢修改。想一下子写出来,靠不住。立法要尽量符合实际,大体行得通;尽量成熟点,免得朝令夕改。

(一) 党领导立法的基本原则

1979年6月27日,针对五届全国人大二次会议全体会议上通过的七个法律草案,彭真在中共中央宣传部召开的在京新闻单位负责人会议上讲话中阐明了党领导立法的基本原则。指出:立法要了解情况,要熟悉全国各方面的情况。因为法是要解决矛盾的,而且是矛盾的焦点,是要在矛盾上砍一刀。比如刑法,不管是哪一条,你一偏,有一些人就吃了苦头,有一些人就得到了好处。立法还要了解党的方针、政策,知道党的方针、政策的变化过程。对党的方针、政策清楚了,解决问题才不会错。法律就是复杂,法学界的百家争鸣不亚于其他领域。因此,立法要站在党的立场,就是九亿人民的立场,不能站在派的立场。要以马列主义、毛泽东思想为指导思想。用马列主义、毛泽东思想来解决今天、明天、将来的问题。工作中尽量不去挑起矛盾,尽量求同存异。全国人民代表大会是拍板的地方,是代表全国人民解决问题的地方。立法、办报,就要面对九亿人民,而且只能是为了九亿人民。大会以后,要宣传大会通过的几个法律,也还是要面对九亿人民。我们的法律就是要坚持社会主义制度,保护社会主义的经济基础,包括全民所有制和劳动群众集体所有制。私人所有的合法财产,不得侵犯。我们的法律就是要坚持无产阶级领导的以工农联盟为基础的人民民主专政。总之,以马列主义、毛泽东思想为指导,搞人民民主专政即无产阶级专政,搞社会主义,这几条要坚持。[①]

(二) 党领导立法的基本流程

针对民法,立法要根据需要和实际可能分轻重缓急。法制委员会搞哪

[①] 《彭真传》编写组编:《彭真年谱》第五卷,中央文献出版社2012年版,第26—27页。

几个，多了分散精力，只能抓主要的，如民法。民法的调整范围，法学界看法不一致，各国也不一致。要先调查研究，集思广益。比如《婚姻家庭法草案》，在提交法制委员会讨论前，曾由妇联党组等单位报经中央原则批准，今后如有原则修改，将另报请中央。1980年3月，全国人大常委会法制委员会党组将《关于法定婚龄问题的请示报告》报送胡耀邦。报送前，彭真在批语中说：法定婚龄，以如何规定为宜，请书记处决定。3月28日，中共中央办公厅秘书通知，中央书记处第六次会议决定："同意法制委员会党组关于法定婚龄问题的请示报告中提出的意见，把结婚年龄定为男二十二岁，女二十岁。"①

（三）从一审制到两审制的立法体制

1983年8月25日，六届全国人大常委会第二次会议举行。全国人大常委会秘书长王汉斌对提请会议审议的几个法律案作出说明。全国人大常委会委员长彭真说："这次讨论法律案安排四天，不够就五天，需要多少天就多少天，总之要把问题搞清楚。一个人一言堂，五分钟就解决了。民主要集中各方面意见，所以需要时间。"② 一改全国人大常委会审议法律案"当次提会，当次通过"的一审制，开始形成中国立法的"两审制"，立法质量得到进一步提高。新的法律案审议制度的实行，在立法制度上提升了国家权力机关的地位，这是对"橡皮图章"一定程度的制度性突破。实行"两审制"具有实质性意义，党领导立法程序更加民主化、科学化，提升了社会主义国家权力机关的地位和作用。国家权力机关对行政机关、审判机关、检察机关提出的法律案更加具有实质意义的审核和修改。

从六届全国人大开始，党领导立法活动更加制度化、规范化、程序化。对于需要全国人大常委会决定的特别重大的问题，委员长办公会议要先进行讨论。需书面请示中共中央的问题，以机关党组或法工委党组名义及时请示。需提交常委会审议的议案，则先召开委员长会议讨论，建议列入议程。常委会开会期间，除召开全体会议和分组会议外，遇到重要、复杂或有分歧意见的问题时，还要召开联组会议讨论。经过充分审议，再召开全体会议，将议案付诸表决。立法程序的逐步完善，为制定法律铺设了一条规范有序的轨道。

---

① 《彭真传》编写组编：《彭真年谱》第五卷，中央文献出版社2012年版，第52—53页。
② 《彭真传》第四卷，中央文献出版社2012年版，第1582页。

（四）党与人大关系的进一步探索

1985年秋天，正值六届全国人大常委会任期近一半。8月，全国人大常委会办公厅研究组织到甘肃、青海调查了解人民代表大会工作情况，完成《海南藏族自治州、县人大常委会提出的工作中需要解决的十个问题》的调查报告，刊登在全国人大常委会办公厅《情况报告》上。调查报告引起中央领导的高度重视。时任中共中央总书记的胡耀邦于9月11日作出批示："启立同志：我赞成进一步把人大工作问题作为一个大问题，由中央发个文件，但要做点调查研究才能做好。请报告彭真、丕显同志，争取今年年底做好。"① 全国人大常委会办公厅研究室按照批示，在调查研究基础上，形成一份《关于人大工作的一些问题》，其中重点反映了两个问题：一是人大及其常委会作为国家权力机关行使职权、发挥作用，关键是党委把它放到什么位置上？党委是不是按照党章要求，在宪法和法律范围内发挥好对人大及其常委会的领导作用？二是明确人大及其常委会的主要任务是什么？如何摆正党委、国家权力机关和行政机关三者的关系？

10月，彭真与王任重、叶飞、荣毅仁等副委员长交换意见。叶飞指出，发挥人大作用，要从两个方面入手，一是人大自己要积极依照法律改选职责，二是党组织要在宪法和法律范围内开展工作。涉及整个国家的重大问题，要由中共中央政治局、书记处讨论，通过以后，还要提到人大来讨论，人大这道"工序"不能减。廖汉生说："改进人大工作的一个重要环节是加强和改善党对人大工作的领导，在人大工作的同志要加强党的观念，做党的工作的同志要加强民主法制观念，建议中央讨论一下人大工作。"王任重说："人大工作如何，关键是党把它摆在什么位置上。人大属于党委领导，但如何解决这个领导问题，要按照宪法和法律办事。除树立党的威信外，还要树立人大的威信。要不然，人大总是一个'橡皮图章'，这对国家不利。"荣毅仁说：人大"要养成敢于说话的风气，'大棒子'不是个办法，说话不一定求全，有话就直接说"。如何认识人大，是人大建设中最大的问题。人大是国家权力机关，不同于资本主义议会，不是三权鼎立。人大有立法工作，但不是单纯的立法机关。我们是社会主义国家，要坚持党的领导。但是，党的领导要化为国家权力，就应当通过人

---

① 《彭真传》第四卷，中央文献出版社2012年版，第1599页。

民代表机关,这才能把党的主张转化为国家意志,才能贯彻到广大人民中去。

1986年1月24日,全国人大常委会办公厅起草给党中央的报告草稿,重点是要处理好党的领导与发挥人大作用之间的关系。针对"橡皮图章"问题,叶飞指出,党组织对人大采取什么态度,是个关键问题。我们的人大不同于资本主义的议会,跟政府唱对台戏;也不同于苏联、东欧国家和我们"文化大革命"前那样,是个"橡皮图章",做样子的。要探索一条社会主义国家的人大道路,关键是讲清党和人大的关系。耿飚说:"橡皮图章"一百年也去不掉,法治、人治还在两可之间。教科文卫委员会副主任委员张承先认为:要强调发挥人大的职能作用,要着重讲清:加强党的领导和法治是统一的;党要善于运用国家权力机关开展工作;党委要支持国家权力机关开展工作,正确处理好国家权力机关与执行机关之间的关系;发挥好专门委员会的作用。

五 改革开放初期党领导立法的重要启示

(一)党领导立法应当促进政策和立法相结合,以党的政策引领立法实践

改革开放初期,党领导立法确立最根本的原则是以宪法为根据,以四项基本原则为总的指导思想。法律是党和国家政策的定型化,是把实践证明行之有效的政策,用法律形式固定下来。党的十一届三中全会指出,"要使法律具有稳定性、连续性和极大的权威性"。为做到这一点,在彭真直接领导下,全国人大及其常委会在制定法律时采取了严肃、慎重的态度,成熟一个,制定一个,不成熟的,还没有把握的,不能勉强制定。避免仓促制定,被迫频繁修改或作大的修改。同时,随着客观形势的发展及实践的检验,法律的修改补充是必然的。可以说,我国自改革开放以来30多年的党领导立法历程,与修法历程是相伴始终的,区别只是立法与修法侧重点有所不同。改革开放初期更体现为立法中心时代,中国特色社会主义法律体系形成后,则步入以"修法"为中心的时代。

授权立法以做到在改革开放的探索中于法有据。在党提出对外开放和经济体制改革中,面临许多新问题,需要及时作出有法律效力的规定。但因缺乏必要的实践经验,制定或修改法律的条件尚不成熟。同时,有的已付诸实践的政策,尚不能得出客观科学的结论,处于探索、试验的阶段。

而没有法律规定，很多工作不好开展，加强社会主义法制建设的目标难以落实。所以，面对改革开放初期的各种窘境和问题，根据中央的精神，1985年4月，六届全国人大三次会议专门作出决定，授权国务院在经济体制改革和对外开放方面，在同有关法律和全国人大及其常委会有关决定的基本原则不抵触的前提下，可以制定暂行条例或者规定，对现行法律作出一些灵活、变通的规定。通过授权，国务院的立法权得以扩大。全国人大常委会先后通过《关于授权国务院对职工退休退职办法进行部分修改和补充的决定》《关于授权国务院改革工商税制发布有关税收条例草案试行的决定》。国务院据此制定了关于经济特区和沿海14个港口城市减征、免征企业所得税和工商统一税的暂行规定。

在中国特色社会主义法律体系已经形成的今天回头看，针对国务院的这一立法授权决策，既适应某些实际工作的需要，还可以积累经验，为制定或补充、修改法律作准备，有利于加快经济立法，适应对内搞活，对外开放，经济体制改革的要求，是党领导立法历史进程中，切合我国立法需求实际的立法权限分配。

（二）立法要借鉴古今中外一切有益的东西，但最根本的是要从我国的实际情况出发

改革开放初期的立法者充分认识到对于古今中外的法律都应该加以研究，去其糟粕，取其精华。强调法律的继承性，在拟定法律草案时，从中吸收一切好的有用的东西。1979年法工委刚成立时，彭真邀请中国驻苏联、东欧和西方一些主要国家的使馆，代为购买外国全套法律方面的书籍，并在立法实践中发挥了应有的价值和作用。在制定1982年宪法时，由彭真带领系统地研究整理了35个国家的宪法，对有关条款的规定都进行了对比研究。对国家元首与武装部队的关系的规定及苏、法、英、美、意、西德的规定都作出专门的研究。在制定法律时，也都研究了国外的有关规定，进行了比较分析，有的内容甚至照搬（如环保法的某些内容）。对有些国际通用的惯例，也都进行参考、借鉴。《外交特权与豁免条例》基本上参考维也纳公约。《法制参考资料》是根据制定法律的需要，收集、研究、整理了一系列有关的参考资料，主要是外国有关的法律资料。一些要研究、有争论的问题，《法制参考资料》都刊登，如破产法、关于破产的界限，西方主要国家，波兰、匈牙利、南斯拉夫、苏联等国的规定都作过充分研究。

在研究借鉴外国法律的同时，实践是检验真理的唯一标准，最根本的是考虑我国实际情况，制定适合我国实际情况和需要的法律，制定出的法律必须经得起实践的检验。比如制定民法时，彭真要求：既要研究法律理论，又要从实际出发，而且实际同理论相比，实际是母亲。我们的专利法、继承法、民法通则等法律，都具有中国特色。我们的专利法，外国评论说是把西方的保护专利权和社会主义国家全民所有制的关系巧妙地结合了起来。①

（三）法律要简明扼要，言简意赅

在推进立法进程中，改革开放初期的立法者即强调法律要简明扼要，目的是便于人民掌握、运用。这是我国法律的一个优点，避免重蹈某些国家法律泛滥成灾的覆辙。像美国的法律定得太细、太烦琐，法律不胜其数，普通公众不易理解，掌握不了，律师成了公众生活中的"必需品"。日本的法律太多，甚至有人靠法律大发其财。从另一个角度看，我国法律制定得比较简要，就需要实施细则的配套法规，细则修改起来相对比较方便灵活。按照我国现行的立法机构体系，国务院、省一级人大及其常委会都可以制定实施细则，比如《选举法》、《森林法》、《矿产资源法》、《地方组织法》等的实施。

（四）立法要做好调查研究，听取多方意见

1982年宪法的制定修改过程为这一原则树立起了范例。从1980年9月至1982年12月的26个月中，最先是把1954年、1978年宪法印发征求意见，说明以"五四"宪法为基础修改，哪些加、哪些减；通过召开一系列的座谈会，听取各方面意见，然后提出修改的各种方案，彭真亲自抓修改工作。宪法修改委员会共计开过5次全体会议，三次逐条讨论、修改，两次各讨论了九天，一次讨论了5天，共开了23天。草案出来后，党中央政治局、书记处原则批准（先后讨论8次）后，又交全民讨论4个月，几乎每条都有修改，直到人大会议通过时，又有30多处涉及内容的修改。例如，"一切违反宪法和法律的行为，必须予以追究"。这个规定就是大会讨论时加的。全国有几亿人参加了宪法修改草案的讨论。中共中央各部门、国务院各部委和直属机关、人民解放军、各民主党派和人民

---

① 彭真：《发展社会主义民主，健全社会主义法制》，《论新时期的社会主义民主与法制建设》，中央文献出版社1989年版，第135—136页。

团体共 90 多个单位向宪法修改委员会提出了讨论意见。这次讨论，使人民群众对草案的指导思想、基本精神和基本内容有了了解，提高了对社会主义民主和法制的认识，是一次全民的政治参与。

充分发挥法律专家和实际工作者的作用。按照邓小平提出的要广泛吸收法律专家和法律院系师生参加制定法律的工作要求，宪法法律制定过程中，广泛听取各地方、各部门以及教学研究单位的法律专家和实际工作者的意见，成为制定法律的一个基本制度。比如在制定《民法通则》过程中，全国人大常委会法工委除先后到七个省直辖市调查研究外，两度把草案印发各省、自治区、直辖市、中央有关部门、法律院系、研究单位征求意见。法工委先后召开 3 次（第一次 8 天，40 多人，第二次 13 天，18 人，第三次 11 天，180 多人）有民法专家、法院民庭、经济庭和中央各部门有关人员参加的座谈会，并 2 次专门邀请在京的经济法专家座谈 2 天，反复研究、修改。民法通则草案在提交全国人大常委会审议后，增加 40 条，删去 15 条，草案由提交时的 131 条增加到 156 条。人大讨论通过前，针对其中的农村集体所有制土地所有权归属问题，又一次征求各省、自治区、直辖市党委的意见，专门深入北京各县向相关人员征求意见。广泛听取各地方、各部门以及法律专家的意见，把正确的意见集中起来，这样制定的法律才能符合实际，切实可行。法制工作委员会则会同最高人民法院和一些法律专家经过反复调查研究，广泛征求法律专家、中央有关部门、各地方以及法律院系、研究单位的意见，参考国外有关法律资料，在民法草案（四稿）基础上，起草了民法通则草案，于 1985 年 11 月提请全国人大常委会第 13 次会议进行初步审议。

总之，改革开放初期关于党领导立法的一系列探索与实践，要探索社会主义法制道路，关键是讲清执政党和人大及其常委会的关系问题。加强和改善党对人大工作的领导，首先是党组织要在宪法和法律内开展工作。党的领导，最根本的是思想领导、政治领导和组织领导。搞社会主义民主法制，各级党委要充分发挥领导作用。"健全民主与法制，这是党委、人大、政府的一项共同任务。党和国家都是按民主集中制办事，党内按党规、党法，国家按宪法、法律。"[①] 其次，在干部的思想观念上，要不断

[①] 《彭真传》编写组编：《彭真年谱》第五卷，中央文献出版社 2012 年版，第 1610 页。

提高党与立法关系的认识,即"在人大工作的同志要加强党的观念,做党的工作的同志要加强民主法制观念"。① 最后,针对在实际运作中有"橡皮图章"之称的人大要有敢于"说话"的勇气,加强社会主义民主法制建设,党对国家政权的领导途径就应该在人民代表大会将党的主张通过立法转化为国家意志,从而保证政令畅通。

在逐步理清党和人大立法关系基础上,改革开放初期的立法以坚持党的领导为基本原则,以党的领导确保改革开放的顺利进行和社会主义根本制度不动摇。"坚持四项基本原则,这就为我们事业的健康发展从根本上提供了保证。"② 这一时期(立法统计时间为1979年6月至1992年12月)党领导全国人大及其常委会先后通过的法律及有关法律问题的决定共计215件,其中现行有效的法律84件。按照党的十一届三中全会确立的基本路线方针政策,随着社会主义商品经济的发展,制定了有关发展农业、交通、能源、教育、科技方面的法律,并加紧制定和修改了惩治犯罪和促进廉政建设方面的法律,加强了集会、结社、游行、新闻、出版等方面的法律和法规。其中,各级党委充分认识到加快经济立法的必要性和迫切性,尤其是关于个体经济、私营经济等方面,在党的文件上已经明确规定其是我国社会主义经济的必要的有益的补充但还没有制定专门的法律。而市场经济要真正搞起来,就必须实现管理和控制手段的法律化。

六 飞速发展的党领导立法进程

经过改革开放初期党领导立法的发展,国家政治生活、经济生活、社会生活的主要方面已经基本上有法可依,中国特色社会主义法律体系已经初步形成。1992年10月,党的十四大的召开,标志着我国的经济体制实现了由有计划的商品经济向社会主义市场经济的转变。市场经济就是法制经济,因此,为了保障市场经济健康稳步的发展,需要法律保驾护航。"加强立法工作,特别是抓紧制定与完善保障改革开放、加强宏观经济管理、规范微观经济行为的法律法规,这是建立社会主义市场经济体制的迫

---

① 《彭真传》编写组编:《彭真年谱》第五卷,中央文献出版社2012年版,第1602页。
② 《邓小平文选》第三卷,人民出版社1994年版,第202页。

切要求。"① 1993年4月,时任委员长乔石在八届全国人大常委会一次会议上指出:"本届全国人大常委会要把加快经济立法作为第一位的任务",除此之外,"还要加快制定推进民主政治建设和保障公民权利方面的法律,惩治各种犯罪活动、维护社会治安和加强廉政建设方面的法律"。②自此,党领导立法工作进入全面展开阶段。

1992年邓小平南方谈话和党的十四大确立建立社会主义市场经济体制,这一方面使中国经济社会发展步入新的历史时期,经济发展突飞猛进,人民生活得到很大改善。但另一方面,市场经济作为新生事物,相应的制度建设远远滞后于经济发展进度。因为改革开放前直到1992年,我国主要还是以计划经济体制为主,相当长时间以来制定的法律、法规、规范等都是在计划经济体制的基础上制定的,是为调整计划经济主体关系服务的。而市场经济从本质上说,就是法制经济。中共中央从实行市场经济开始,就针对市场经济体制基本框架的主要环节指出,"必须围绕这些主要环节,建立相应的法律体系,采取切实措施,积极而有步骤地全面推进改革,促进社会生产力的发展"。③ 所以,1992年以后,为促进社会主义市场经济体制的顺利发展,保证改革开放事业有序推进,改革创新,必须确立立法重点。"我们的法律还不够完备,立法任务还很繁重。当前,要抓紧制定和完善保障公民权利、维护社会安定和人民正常生活的法律,抓紧制定有关保证改革开放和经济宏观调控方面的法律,以及有关发展农业、交通、能源、教育、科技方面的法律,还要抓紧制定和修改有关惩治犯罪和促进廉政建设方面的法律。为了进一步完善人民代表大会制度,要对选举法、地方组织法进行必要的修改。"④ 直到2010年中国特色社会主义法律体系形成的这一历史时期,党领导立法处于飞速发展阶段,主要体现在以下几个特点。

(一) 处理好"破"与"立"的关系

市场经济是法治经济。市场经济的运行,市场秩序的维系,国家对经

---

① 中共中央文献研究室编:《十四大以来重要文献选编(上)》,人民出版社1996年版,第29页。

② 同上书,第251、254页。

③ 《中共中央关于建立社会主义市场经济体制若干问题的决定》,1992年10月,党的十四届三中全会通过。

④ 江泽民:《江泽民文选》第一卷,人民出版社2006年版,第114页。

济活动的宏观调控和管理，以及生产、交换、分配、消费等各个环节，都需要法律的引导和规范。在社会主义市场经济体制建立初期，在立法原则上，关键是要处理好社会主义市场经济体制发展中"破"与"立"的关系。党的十四大确立建立社会主义市场经济目标后，市场经济的发展对法制的需求前所未有。江泽民指出，"世界经济的实践证明，一个比较成熟的市场经济，必然要求并具有比较完备的法制"。没有健全的社会主义法制，就不可能有完善的社会主义市场经济体制。那么，在经济体制和社会结构处在转轨变化之中，各种利益关系处于深刻调整的历史时期，党在领导立法过程中如何处理好"破"与"立"的关系成为矛盾的焦点和关键。在没有发展社会主义市场经济经验、缺乏相应法律制度的历史大背景下，只有摒弃姓"资"与姓"社"的争论，坚持"成熟一部制定一部、成熟一条制定一条"的"摸着石头过河"的立法模式，在立法项目选择上避重就轻，制定一大批有关市场经济的法律法规，为社会主义市场经济体制的初步建立提供了有力的法律保障。同时，对政府行为也作出了法的约束要求。党的十四届三中全会通过的《中共中央关于建立社会主义市场经济体制若干问题的决定》提出，"各级政府都要依法行政，依法办事"。这是党领导立法史上第一次在正式文件中提出"依法行政"。

自八届全国人大及其常委会确定以制定调整社会主义市场经济关系的法律为重点起，经济立法处于首位。仅在八届人大的五年任期内，就制定法律85件，有关法律问题的决定32件，总计117件，立法总数为之前历届人大之冠。截至1994年年底，全国人大及其常委会制定的53部法律中，有关市场经济方面的26部，占49%。在八届全国人大常委会制定的五年立法规划中，共有立法项目152件，其中有一半以上是有关市场经济方面的立法。由此可见，自党和国家作出建立社会主义市场经济法律体系的战略决策后，国家立法中不仅突出了经济立法的地位和作用，而且有关市场经济法律制定的速度也明显地加快。2003年年初，我国已制定了400多件法律和有关法律问题的决定，现行有效的法律已经有200多件，国务院和地方人大还制定了一大批行政法规和地方性法规，以宪法为核心的中国特色社会主义法律体系基本形成，改变了过去相当长一段时间里存在的无法可依的局面，使我国的政治、经济、文化和社会生活的各个方面基本上实现了有法可依。到2010年年底，我国已制定现行有效法律236件、行政法规690多件、地方性法规8600多件，并全面完成对现行法律和行政法规、地方性法规的集中清理工作。其中三分之一以上的法律法规为经济方面的相关立法。

(二) 改善和加强党对人大立法的领导

1997年，党的十五大正式提出依法治国基本方略。立法是国家的一项基本政治活动，是实行依法治国基本方略的重要基础和依据。加强立法是依法治国题中应有之义，标志着党在治国理念、领导方式上实现了历史性跨越，强调以法规范权力、保障权利、程序正义、以良法治国等，并提出了到2010年形成中国特色社会主义法律体系的目标要求。根据党的十五大精神，1999年3月，九届全国人大二次会议通过宪法修正案，规定："中华人民共和国实行依法治国，建设社会主义法治国家。"在中国特色社会主义法律体系初步形成的条件下，加强立法，提高立法质量仍然是一项重要而紧迫的任务。亟须的、基本的、条件成熟的法律法规要加强研究制定，更要及时修改完善已有的法律法规。2000年3月15日，第九届全国人民代表大会第三次会议通过《中华人民共和国立法法》，这部法律是我国立法制度发展的里程碑，在国家法律层面使党领导立法有了明确的依据。党的十六大提出了坚持依法执政、不断提高执政能力的思想，将民主、法治、人权从"精神文明"中独立出来，形成"政治文明"概念，即为保障发展社会主义政治民主，贯彻落实依法治国方略，"最根本的是要把坚持党的领导、人民当家做主和依法治国有机统一起来"，确立了中国特色社会主义依法治国方略的根本原则。2004年，党的十六届四中全会提出"科学执政、民主执政、依法执政"的理念，进一步从执政方式的根本转变上将党领导立法与依法治国有机结合。2010年，形成了以宪法为统帅，以宪法相关法、民法、商法等多个部门的法律为主干，由法律、行政法规、地方性法规等多个层次的法律规范构成的中国特色社会主义法律体系，国家和社会生活各方面总体上实现了有法可依。

2012年，党的十八大确立了依法治国的新任务和目标，即到2020年全面建成小康社会时，要实现"依法治国基本方略全面落实，法治政府基本建成，司法公信力不断提高，人权得到切实尊重和保障"。中共中央从不同角度强调依法治国的内涵和重要性，作为实现中国梦宏伟蓝图的重要内容，提出了建设法治中国的治国目标。党领导立法进入完善深化的历史新进程。

(三) 党领导全国人大及其常委会立法基本方略

改革开放以来政治体制改革的历史进程，重要内容就是解决党政不分、以党代政、权力过分集中的问题。党领导立法立足人大及其常委会，发挥人大及其常委会在立法中的主导作用，不断改善领导方式和领导方法。

首先，充分认识党的领导地位和领导方式。党的十一届三中全会以来，按照中央的精神，党是国家生活的领导者，而不是管理者。党对国家生活的领导，主要是政治思想的领导，路线、方针、政策的领导，而不是党委决定一切，包揽一切，不是党委直接向人民群众发号施令。关系到国家和人民的大事，光是党内作出决定还不行，还要通过国家的形式，变成国家的意志。经过国家权力机关或者行政机关的决定，更好地组织群众，调动群众的积极性，并对各级国家机关和人民群众发挥有约束力的作用。党领导立法是党巩固领导地位和不断改善领导方式的基础工程。

其次，明确并尊重人大及其常委会的地位和职权。党章中规定："党必须保证国家的立法、司法、行政机关、经济、文化组织和人民团体积极主动地、独立负责地、协调一致地工作。"这明确了党不应代替国家机关、经济组织和群众团体的职能，而应该发挥它们各自的不同作用。宪法和组织法所规定的人大及其常委会的地位和职权，应切实保证国家权力机关依法行使职权。坚持党的领导同发挥国家权力机关的作用是一致的，改善党对人大立法工作的领导，不是削弱党的领导，而是为了更好地实现党的领导。各级人大及其常委会要充分行使立法职权，改善和加强党的领导是关键。

最后，人大及其常委会要充分发挥国家权力机关的职能作用。各级人大及其常委会要坚决贯彻党的路线、方针、政策，坚持尊重党的领导，服从党的领导，讨论、决定重大问题必须事先向党委请示报告，工作中遇到人大常委会自身解决不了的问题要随时报请党委帮助解决。但在具体决定问题时，应当尊重多数代表或委员的意志。完全属于法律范围的问题，有关部门可以按照法律规定和法律程序去办。

将党领导立法在实践中的基本做法予以制度化、规范化。一是全国人大及其常委会集体行使职权，集体决定问题。二是在审议议案和决定问题时，体现人民行使管理国家的权力，体现人民民主的权利，提倡广开言路，畅所欲言，各抒己见。三是在坚持四项基本原则的前提下，允许对党的具体方针、具体政策、具体措施,包括对党中央的决定和中央负责同志的讲话提出不同意见。不论赞成还是反对的,包括难听的话,都要听。即使不那么正确的意见,听了也有好处。重视和尊重不同的意见,是建设高度的社会主义民主制度和健全国家政治生活所不可缺少的。但是党员代表在表决时,必须服从党的最后决定。四是人大是按照民主集中制原则进行工作,注重民主的程序、民主的形式、民主的制度,按照少数服从多数的原则决定问题。多数人不赞成的,可以说服解释,但不要勉强要求通过。比如讨论有关人事任免的事项时,根据多数代表或委员的意见就允许撤回原定人选,这样既体现了人民当家做主的民主精神,也提高了党的威信,符合党中央一再强调的选拔干部要经过民意测验的精神和我们党一贯倡导的群众路线。①

(四) 中国特色社会主义法律体系形成的经验及启示

第一,党领导立法。中国共产党是中国特色社会主义事业的领导核心。党的领导是依法治国的根本保证。党的领导主要是政治、思想和组织领导,通过制定大政方针,提出立法建议,推荐重要干部,进行思想宣传,发挥党组织和党员的作用,坚持依法执政,实施党对国家和社会的领导。党制定的大政方针,提出的立法建议,需要经过人大的法定程序,才能成为国家意志。因此,人大及其常委会在立法工作中必须树立党的观念、政治观念、大局观念和群众观念,一切法律法规都要有利于加强和改善党的领导,有利于巩固和完善党的执政地位,有利于社会主义优越性的发挥。立法工作必须坚持党的领导,服从并服务于党和国家工作的大局,自觉地使党的主张通过法定程序成为国家意志,成为全社会一体遵循的行为规范和准则,从制度上和法律上保证党的路线方针政策的贯彻实施,保证改革开放和现代化建设的顺利进行。宪法和法律是党领导人民制定的,遵守宪法和法律与坚持党的领导、维护人民利益是完全一致的。

第二,以中国特色社会主义理论为指导。坚持正确的指导思想是搞好立法工作,形成中国特色社会主义法律体系的前提和保证。法律是实践证明是正确的、成熟的、需要长期执行的党的路线方针的制度化、规范化和程序化。中国特色社会主义理论体系全面体现了党的基本理论、基本路线、

---

① 王汉斌:《社会主义民主法制文集》(上),中国民主法制出版社 2012 年版,第 186—187 页。

基本纲领和基本经验，它是坚持和发展社会主义的必然要求，是马克思主义在中国发展的最新成果，反映了最广大人民的共同意愿。宪法和法律是党的主张和人民意志相统一的体现。因此，立法工作必须坚持以中国特色社会主义理论体系为指导，保证立法的正确的政治方向。

第三，从我国社会主义初级阶段的国情出发。社会实践是立法的基础，法律是实践经验的总结。我国正处于并将长期处于社会主义初级阶段。我国的基本国情是生产力和科学教育水平还比较落后，实现工业化和现代化还有很长的路要走，城乡二元经济结构还没改变，地区差距扩大的趋势尚未扭转，贫困人口还为数不少，就业和社会保障压力增大，社会稳定始终是我们要高度重视的问题，这是我国的基本国情。为了实现全面建设小康社会的宏伟目标，我们在深化改革、扩大开放、促进发展、保持稳定等诸方面都面临极其繁重而艰巨的任务，也对法律的制定和修改完善提出了新的更高的要求。因此，立法工作必须坚持从我国国情出发，从实际出发，不能从愿望和想当然出发，不能从本本和概念出发，也不能照搬照抄西方发达国家的东西。要始终把我国改革开放和社会主义现代化建设的伟大实践，作为立法的基础。要紧紧围绕全面建成小康社会的奋斗目标，紧紧围绕经济建设这个中心任务，紧紧围绕执政兴国这个第一要务，紧紧围绕促进物质文明、政治文明和精神文明协调发展来开展立法工作。立法的项目应当主要来源于社会主义市场经济发展的需要，人民的需要，党确立的根本任务的需要。

第四，坚持法制的统一。我国是一个集中统一的社会主义国家。社会主义法制的统一，是维护国家统一、政治安定、社会稳定，促进经济协调发展和社会全面进步的基础，是完善社会主义市场经济体制的重要保障。坚持社会主义法制的统一对做好立法工作至关重要。中国特色社会主义法律体系是以宪法为统帅，以法律为统帅，包括行政法规、地方性法规、自治条例和单行条例等规范性文件在内的，由七个法律部门、三个层次的法律规范组成的协调统一整体。立法工作必须坚持中国特色社会主义法律体系的完整和统一，必须在全国法律体系的框架内加强立法工作。中国特色社会主义法律体系是个整体，不能抛开全国统一的法律体系另搞一套，追求地方、部门所谓的"法律体系"，既不能在每个法律部门内形成各自的"母法"和"子法"，地方、部门也不能搞自己的"法律体系"。同时，改革转型时期，要在坚持法制统一的前提下，建立既统一又分层次的立法体系，法律、行政法规、地方性法规都是国家统一的法律体系的重要组成部分，行政法规和地方性法规是对国家法律的细化和补充。为坚持法制统一，必须依照法定权限、遵循法定程序立法，不得超越法定权限、违反法定程序立法；更要坚持以宪法为核心和统帅，任何法律、行政法规和地方性法规都不能同宪法相抵触，行政法规不得同法律相抵触，地方性法规不得同法律、行政法规相抵触，法律法规要衔接协调，不能相互矛盾。

　　第五，以人民代表大会及其常委会为平台，实现民主立法、科学立法。人民代表大会制度是我国的根本政治制度，全国人大及其常委会是最高国家立法机关，是以立法职能为主要标志的立法机关。党领导立法必须充分发挥人大及其常委会的主导作用，具体要坚持以下几点：一是要严格按照《宪法》、《立法法》等进行立法工作。二是广泛听取各方面意见，切实做到集思广益。立法工作必须走群众路线，通过组织立法听证会、论证会、座谈会等多种形式广泛征求社会各方面对有关法律草案的意见，保证群众参与立法的积极性。三是保证立法质量的原则。对分歧意见比较大的法律草案，要进行充分的研究论证，与各方面反复协商、权衡利弊，正确处理立法数量与质量的关系，在立法和修法方面把主要精力用于提高立法质量上。注重在各方面基本取得共识以后，再启动表决程序。使通过的法律质量更高、更符合实际，也可以保证法律通过以后能够得到顺利的实施。四是正确处理权力与权利的关系，防止部门利益法制化的倾向。地方立法在坚持立法工作总的指导思想和原则的基础上，还应坚持三条原则，即坚持与宪法和法律不抵触的原则、坚持具有地方特色和时代精神的原则、坚持增强可操作性的原则，这样才能有针对性地开展立法工作，切实提高地方性法规、自治条例和单行条例的质量。

第三章 党领导北京立法的历史回顾

第一节 北京市各界人民代表会议制度的建立与发展

新中国成立前后,基于复杂的社会阶级、阶层、普选条件尚不成熟等客观条件,我国在各地方省市探索实行了代行人民代表大会职权的各界人民代表会议。北平和平解放后,为使由国民党统治的半殖民地半封建的城市转变为中国共产党领导的新民主主义性质的城市,迅速恢复和发展生产、巩固新生民主政权,1949年8月至1954年6月,北京市在全国范围内较早召开了四届各界人民代表会议,为我国地方人民代表会议制度的建立与发展进行了重要的探索和实践,为我国地方人民代表大会制度的运行和发展积累了宝贵的历史经验,为党领导立法在北京的实践发展奠定了制度上的基础。

一 人民代表会议制度是国家的根本政治制度

作为人民代表大会制度的探索形式,人民代表会议制度是在抗日战争时期边区政府参议会基础上发展而来的。各界人民代表会议代行了人民代表大会的职权,成为新中国成立前后党和政权领导机关联系群众的最好组织形式,并最终被确立为国家的根本政治制度。

(一)人民代表会议在北平召开

1948年9月,华北人民政府正式成立。但当时在广大新解放区,土地改革还没有全面展开,在许多地方还不具备普选的条件,华北临时人民代表大会在民主选举方面产生了不同程度的问题。所以,"建政工作，应以召开各界代表会议及逐渐做到经过协商推行各级人民政府为中心"。① 北平和平解放后，为了广泛与各界交换意见，以便共同致力于新民主主义北平市之建设，经过多方共同努力，在华北临时人民代表大会经验教训的基础上，1949年7月29日，中共北平市委向中共中央、华北局提交了关于召开北平市各界代表会议的报告。7月31日，中共中央致电各中央局和分局，要求"凡三万人口以上的城市，在解放两个月至迟三个月后，即应召开各界代表会议，以为党与政府密切地联系人民群众的重要方法之一"。② 同时，中共中央将北平市委关于召开北平市各界人民代表会议的报告转发供各地参考。1949年8月9日至14日，北平市各界代表会议召开。

（二）确立人民代表会议与人民代表大会的性质和意义以及二者之间的关系

1949年8月13日下午，毛泽东在北平市各界代表会议现场发表讲演，即《毛主席给北平各界代表会议的指示》。《指示》中肯定了北平市各界代表会议的价值和作用，开全国地方政权建设的先河并取得了丰硕的成果，发挥了良好的示范效应。希望全国各城市都能迅速召集同样的会议，加强政府与人民的联系，协助政府进行各项建设工作，克服困难并从而为召集普选的人民代表大会准备条件。一俟条件成熟，现在方式的各界人民代表会议即可执行人民代表大会的职权，成为全市的最高权力机关，选举市政府。以北平的情况来说，大约几个月后就可以这样做了。这样做的利益很多，希望代表们加紧准备。③

1949年11月8日，北京市委就召开第二届各界人民代表会议的问题向毛泽东并中共中央、华北局请示报告中指出：一是关于代表名额及其分配；二是关于会议议程。主要议程有两项：第一，听取和讨论聂荣臻市长和张友渔副市长的报告，讨论通过关于税收的几项议案；第二，选举市长

---

① 周恩来在董必武关于民政、治安、司法3个会议报告上的批示，1950年8月。

② 《中央关于迅速召开各界代表会议和人民代表会议给各中央局、分局的指示》（1949年7月31日），中央档案馆编：《中共中央文件选集》第18册，中共中央党校出版社1992年版，第395页。

③ 北京市人大常委会办公厅、北京市档案馆编：《北京市人民代表大会文献资料汇编(1949—1993)》，北京出版社1996年版，第156页。

及市政府委员。① 11月9日，毛泽东主持召开中央政治局会议，批准北京市委关于召开北京市第二届各界人民代表会议的请示报告，同意这次会议代行人民代表大会职权，选举市长、市人民政府组成人员，并在全国第一次批准依照中央人民政府的组成方式选举党外人士参加民主政权。彭真在开幕词中指出：这次大会按照《共同纲领》和中央人民政府组织法，将代行人民代表大会的职权，所以这个会议是我们北京市地方的最高权力机关。② 北京市第二届各界人民代表会议备受北京市和全国的关注。正如国民党革命委员会北京分会代表周范文所说："这次会议行使人民代表大会职权，选举市长，在中国历史上这还是第一次，这是人民革命成功的结果，这是真正的人民民主。"③

1951年2月，刘少奇在出席北京市第三届第一次各界人民代表会议时发表重要讲话，全面系统地阐述了人民代表会议与人民代表大会的性质和意义以及二者之间的关系。刘少奇在讲话中指出：人民代表会议与人民代表大会制度，是我们国家的基本制度，是人民民主政权的最好的基本的组织形式。我们的国家，就是人民代表会议与人民代表大会制的国家。目前的各级人民代表会议已在代行各级人民代表大会的职权，在不久的将来，就要直接地过渡为各级人民代表大会。④ 4月，政务院发出《关于人民民主政权建设工作的指示》，要求各级人民政府必须按照各级人民代表会议组织通则的规定，按期召开人民代表会议，各级人民政府的一切重大工作应向人民代表会议提出报告，并在代表会议上进行讨论和审查，一切重大问题应经人民代表会议讨论并作出决定。后经中央批准，在北京召开华北县长会议，主要讨论华北地区县级各界人民代表会议代行人民代表大会职权问题。

1951年10月3日，彭真在讲话中指出："人民代表会议是全国人民管理国家的组织形式，是政权工作从群众中来到群众中去的基本组织形式。老百姓管理政府是靠这一条，政府把老百姓动员起来做事情也是靠这

---

① 《北京市重要文献选编》（1948.12—1949），中国档案出版社2001年版，第765—766页。

② 北京市人大常委会办公厅、北京市档案馆编：《北京市人民代表大会文献资料汇编（1949—1993）》，北京出版社1996年版，第23—25页。

③ 《人民日报》1949年11月22日。

④ 《刘少奇选集》下卷，人民出版社1981年版，第56—57页。

一条。因此,我们把人民代表会议定成我们国家的根本政治制度。任何一个地方的政权,要搞好工作,首先必须把人民代表会议搞好。"① 这是在总结北京市各界人民代表会议经验基础上,自新中国成立以来第一次将人民代表会议制度称为国家的根本政治制度,明确了人民代表会议在国家政治生活中的地位和作用,为新中国第一部宪法关于国家基本政治制度的确立作了实践和理论上的准备。

二 理顺各界人民代表会议与国家其他政治机构的关系

在总结北京市各界人民代表会议经验基础上,北京市对各界人民代表会议与执政党、政府之间的关系有了初步的认识和界定。

(一)关于执政党和人民代表会议的关系

在执政条件下,执政党如何发挥其对政权的领导作用,是新中国成立初期直至当前需要进一步思考的重大理论和实践问题。第一,执政党对国家政权的领导是必须负起的责任,"中华人民共和国是工人阶级领导的国家。工人阶级怎样来领导呢?通过工人阶级的政党中国共产党来领导。共产党必须负起这个领导责任,不能放弃这个责任"。而国家政权在政治上,"必须坚持共产党的领导,中国革命如果没有共产党的领导,是不可能成功的。政权建设也好,土地改革也好,抗美援朝也好,都不能离开共产党的领导"。第二,党与人民代表会议的具体分工是"凡是关系政治的、经济的、文化的重大问题,牵涉方针、政策的事情,党委发现了,就要提出来,有些通过政权机关去做,有的直接通过群众去做。属于国家的事情,党不能直接管,要通过政权机关去管"。第三,在具体的工作实践中,身为共产党员的政府干部如何处理与党委和人民代表会议之间的关系?彭真曾假定一位担任县长的中共党员,在面临县委的意见跟代表会的决议不一致时,该怎么办?一个情况是县委的意见正确,但代表会议否定了。"遇到这种情况,可以声明保留意见。原则要坚持,组织上服从。即使根据多数代表的意见作出的决议是错误的,也还是要少数服从多数,老老实实地执行决议。"再一种情况是"县委的意见是错误的,多数人不同意,但是经过做工作,说服了多数人,作出了决议,执行一段时间,结果

---

① 《彭真文选》(1941—1990 年),人民出版社 1991 年版,第 223 页。

证明县委的意见错了，等下次开会时，县委就应当自动说明，并请代表会议重新讨论决定。这是一个关键，一定要这样办。不然，国家就搞乱了，党也就搞乱了。这也是我们积多少年的经验得出的一条。"①

（二）关于各界人民代表会议与政府的关系

各界人民代表会议与人民政府同属人民民主政权基本组成部分，是在坚持整体一致原则下的分工。关于人民代表会议的属性和职权，"人民代表会议是权力机关，国家的重大事情由它来决定，主要是两方面：一是出主意，二是用人。人民代表会议出什么主意呢？并不是每一件小事情都要由它作决定。它只对带原则性的重大问题，关系全体人民利益的问题，出主意、想办法。二是用人，用什么人？并不是用个勤务员也要由人民代表会议决定，它只管政府负责同志的使用"。政府则应处于人民代表会议的从属地位，"政府要把群众关心的重大问题，提交人民代表会议讨论决定。权力机关把大政方针定下来了，就由政府去做。至于那些执行中的具体问题，不要提到人民代表会议去讨论。日常行政工作，还是由政府去处理。日常行政工作很多，人民代表会议没有办法管，也不必管。"②

彭真在深入思考和研究北京市各界人民代表会议实践经验基础上形成的政权建设的思想，进一步明确了我国人民代表会议的性质、地位和作用，对执政党和政权机关的关系、权力机关和政府的关系作出了深入的探索，形成了较为成熟的思想和做法。

（三）协商委员会成为各界人民代表会议的常设机关

1949年11月13日，彭真主持北京市第一届各界人民代表会议协商委员会会议。16日，在各界人民代表会议协商委员会会议上，讨论拟向第二届各界人民代表会议提出的《北京市第二届各界人民代表会议组织条例（草案）》和《北京市人民政府暂行组织大纲（草案）》及邀请代表名单。22日，第二届各界人民代表会议通过成立北京市各界人民代表会议协商委员会的决议，并选举产生了协商委员会正副主席和委员，会议胜利闭幕。设立协商委员会作为常设机关的做法得到中央的肯定。24日，毛泽东在《中央关于协商委员会的职权给华东局的电报》中指出："上海第二届各界代表会应选出四十人左右的协商委员会，其职权为在各界代表

---

① 《彭真文选》（1941—1990年），人民出版社1991年版，第227—228页。

② 同上书，第223—224页。

会闭会期间向市政府提出建议案,并为下届各界代表会议准备议程及议案。请参考《人民日报》所载北京第二届各界代表会所选举的协商委员会。"① 协商委员会的职权行使,为1979年以后确立地方人大常委会的职能提供了实践经验。

三 在某些有组织的群众中实行直接选举

代表如何行使职权,充分发扬民主是关键。北京市在民主政权发展过程中,通过充分发扬民主,各界人民代表会议成为"整个社会大变革中富有象征性的一个缩影。它把民主从过去少数人的权利,变成多数人能享受的权利,这才是真正的人民民主"。②

(一) 广泛的代表性是各界代表会议最显著标志

1949年8月9日至14日,第一届北平市各界代表会议召开。代表来源较为复杂,几乎涵盖了当时北平市社会的各个阶级、阶层。出席会议代表共332名。其中,军管会和政府代表15名,党派代表24名,工会代表70名,农民代表30名,民主青年联合会筹委会代表10名,妇联筹委会代表10名,学联代表14名,中小学教职联代表12名,院校教职联筹委会代表12名,合作社代表3名,医务工作者协会筹备会代表8名,军队代表10名,各机关工作人员代表15名,少数民族代表4名,工商界代表45名,新闻界代表4名,文艺界代表5名,摊贩代表2名,其他爱国民主人士39名。毛泽东、周恩来、朱德、董必武等党和国家领导人出席大会并发表重要讲话。会议广泛的代表性引起社会各界的关注,参加会议的社会学家费孝通描述道:"我望着会场前挂着大大的'代表'二字,不免点起头来。代表性呀!北平住着的就是这许多形形色色的人物。如果全是一个样子的人在这里开会,那还能说是代表会嘛?"③ 各界代表会议给予各界协商市政的机会,并向所在单位负责,听取他们的意见并向军管会及市政府作及时的反映。这既使政府与群众联系密切起来,又使各界代表得以与闻市政。董必武指出:"北平市军管会和人民政府已开始学会运用民主方式管理北平市,解决了许多从前的反动政府所不能解决的问题,如清

---

① 《建国以来毛泽东文稿》第1册,中央文献出版社1987年版,第159页。
② 金冲及:《二十世纪中国史纲》第3卷,社会科学文献出版社2009年版,第693页。
③ 《费孝通文集》第6卷,群言出版社1999年版,第97页。

除垃圾、整理摊贩、收容乞丐、改造小偷等问题，都经人民政府运用民主的方式和人民商量，得到人民的协助而获得解决，消除了这些发展北平生产的障碍。"①

到第三届第三次各界人民代表会议，协商委员会提案审查委员会共收到代表的提案774件，非代表的提案127件，共计901件。由于提案数量大，采取了会前征集提案、会前审查提案的办法。处理办法如对于其中涉及重大问题的2个提案"加强抗美援朝运动、镇压反革命、巩固人民民主专政"和"建议推动全体市民积极展开毛泽东选集的学习运动"，提交此次大会讨论；其他提案均视情交有关部门办理。本次会议强调，各界人民，如有提案，最好通过代表，以代表的名义提出。认为这样做，可以使代表和人民的民主权利均有了更多的尊重，而且代表与群众的联系也会更密切些。

（二）在代表选举方式上形成北京经验

1949年11月20日，北京市第二届各界人民代表会议开幕时，《人民日报》即发表了题为《地方人民政权建设的示范》的社论。1950年8月7日，由彭真起草的《北京市召开区各界人民代表会议的初步经验》报送毛泽东并中共中央、华北局。8月9日，中共中央批转这个报告，毛泽东为中央起草的批语："兹将北京市委关于北京市内各区开人民代表会议的经验发给你们参考。我们认为大城市召开人民代表会议是必要的和有益的，请各大城市市委考虑实行。"② 基于此，1950年年底，政务院政务会议通过并公布了区、乡（行政村）人民代表会议组织通则，规定了区各界人民代表会议的组成、任期和职权等。

针对北京市各界人民代表会议代表基本上采取推举、选派和邀请的产生方式，1950年12月21日，中共北京市委关于筹备召开市第三届各界人民代表会议问题向中共中央、华北局的请示电中提出："拟改进代表产生办法，在一部分有组织的群众中开始实行普选制。在各公营工矿企业和专科以上的学校中，可由一个单位或若干单位联合，各以普遍、直接、平等方法选出其代表（票选或举手选听便）。"12月29日，中共中央对请示电报批示："此次代表的产生，除推选外，在某些有组织的群众中实行直

---

① 《团结建设人民首都——北平市各界代表会议纪实》，《北京观察》2009年第10期。
② 《建国以来毛泽东文稿》第1册，中央文献出版社1987年版，465页。

接选举，以扩大选举的民主性，这是必要的。但召开选举大会时，暂时一律不要票选，用举手方法选举，较为简便。'开始实行普选制'的口号亦不要出；因对待普选，必须十分慎重，须俟条件完全成熟，有充分准备后始得举行。"① 基于此，北京市第三届各界人民代表会议选举的代表较之以前更加具有民主性、广泛性和代表性。

1951年2月4日，《人民日报》发表的题为《北京市人民代表选举的新办法》社论中指出，新的选举办法扩大了选举的民主范围，这就使各阶层人民可以选择更能代表他们的意见，并为他们拥护的群众领袖作为他们的代表。目前，在一部分有组织的群众中实行直接选举，正是为将来的普选做准备工作。2月26日，彭真在第三届各界人民代表会议致开幕词中指出："各公营工矿企业的代表、专科以上学校的代表，现在已经做到以生产或学校为单位，由选民大会直接选举了。农民代表、工商界、青年、妇女代表和区域代表等，已经普遍做到由代表会议选举了。以上两类代表，已达代表总数的83%。此外就是经过上届协商委员会协商，由市人民政府聘请的具有充分代表性的特邀代表和市军管会及市人民政府的代表。"同时，"所有的城区和郊区人民政府，村人民政府，今年一律要经过人民代表会议的选举来产生。就是说，北京市的各级政府，今年应一律实行民主选举"。② 2月28日，刘少奇在北京市第三届第一次各界人民代表会议上讲话指出："我认为不独北京的人民代表会议应该如此，在其他地方，凡是条件业已具备了的，也应该如此地来召集人民代表会议。在人民已经有了相当组织的城市，在土地改革已经完成了的乡村，人民已经开始能够选举自己的代表的时候，就应该不迟疑地让人民直接地或间接地来选举各级人民代表会议的代表。选举的方式，也大体上可以采用北京的经验。"③

（三）进一步完善代表民主选举办法

1952年8月，在北京市第四届第一次各界人民代表会议上，总结了北京市各界人民代表会议在政权建设方面的成就。北京市在城、郊各区和

---

① 《北京市重要文献选编》（1950），中国档案出版社2001年版，第545页。
② 《北京市人民代表大会文献资料汇编（1949—1993）》，北京出版社1996年版，第116页。
③ 同上书，第114页。

11个镇都普遍召开了代行人民代表大会职权的各界人民代表会议，并经过选举建立了各区和镇的人民政府；所有的行政村也都召开了村人民代表大会并选举了村人民政府。经过选举产生的区、村人民政府，都有各社会阶层的代表人物参加。

通过政权建设可以看到，人民对民主政治的认识和参加政权的积极性更加提高了。人民印刷厂一名普通女工张秀兰曾说："选代表一定要认真、负责，要能把我们的意见带上去又能把代表会议的决议传达下来的人，才配当代表。"[①] 城区各区选举街道代表时，参加选举的人数以户为单位达80%以上。同时，代表的产生方式也较1951年更进步了。城区各区区代表由直接选举产生的占32.8%（1951年占11%），由间接选举产生的占63.1%（1951占74.6%），邀请代表只占4.1%（1951占14.4%）。此次各界人民代表会议代表选举工作建立了比较健全的选举机构，深入地进行了宣传，放手发扬民主，密切联系群众，依靠群众。此次会议针对北京的几项中心政治任务，包括爱国增产节约运动、爱国卫生运动、速成识字运动等，代表们经过热烈讨论，达成一致意见。

北京市在全国率先开创的选举办法，既强调发扬民主，又坚持从实际出发，形成的选举原则和方法至今仍然适用。一是在有组织的部分群众中成功推行直接选举办法，得到中央的肯定和实践的检验，为全国范围内的普选工作做了实践上的准备；二是实行直接选举和间接选举相结合，成为我国当前选举制度的基本原则之一；三是设立了基本的选举机构和选举程序。在第三届各界人民代表会议即由吴晗、钱端升等组织成立了选举委员会，专门负责本届会议的代表选举工作，并推动各选举单位按系统成立选举委员会负责直接选举工作。

四 在中央领导下，形成我国地方立法体制的初始轮廓

1949年，按照中央的指示精神和北京市实际情况的迫切需要，北京市各界人民代表会议通过颁布一系列法规法令，实际上履行了地方权力机关的立法职能，发布了一系列的法规办法，为新中国成立初期北京市民主政权建设和社会管理提供了制度依据和保障。最早在第一届北平市各界代

[①] 《北京市人民代表大会文献资料汇编（1949—1993）》，北京出版社1996年版，第203页。

表会议期间,通过对248件提案的审议,一致通过了《关于市政报告的决议》、《北平市各界代表会议宣言》、《北平市各界代表会议组织条例》、《北平市各界代表会议议事规则》、《北平市各界代表会议会场规则》等。其中,《北平市各界代表会议组织条例》确立了北平市各界代表会议的主要任务:一是听取军管会及市政府关于施政方针、政策、计划及工作情况之报告;二是对军管会及市政府的施政方针、政策、计划及具体工作,进行讨论,提出批评意见;三是向军管会及市政府反映各界人民的意见与要求;四是向所代表的群众,传达并解释军管会及市政府的施政方针、政策、计划及其具体工作布置,并协助动员人民推行。

1949年11月22日,市人民政府委员会将起草的《北京市营利事业所得税与营业税征收暂行办法》并附《北京市房产税征收暂行办法》、《北京市地产税征收暂行办法》、《北京市农业累进税暂行办法》等5个征税案提交第二届各界人民代表会议审议,副市长张友渔作《对财政税收提案的说明》。这5项征税案经第二届各界人民代表会议充分讨论后,形成《对北京市人民政府所提五种财政税收案的决议》,并报中央人民政府批准后实施。1950年1月,政务院制定了《省、市、县人民政府组织通则》的规定,省人民政府有权拟定与本省政务有关的暂行法令条例,报主管大行政区人民政府转请政务院批准或者备案。之后,北京市人民政府又经各界人民代表会议审议讨论后颁布了一系列以令、办法等形式颁布实施的法令条例,政府在地方立法中发挥了重要的基础性作用。

各界人民代表会议期间,北京市地方立法体制探索形成最初的轮廓。后来,按照第一届全国人大第一次会议通过的新中国第一部宪法规定,全国人大是国家最高权力机关,也是行使国家立法权的唯一机关;全国人大设立常务委员会,地方各级人民代表大会不设常务委员会。同时,地方各级人民代表大会不再行使地方立法权,直到1982年宪法颁布确立的立法体制才正式赋予地方人大及其常委会立法职权。但北京市各界人民代表会议期间地方立法权限设置及立法职能行使,对改革开放后北京市立法体制的发展与完善起到了重要的铺垫作用。

五　北京市人民代表大会制度的曲折发展及停滞

新中国成立初期的宪法,没有赋予任何地方机关立法权,全国只有一个立法机关。"五四宪法"实施后,根据实际情况,从中央到地方都不能不考虑地方立法权问题。1956年,毛泽东在《论十大关系》中指出,我们的宪法规定,立法权集中在中央,但是在不违反宪法和中央政策的前提下,地方可以制定章程、条例。这实际就给"地方也应该有立法权"的问题提出了讨论的空间。但由于1957年以后我国不稳定的整个政治社会状态,地方人民代表大会及其常委会的立法权问题并未得以正式讨论及解决。

（一）北京市人民代表大会制度确立

1954年8月17日,经过充分酝酿、筹备的北京市第一届人民代表大会第一次会议召开,标志着北京市人民代表大会制度正式建立。会前,毛泽东指示,会议要多开几天,使所有代表把意见讲完,特别是把批评意见讲完。大会主席团执行主席彭真说,时间短了,就不能充分发扬民主。这样,原定3天的会议开了7天,出席大会的523名代表分别发言。8月21日,大会选举毛泽东、刘少奇、周恩来等28人为第一届全国人大代表。22日,毛泽东、刘少奇、周恩来莅临大会,代表们群情激奋、欢欣鼓舞。23日,大会胜利闭幕。这次大会的成功召开,为全国和各地召开人民代表大会起到示范作用,也为人民代表大会制度确立打下了坚实的基础。到1957年1月,北京市共召开4次人民代表大会,市人大工作和建设的有序开展,在巩固政权基础、建立制度体系、确立首都功能、探索首都城市建设和发展中发挥了积极作用。

（二）重视对宪法法律的执行

1956年8月,彭真在中共北京市第二次代表大会上的发言中指出,按照中央1955年12月的指示,有些干部存在着忽视革命法制的思想,不注意遵守宪法和法律规定程序的情况,应引起各级党委的充分重视,并迅速加以纠正和改变；1956年7月10日中央又一次指示：我们的法律是在党的领导之下制定的,也是工人阶级和全体劳动人民所需要和比较有利的,我们必须严格执行。要有效地纠正和防止违法行为,还必须更进一步健全法制,加强法制观念。法制建设跟不上,也必须直接和间接影响有计划的经济建设,而且将给党和国家在政治上招致不良影响。要全党重视法制建设,并且善于运用法制,来保护我们的事业,保障完成我们的任务,纠正至今仍然存在的对法制的某些错误理解。认为它是办法律手续的,有多少人办多少事,办不了可以少办或不办,这种消极认识,确实影响着法制建设。但要健全法制就必须健全检察制度。党的领导是开展各项工作带有决定性的关键，司法检察工作当然也是这样，应及时、系统、具体地向党委请示报告工作。

新中国成立初期的北京，认识到重视法制，养成守法习惯，依法办事，对社会主义的建设，对在工作中"又多、又快、又好、又省"要求的实现都起着一定的保证作用。反之，就会增加建设工作中的障碍，招致工作的损失。

（三）党与法的关系进入"白热化"争论

1957年10月中国共产党北京市第二届代表大会第二次会议召开。会上针对整风运动中对右派进行的斗争，采取的是大鸣大放政策，并坚信这一政策的正确性、可行性。会议指出，分期分批大鸣大放，使这个群众性的大规模的社会主义民主运动，成为有领导的民主，不致影响全局。市计划委员会的报告《关于严格控制城市人口增加和动员城市中闲杂人员回乡生产问题的发言》中指出，针对今后要进一步严格控制农村人口流入北京市的问题，北京人口控制不住主要是思想认识问题。有的人说：不让人家来是否违背宪法。因为宪法上规定着有迁徙自由，不让来不是违背宪法吗？我们怎样来理解这个问题？不能片面地孤立地去啃这几个字。我们的国土这么辽阔，当然每人可以自由走来走去。但随之而来的衣食住行问题，国家都是有计划的，限制迁徙不是国家限制了你的自由，而是要执行国家的计划问题。迁徙自由是有条件的，不能片面、孤立、绝对地理解它，要将人情和国情结合起来。市高级人民法院的报告《关于本市司法部门反击右派、右倾思想和改进工作的意见的发言》中表明：1957年下半年开始，党与法的关系进入"白热化"的争论，被认定的一些"右派"分子的观点包括：我们国家无法可依，甚而有法也不依，只凭"四个字"、"八个字"的政策办事；"以党代政"、"党政不分"、"党委带头破坏法制"；党领导司法工作是外行，不懂法律科学；突出攻击党员领导干部"无才无知"、"破车挡好道"，真是"祸国殃民"，应当让这些人"回家养老"。

阶级斗争扩大化导致对法的片面认识。会议强调，右倾思想产生源于对党的政策方针路线学习的不够，未能认真地研究讨论结合实际情况予以全面贯彻执行，片面地理解政策，甚而歪曲了政策精神的实质；在执行法律的过程中，各级审判部门还残存着不同程度的反动的旧法观点，自宪法、法院组织法颁布以后，在干部中片面地机械地进行了依法办事的教育，单纯地强调了法制的正规，不自觉地把司法工作引导到脱离政治斗争的方面去，形成了重业务轻政治的错误，使党所制定的法律反而使自己受到束缚。这对敌人是有利的。就在这种情况下，我们曾强调了学习苏联的先进经验，但结合中国实际情况不够，同时对我们的实际斗争经验也没有很好地加以总结提高，实质上是犯了教条主义的错误。特别是对毛泽东的人民民主专政理论学习得不深不透，因而，对资产阶级的反动的法律观点也失去了抵抗能力。例如对于"无罪推定"、审判"要有利于被告"等说法，我们的审判机关中却认真地奉行起来。照这样，只能削弱无产阶级专政，只会脱离党的领导。

随着阶级斗争扩大化，法在人们的认识中逐渐走向反面、对立面，对法的抛弃使北京陷入"文化大革命"的曲折历史进程中。1966年5月，中共中央决定改组中共北京市委，由中共中央华北局第一书记李雪峰兼任北京市委第一书记。北京市的"文化大革命"由新组成的北京市委领导。5月23日市委工作会议上宣布对原市委书记彭真、刘仁等18名领导干部撤职或停职反省。此后，中共北京市委没有召开过市委全会。1967年2月，改组后的北京市委和北京市人民委员会被群众组织夺权，市委、市人委的工作机构陷于停顿、瘫痪状态。1967年4月20日北京市革命委员会成立。市委领导执法就此完全停滞。

第二节　改革开放以来党领导北京市立法发展

1979年7月，五届全国人大二次会议决定，在全国县以上地方各级人民代表大会设立自己的常设机关，即人大常委会，在代表大会闭会期间履行法律赋予的职权。这从根本上将我国的政治制度与苏维埃制度根本区别开来，具有了中国特色。地方人大常委会的设立，健全了国家政权体系，弥补了地方人大日常工作的断层。同时，党领导立法体制机制也发生了根本性的变革，党领导立法延伸到地方立法层面。

一　探索发展阶段（1979—1992年）

1979年12月，根据《中华人民共和国地方各级人民代表大会和地方各级人民政府组织法》的规定，北京市第七届人民代表大会第三次会议依法选举产生了市七届人大常委会。直到1992年，是北京市人大及其常委会在立法工作中探索发展的阶段。这期间，北京市委先后召开了六次民主与法制工作会议，把加强市人大及其常委会的工作和建设问题列为重要议题。全市各级党政领导干部对社会主义民主与法制建设的重大意义，对人民代表大会制度的重要地位和作用，在认识上有了很大提高。适应形势发展的需要，市人大常委会工作机构逐步得以健全，正式行使宪法和地方组织法赋予的立法职能。

(一) 党领导北京市七届人大及其常委会的立法

北京市七届人大常委会于1979年12月成立，紧紧围绕落实中央书记处关于首都建设方针的四项指示，贯彻经济上实行进一步调整、政治上实现进一步安定的重大方针，初步进行了立法工作。市七届人大及其常委会（法规统计时间为1979年12月—1983年3月）先后制定了7项地方性法规，所属法律部门包括宪法类1项、行政法类5项、诉讼法类1项，涉及市建民主政治建设、城设和管理等领域，包括人大代表选举、刑事诉讼法实施、道路交通、文物保护、市容环境卫生、城市绿化、拆迁安置等内容。

1977年11月，市第七届人民代表大会第一次会议召开，人民代表大会制度得到恢复。1978年12月，党的十一届三中全会召开，我国改革开放和现代化建设掀开崭新一页，市人民代表大会制度建设步入健康发展轨道。

1979年，在邓小平的领导下，全国人大修订了选举法和地方组织法，将直选范围扩大到县级，并在县级以上地方人大设立常委会。12月，北京市人民代表大会设立常务委员会，对进一步发展和完善人民代表大会制度具有重大的里程碑意义。1980年8月—1981年1月，北京市恢复了区县人民代表大会，并设立常务委员会。

1982年宪法通过后，我国初步确立了现有的立法体制。规定全国人民代表大会作为最高国家权力机关，不再是唯一的立法机关，人大常委会也拥有立法权，可以制定单行法；国务院依据"根据原则"，根据宪法、法律可以制定行政法规；省、自治区、直辖市人民代表大会可以在遵循"不抵触原则"的前提下，并报全国人大常委会、国务院备案，从而赋予地方立法权。北京市人大及其常委会开始履行制定地方性法规职责。1982年11月召开的第五次党代会上明确，必须将发扬社会主义民主和健全社会主义法制紧密结合起来。认真贯彻执行宪法和国家颁布的一系列法律、法令，同时制定和完善北京市的地方性法规。加强法制建设的关键，在于各级党组织，特别是党政领导干部提高对法制建设重要性的认识，带头学习宪法和法律，模范地遵守宪法和法律，在宪法和法律的范围内活动，真正做到法律面前人人平等。

这期间，市、区、县建立了人民代表大会常务委员会。区、县实行了人民代表的直接选举。全国人民代表大会及其常务委员会制定的各项法律，以及北京市制定的几个地方性法规，得到广泛宣传和贯彻执行。社会主义民主和法制建设的加强，开始改变十年内乱造成的无法可依、有法不依的混乱局面，巩固和加强了人民民主专政。但由于对地方立法的职责、内容以及如何行使立法权等均不很明确，国家层面的立法刚刚起步，省（直辖市）一级人大常委会刚刚设立，立法力量相对薄弱，与中央立法关系尚未理清，立法数量少、涉及面窄，立法质量不高。

（二）党领导北京市八届人大及其常委会的立法

1982年，适应国家经济、政治、文化、社会生活等各方面发生的巨大变化，第五届全国人民代表大会第五次会议通过了现行宪法，确立了国家的根本制度、根本任务和国家生活的基本原则，为新时期改革开放和社会主义现代化建设提供了根本保障，标志着中国民主法制建设进入了新的历史阶段。1982年11月，中共北京市第五次代表大会提出要发扬社会主义民主，健全社会主义法制，各级党要支持市、区、县人民代表大会及其常委会行使地方权力机关的职权。各级政府要充分尊重和保障人民的民主权利，倾听人民群众的意见和呼声，动员和依靠广大人民群众参加各项事业的管理。发扬社会主义民主必须和健全社会主义法制紧密结合起来。要认真贯彻执行宪法和国家颁布的一系列法律、法令。

1984年8月13日，中国共产党北京市第五届委员会第三次全体（扩大）会议上，会议通过的《加强和改善党的领导，开创首都工作新局面》报告，针对如何实现好党的领导作出概括：一是党的各级领导干部要按照十二大新党章规定的"党的领导主要是思想政治和组织的领导"的精神，把主要精力放在贯彻执行正确的路线方针政策，进行深入细致和强有力的思想政治工作，培养、选拔、使用和监督干部，促进党员在自身岗位上发挥先锋模范作用等方面的工作上。二是实行党政分工，党的组织、党的领导干部要从具体的行政事务中摆脱出来，用更多的精神来学习和钻研，创造性地贯彻执行党的路线方针政策；要投入更多的时间接近群众，开阔视野,及时发现新情况,主动解决新问题,认真总结新经验,更好地为基层服务。三是党的组织认真贯彻民主集中制的原则是党政分工的关键。党的各级组织要学会抓大事,抓重大问题。1985年,北京市委出台《关于加强民主与法制建设若干问题的决定》,加快地方法规的建设。在加强法制建设方面,市委要求抓紧进行地方性法规、规章的清理,将认定继续有效的法规、规章汇编成册,重新发布。与市人大常委会配合,搞好全市的三年立法规划。年内要针对当前急需,重点抓好经济体制改革和城市建设、城市管理方面的50项工作的立法,做到依靠法律促进改革,保证建设。针对党政领导机关机构改革工作,认识到它不同于过去的"精简运动",不只是简单地裁并机构,减少人员,而且是在新的形势下,学会用经济的、法律的、行政的手段来管理现代化事业的一场变革,也是用新章法、新思想和新的领导方法来改造机关的一场变革。

八届人大及其常委会(法规统计时间为1983年3月—1988年1月)在党的十二大精神指引下,认真宣传新宪法,共制定、修改了25项地方性法规,其中制定20项、修改5项,涉及经济建设和改革、城市建设和管理、保障人民民主权利和合法权益等领域。在所属法律部门中,经济法类立法数量显著提高,为9项,占立法总数的36%,并且开始出现社会法类立法,即《北京市劳动保护监察条例》。

但对于北京市的地方立法,以1985年12月2—6日召开的中国共产党北京市第五届委员会第六次全体(扩大)会议市委扩大会议通过的地方规章来看,这一时期能够形成地方性法规的事项还不多,主要以地方规章的形式出现。针对经济建设、社会建设出现的各种新问题,会议通过了北京市委、北京市人民政府联合发布的《中共北京市委、北京市人民政府关于纠正国家干部经商、办企业不正之风的暂行规定》、《中共北京市委、北京市人民政府关于坚决刹住动用公款、公物请客送礼歪风的暂行规定》、《中共北京市委、北京市人民政府关于党政机关、企事业单位及其干部、工人入股分红问题的暂行规定》、《中共北京市委、北京市人民政府关于事业单位开展多种经营、兴办企业的暂行规定》、《中共北京市委、北京市人民政府关于国营企业兴办集体企业的暂行规定》、《中共北京市委、北京市人民政府关于坚决刹住滥发奖金、补贴、实物和"以官论奖"、"以职晋级"歪风的暂行规定》、《中共北京市委、北京市人民政府关于处理购销活动和业务往来中授受"回扣"、"提成费"等问题的暂行规定》。市人大及其常委会立法的主导作用还未充分体现出来。

(三) 党领导北京市九届人大及其常委会的立法

首先,改革和完善市委领导机制和领导方式。1987年12月,按照党的十三大提出的改善和加强党的领导,实现国家的长治久安,加快社会主义现代化建设的基本宗旨,中共北京市第六次代表大会贯彻中央关于政治体制改革的重大决策,北京市委作为一级地方党组织,在执行中央路线和保证全国政令统一的前提下,对全市工作实行政治领导。一是明确工作职能。主要是加强市委和区县委对重大方针政策的政治领导。为此,充实和加强市委办公厅、研究室、组织部、宣传部、统战部等综合部门的工作,加强对决策执行情况的检查、监督和协调。二是转变市委的领导方式。1988年6月27日,北京市六届三次党代会全体会议上通过的《中共北京市委政治体制改革第一步实施方案》规定,市委不设不在政府任职但又分管政府工作的书记、常委;在政府部门工作的党员领导干部,要维护和贯彻党的主张,接受市委的领导和监督;完善市委全会、市委常委会、市委书记办公会的议事规则和工作制度,发扬党内民主,贯彻民主集中制,提高市委决策民主化和科学化的水平;善于把党的主张通过法律程序变成国家意志,由人大及其常委会贯彻实施,不干预政府的日常行政事务,党政一般不联合建立工作机构;市委领导成员要以更多的时间和精力深入实际,深入群众,提出政策性的意见和建议,按照实际情况决定方针政策和工作任务。三是强化集体领导。市委常委会定期听取和审议常委会工作报告,讨论党内重大问题。四是制定北京市政治体制改革第一步实施方案。着重在转变党的工作职能和工作方式,相应地改革党的领导体制、组织形式和工作机构。

其次,转变工作职能后市委的主要职责。结合实际贯彻执行党中央的指示;保证国家政令、法令的贯彻实施。支持政府自主负责地执行国家下达的各项指示和任务;监督政府制定的各项政令措施符合国家政令、法令的精神;领导各级党组织和全体党员模范地按照国家政令、法令办事;就地方性的重大问题提出决策。对关系首都现代化建设和改革开放全局的重大问题,包括政治、经济、社会、文化等各个领域的发展战略、总体规划、指导方针和主要措施,提出党的主张和意见,形成决策建议,区别不同情况,依照法律程序付诸实施;做好党的组织、国家政权机关、群众团体和各种社会组织的协调工作。用党的路线方针政策协调各种组织的思想和行动；引导它们互相配合、齐心协力地进行工作；更好发挥党驾驭矛盾和总揽全局的作用；向地方国家政权机关推荐重要领导干部。对干部要通过法定程序产生和任命；做好党的建设、思想政治工作和群众工作。

再次，逐步完善地方法规体系，进一步做到有法可依、有章可循。党委尊重人大地方国家权力机关的地位，支持人大及其常委会依法行使职权的特点更加明显，人大的立法和监督职能得以切实行使。逐步把同级人大工作列入市委重要议事日程，听取人大常委会党组的汇报，全面研究人大的工作。上级党委的重要指示和本地区的重要情况及时向人大常委会党组传达通报，使他们了解全局，更好地开展工作。支持人大尽快制定和完善有关保障公民权利、维护社会安定和人民正常生活等方面的法规和制度。对社会公众特别是各级领导干部继续加强法制教育，提高公民的法律意识，使他们牢固树立法制观念。每个领导者都要自觉地依法办事，成为维护法律尊严的模范。提出适当时候召开市民主法制工作会议，总结交流加强社会主义民主法制建设的经验。1989年12月，中共北京市委六届八次会议强调，要加强党的领导，维护政治稳定，保证治理整顿和深化改革任务的顺利实施。紧密围绕治理整顿和深化改革的目标和任务，加强法制建设和管理。对国家制定的有关法律法规和规章制度，要结合北京实际，制定实施办法。尤其要充实和完善一系列经济法规，将理顺的经济关系确定下来，将各种经济活动和经济行为纳入严格的法律约束之下，以确立正常的经济秩序。1991年，中共北京市委《关于北京市国民经济和社会发展十年规划和第八个五年计划纲要的建议》提出，社会主义法制建设，重点是依法治市，在首都的社会生活、经济生活、政治生活中，不断提高法制化、制度化水平。加速完善行政规章，重点抓好法规配套及专业化法规体系的建立。逐步完善城市规划、建设和管理的法规体系；完善经济管理（包括涉外经济）、文化卫生管理、社会治安管理等法规、规章，使各方面的经济关系和经济活动有法可依。对国家陆续出台的基本经济法律、法规，抓紧制定相应的实施细则。

根据北京市委决定，市九届人大及其常委会（法规统计时间为1988年1月—1993年2月）进一步将经济立法摆在重要位置。共制定、修改、废止了32项地方性法规，其中制定30项、修改1项、废止1项。其中，宪法类6项、行政法类13项、经济法类7项、社会法类4项；开始出现民商法类立法，为2项。在制定的地方性法规中，主要包括：（1）有关保障改革开放、加强经济建设与城市管理方面，有 13 项，占 43.3%，包括《北京市城市规划条例》、《北京市农业联产承包合同条例》、《北京市实施〈中华人民共和国土地管理法〉办法》、《北京市实施〈中华人民共和国水土保持法〉办法》、《北京市实施〈中华人民共和国大气污染防治法〉条例》、《北京市水资源管理条例》、《北京市城市节约用水条例》、《北京市城市绿化条例》、《北京市郊区植树造林条例》、《北京市价格监督检查条例》、《北京市中外合资经营企业工会条例》、《北京市实施〈中华人民共和国渔业法〉办法》和《北京市实施〈中华人民共和国野生动物保护法〉办法》。（2）有关保障公民权益、维护社会安定方面，有 8 项，占 26.7%，包括《北京市未成年人保护条例》、《北京市残疾人保护条例》、《北京市保护消费者合法权益条例》、《北京市社会治安综合治理条例》、《北京市禁止赌博条例》、《北京市实施〈中华人民共和国集会游行示威法〉办法》、《北京市实施〈中华人民共和国城市居民委员会组织法〉办法》、《北京市保障律师执行职务若干规定》。（3）有关发展教育、文化、卫生事业方面，有 5 项，占 16.7%，包括《北京市职工教育条例》、《北京市中等职业技术教育条例》、《北京市图书报刊音像市场管理条例》、《北京市计划生育条例》、《北京市公民义务献血条例》。（4）有关加强人民代表大会制度建设方面，有 4 项，占 13.3%，包括《北京市人民代表大会常务委员会议事规则》、《北京市人民代表大会议事规则》、《北京市乡、民族乡、镇人民代表大会组织条例》、《北京市实施〈中华人民共和国全国人民代表大会和地方各级人民代表大会代表法〉办法》。上述法规和决定，使许多方面的工作进一步有法可依，进一步加强了立法工作和法律实施的监督检查工作，无法可依和有法不依的状况有了较大改变。

自 1979 年北京市人大常委会成立以来，经过三届人大及其常委会的任期，形成了北京市地方立法的初步成果。截至 1993 年 2 月，北京市人大及其常委会在中央和北京市委的领导下，共制定、修改、废止 64 项地方性法规，几乎涵盖了我国关于宪法、行政法、经济法、民商法、诉讼法、社会法等法律部门的法规需求。本着成熟一个制定一个的原则，立法领域涉及了民主政治建设、经济建设、城市建设与环境保护、科教文卫、公民权益保障等方面，但是从立法数量上看，立法供给数量仍然较少，尚难以满足北京经济社会发展的实际需要。

二 加速发展阶段（1993—2002年）

（一）党领导北京市十届人大及其常委会的立法

1992年，中国共产党第十四次全国代表大会作出了建立社会主义市场经济体制的重大战略决策，明确提出社会主义市场经济体制的建立和完善必须有完备的法制来规范和保障。江泽民指出，人大及其常委会就是通过立法、监督等职能，搞好民主法制建设，来服务于经济建设这个中心。"全党都要高度重视法制。全国人大及其常委会要把经济立法作为第一位的任务，放在最重要的位置，在本届任期内尽快出台一批重要的经济法律。省级人大及其常委会也要抓紧制定经济方面的地方性法规。"1993年3月29日，八届全国人大一次会议通过《宪法》修正案，把"国家实行社会主义市场经济"和"国家加强经济立法，完善宏观调控"等内容写进国家根本大法，标志着我国经济立法方面进入了一个新的发展阶段。

适应建立社会主义市场经济体制的客观需要，以经济立法为核心，同时完善刑事法律，规范和监督权力的行使，并增强对环境和资源保护的立法。北京市地方立法的数量大幅增加，立法领域不断丰富和充实。同年12月召开的北京市第七次党代会指出，"全市各级党组织要认真执行党章规定，按照十四大关于加强党的建设和改善党的领导的要求，遵循党的基本路线，坚持党要管党和从严治党，努力提高党的执政水平和领导水平，紧密结合首都改革和建设的实际，全面提高党的战斗力，充分发挥党的领导核心作用。加快实施依法治市步伐，适应经济体制改革的新形势和社会主义市场经济要求，抓紧制定经济领域的法规，完善地方性法规体系，使首都的政治生活、经济生活和社会生活逐步走上规范化和法制化的轨道"。在这一阶段，北京市委加强依法治市工作的领导，推进地方立法工作，提高立法质量，基本建立起与发展社会主义市场经济体制相适应的、与国家法律法规相配套的地方性法规、规章体系。

市十届人大及其常委会（法规统计时间为1993年2月—1998年1月）共制定、修改、废止地方性法规110项，其中制定76项、修改32项、废止2项，是立法总数最多的一届。包括宪法类7项、行政法类42项、经济法类33项、民商法类9项、社会法类12项，行政法和经济法成为立法中的主要法律部门。

这一时期的立法领域主要涉及：（1）适应建立社会主义市场经济体

制的需要，加快经济立法步伐。一是在规范市场主体方面，制定了《北京市外商投资企业清算条例》、《北京市外商投资企业解散条例》、《北京市农村股份合作企业暂行条例》等法规；二是在维护市场秩序方面，制定了《北京市经济技术开发区条例》、《北京市乡村集体企业承包经营条例》、《北京市建筑市场管理条例》、《北京市人才市场管理条例》等，制定、修订了《北京市反不正当竞争条例》、《北京市产品质量监督管理条例》、《北京市价格监督检查条例》等法规；三是在保护资源方面，制定了《北京市基本农田保护条例》、《北京市农村集体所有荒山荒滩租赁条例》等法规。(2)根据首都城市现代化建设的需要，加强了城市建设和管理方面的立法。制定了电信通信、道路运输、市容卫生、出租汽车、外地来京务工经商人员管理等一批法规。(3)坚持"两手抓，两手都要硬"方针，突出了精神文明建设方面的立法。制定了十多项发展教育、科技，繁荣文化市场，净化社会风气，弘扬精神文明的法规。(4)从保护人民群众的根本利益出发，积极进行立法。制定了专门维护妇女、残疾人、老年人等不同群体公民合法权益的法规。(5)着眼于坚持和完善人民代表大会制度，抓紧完善常委会职能的立法。制定了常委会组成人员守则、两项有关代表工作的条例、常委会监督司法工作条例以及市政府向市人大常委会报告重大事项的规定。

在"市场经济就是法制经济"的提法下，党领导北京市立法工作进入一个全面提高的阶段。主要进展情况表现为：一是在八届全国人大常委会制定了立法规划后，北京市人大常委会专门召开经济立法工作座谈会，参照全国人大常委会的立法规划，提出一批本市迫切需要制定的法规规章项目，相应制定了立法规划和年度立法计划，促进党领导立法有计划、有步骤、有重点进行；二是立法步伐加快，制定的地方性法规数量明显增加；三是立法所涉及的领域不断拓宽，立法内容不仅包括经济方面，还发展到环境保护、资源利用、文物、教育、科学、文化等各个领域；四是理顺立法流程，提高立法效率和质量。在北京市委统一领导下，明确参与立法的政府、两院和各主管部门、相关部门、法制部门等的责权利，制定具体的立法程序，采取比较科学可行的立法技术，注重配合，加强衔接协调，形成立法合力，追求立法民主和效率的统一。

但这一阶段北京市立法出现了"立法膨胀"的趋势。总体上而言，立法速度过快，重视制定新法，却相对忽视对旧法的修改、补充和完善。

同时，在从计划经济向市场经济转型过程中，立法部门利益化倾向初现端倪，开始表现出"政府权力部门化，部门权力利益化，部门利益法制化"。这成为之后在党领导北京市立法进程中，北京市委、市人大及其常委会努力化解、消减的立法障碍，以提高立法的民主化、科学化程度。

（二）党领导北京市十一届人大及其常委会的立法

随着社会主义市场经济体制的逐步建立、对外开放水平的不断提高、民主法制建设的深入推进和各项事业的全面发展，为响应党的十五大报告提出建设社会主义法治国家的基本方略，1997年12月，中国共产党北京市第八次代表大会报告要求，要加快制定和不断完善适应社会主义市场经济要求的地方性法规和规章，特别是经济法规，努力提高立法质量。加强党对依法治市工作的组织领导，有步骤地修订和完善依法治市工作纲要，以更好地适应首都改革、发展和稳定的需要。报告首次明确提出了党委对立法工作的领导。

这期间，全国人大及其常委会为保障和促进社会主义市场经济的发展，适应加入世界贸易组织的需要，继续抓紧开展经济领域立法，同时规范国家立法活动，健全立法制度，加强在发展社会主义民主、繁荣社会主义文化、保护生态环境、发展社会事业等方面的立法。北京市人大及其常委会在国家立法背景下，围绕中心、服务大局，坚持立法决策与改革发展稳定决策相结合，进一步加强立法工作，更好地发挥立法对改革与发展的引导、推进和保障作用，为首都改革发展稳定提供法制保障。

2000年1月，市人大常委会党组较为准确地概括了这一时期的北京市党领导立法的特点。

第一，突出立法重点，积极为首都两个文明建设提供法制保障。常委会根据首都的城市性质和功能，把促进经济发展、加强城市管理、推动精神文明建设作为立法的重点，仅1999年审议通过这些方面的地方性法规和法规性决定就有8项，占全年立法总数的2/3。经济发展方面，常委会制定了《旅游管理条例》、《森林资源保护管理条例》和《实施节约能源法办法》3项法规。城市管理与环境保护方面，审议通过《城市河湖保护管理条例》，修改了《"两库一渠"水源保护管理条例》，作出了进一步落实大气污染防治措施努力改善环境质量的决议。精神文明建设方面，常委会制定体育设施管理条例，初步审议奖励和保护见义勇为人员条例草案。

第二，改进立法工作，突出科学立法。一是全面贯彻北京立法规划确定的原则,坚持法制统一、突出特色,坚持统筹兼顾、实事求是,有计划、有秩序地开展立法工作,使立法前期准备比较充分,避免临时立项、仓促上马的现象发生;二是坚持立、改、废并举,保证现行法规的总体质量。根据近年来国家立法的情况和北京市改革发展的新形势,2000年要按照集中清理、全面审查、制定计划、逐年修订的原则,对1998年年底以前制定的124件现行地方性法规进行一次清理和审查。重点解决因国家法律、行政法规出台或修订,导致北京市地方性法规与法律、行政法规不一致的问题,以及地方性法规与实际情况不相适应的问题;三是完善法规审议程序,实行两次审议制度,法规的审议比过去更为充分,法规草案的修改更为从容和严谨,使提高立法质量有了可靠的制度保证。在国家立法法即将出台之际,根据实施立法法的需要,结合本市的地方立法实践,抓紧起草本市关于地方立法程序的规定,拟定出科学、具体、符合实际的程序和规范,以促进立法质量的提高;四是贯彻依靠群众、民主立法的原则,在制定关系广大人民群众切身利益的法规时,将法规草案登报,公开征集市民意见,使法规内容充分反映民意。

2000年7月1日,《中华人民共和国立法法》施行。立法法是关于我国立法制度的重要法律,对规范地方立法工作具有重要的意义。北京市人大及其常委会及时组织市人大代表和常委会组成人员认真学习,并通过参加26省市立法座谈会,京、津、沪、渝4市座谈会,共同研究贯彻立法法问题。起草了北京市制定地方性法规条例草案。其中关于实行统一审议制度的规定,是对本市立法工作格局的重大调整,既肯定了统一审议机构的地位和作用,又明确了其他工作机构的职责。人大常委会将履行好宪法法律赋予的职责,做好党领导立法的载体。首先,以"三个代表"重要思想为指导,围绕中心,服务大局。人大常委会在依法行使各项职权的过程中,认真体现"三个代表"的精神,紧紧围绕经济建设中心,把工作的着力点放在社会经济生活亟待解决的重大问题、关系首都可持续发展的根本问题、人民群众密切关注的热点难点问题上,有效地发挥了地方国家权力机关的作用。其次,注重提高立法质量,促进立法决策民主化、科学化。常委会在提高立法质量上有了新的进步。立法先是做到了突出重点、少而精;立法前期调研工作深入扎实,对立法的难点反复研究论证;重要法规广泛征求社会和相关单位的意见,邀请专家参与的广度和深度超过往年;常委会在审议中集思广益,从改革发展的实际需要出发,敢于在矛盾的焦点上进行规范。这些做法有效地促进了立法质量的提高。

根据《中华人民共和国立法法》关于"地方性法规草案由负责统一审议的机构提出审议结果的报告和草案修改稿"的规定，2001年2月，市十一届人民代表大会第四次会议决定设立法制委员会。法制委员会是市人民代表大会设立的首个专门委员会。10月，中共北京市委召开了第一次人大工作会议，做出了关于加强人大工作的决定，推动人大工作的领导体制和工作机制逐步完善。全年审议通过法规案23项，其中新制定6项，修订14项，废止3项，初审4项，是立法数量较多、质量较好的一年。

根据立法法的要求，在1999年实行统一审议基础上，建立和实行统一审议制度。市十一届人大四次会议决定设立法制委员会，并审议通过了《北京制定地方性法规条例》，改变了长期以来立法由常委会工作机构一抓到底的做法，确立了由法制委员会负责统一审议的制度。形成了工作委员会提出审查意见，法制委员会负责统一审议，常委会审议、决策的新格局，进一步明确法制委员会在统一审议中的工作任务、原则和方法，完善了市政府报送的地方性法规案审查、审议工程程序。在统一审议中，法制委员会坚持民主集中制原则，围绕重点反复论证，认真听取各方面意见，加强沟通、协调和反馈，为常委会立法决策提供依据。一年来的立法实践，显示了实行统一审议制度在维护法制统一，防止和克服不适当扩大部门利益等方面的积极作用。

第三，抓好重点环节，进一步提高常委会审议质量。抓住抓好法规起草、初审、统一审议、常委会审议等重点环节，在法规起草阶段，法制委员会和常委会有关工作机构，注意提前介入，加强同法规起草部门沟通和联系。在法规草案初审阶段，有关工作委员会在深入调查研究、听取各方面意见基础上，对法规草案提出审查意见和修改建议稿。在统一审议阶段，法制委员会仔细研究法规一审中常委会组成人员、相关工作委员会等方方面面的意见，根据我国法律和市情，慎重决定取舍，提出审议结果报告、修改稿和表决稿。在常委会审议阶段，一般经过两次会议审议，对问题比较复杂的，实行三次会议审议，确保法规质量。通过抓好上述几个环节的工作，形成了各方共同努力，不断提高常委会审议质量的有效机制，使审议通过的法规质量有明显提高。例如，常委会制定的促进私营个体经济发展条例，以促进发展为宗旨，以创造公平竞争环境为重点，坚持权益保护与支持引导相结合，在进出口、融通资金、户口准入等方面规定了多项鼓励政策，解决了私营个体经济在市场准入、经营环境、权益保护等方面存在的问题，具有较强的针对性和可操作性。再比如，教育条例是一项创制性法规，它填补了教育方面的立法空白。在倡导对3周岁以下婴幼儿开展早期教育，依托社区发展多种形式学前教育，实行公办和民办在政策上一视同仁等方面作出了创制性规定。这对于促进学前教育事业的发展，提高人口素质，具有重要作用。

第四，适应新形势，及时进行法规清理、修改和废止。根据我国加入世贸组织的新情况和经济体制改革、政府职能转变的客观要求，常委会把法规清理、修改、废止作为一项重要工作，对全市125件现行有效的地方性法规集中进行了清理，力求与世贸组织协议相一致。为加快法规修订工作，常委会从实际出发，对修改内容较少的法规，合并审议通过；对修改内容较多的法规，逐项审议，必要时经过两次会议审议通过。此外受全国人大常委会委托，对政府采购法等13项法律草案进行了征集意见的工作。

第五，适应新形势的要求，提高立法水平。一是加强立法调研，及时制定实施国民经济社会发展第十个五年计划亟须的地方性法规，更好地发挥立法对改革发展的引导、促进和保障作用。二是加快法规修订工作，在全面清理的基础上，根据轻重缓急，分期分批进行修订，以保证法规的有效性和国家法制的统一。三是认真贯彻实施立法法和将要审议通过的本市制定地方性法规条例，健全统一审议机构，实行统一审议制度。制定和修订土地管理法实施办法、市容环境卫生管理条例、发展个体和私营经济条例等7部地方性法规。要把提高立法质量贯穿于立法的全过程，继续坚持立法工作走群众路线，采取座谈会、论证会、听证会等多种形式，广泛听取群众意见，促进立法决策的科学化、民主化。

市十一届人大及其常委会（法规统计时间为1998年1月—2003年3月）共制定、修改、废止地方性法规67项，其中制定35项，修改28项，废止4项，涉及宪法类9项、行政法类33项、经济法类20项、民商法类3项、社会法类2项。立法领域包括：（1）以经济建设为中心，把经济立法摆在突出位置。制定和修订了《中关村科技园区条例》、《北京市促进私营个体经济发展条例》、《北京市招标投标条例》、《北京市农业承包合同条例》等十余项法规，对北京市经济持续快速健康发展发挥了引导、推进和保障作用。（2）以建设现代化国际大都市为目标，加强城市管理和环境保护方面的立法。制定和修订了《北京市实施〈中华人民共和国大气污染防治法〉办法》、《北京市实施〈中华人民共和国水污染防治法〉办法》、《北京市市容环境卫生条例》等7项法规，为城市管理提供了有力的法律支持。还制定了《北京市人民防空条例》、《北京市实施〈中华人民共和国防洪法〉办法》、《北京市实施〈中华人民共和国防震减灾法〉办法》，修订了《北京市消防条例》，对于增强城市防灾能力，保护人民生命财产安全，具有重要作用。（3）以繁荣先进文化为方向，加强精神文明方面的立法。一是在全面提高公民科学文化素质方面，制定了《北京市科学技术普及条例》、《北京市学前教育条例》，修订了《北京市专业技术人员继续教育规定》。二是在繁荣首都文化事业、弘扬中华民族优秀传统文化方面，制定了《北京市博物馆条例》、《北京市图书馆条例》、《北京市中医发展条例》。三是在倡导良好道德风尚方面，制定了《北京市见义勇为人员奖励和保护条例》、《北京市动员组织公民献血条例》。这些法规对建设"首善之区"，强化首都文化中心功能，提高市民素质和社会文明程度发挥了积极作用。（4）以发展社会主义民主为己任，加强建设民主政治、保障公民权益方面的立法。一是制定了《北京市实施〈中华人民共和国村民委员会组织法〉若干规定》和《北京市村民委员会选举办法》，修订了《北京市区、县、乡、民族乡、镇人民代表大会代表选举实施细则》，推动了北京市基层民主政治建设。二是制定了《北京市少数民族权益保障条例》、《北京市宗教事务条例》，修订了《北京市实施〈中华人民共和国工会法〉办法》，维护和保障了公民合法权益。

随着中国特色社会主义法律体系的初步形成，北京市的地方立法工作也取得了显著成绩。一是立法数量大幅提高，经济立法位置突出。截至2002年年底，北京市现行有效的地方性法规已有126项，涉及民主政治建设、经济建设、城市建设管理、精神文明建设、人民合法权益保障等诸多领域，其中经济立法的数量最多。这些地方性法规连同市政府制定的规章，与国家法律、行政法规衔接配套，基本上适应了首都现代化建设的需要。二是形成了以行政法类和经济法类为主体，包含宪法类、民商法类、诉讼法类、社会法类等在内的法律部门体系。三是与探索发展阶段相比较，修改、废止地方性法规的数量及所占比例有了显著提高。尽管这一时期的立法数量大幅增加，但是在完善立法工作机制、提高立法质量方面仍有待加强。

三 奥运立法阶段（2003—2008年）

进入21世纪，中国共产党第十六次全国代表大会确定，在21世纪头20年全面建设惠及十几亿人口的更高水平的小康社会目标。为了使社会主义民主更加完善，社会主义法制更加完备，依法治国基本方略得到全面落实，更好保障人民权益和社会公平正义，促进社会和谐，国家立法机关进一步加强立法工作，不断提高立法质量。随着首都改革开放和现代化建设进入新的发展阶段，"新北京、新奥运"的战略构想对人大工作提出新的更高要求。2002年，市九次党代会提出，要以邓小平理论和"三个代表"重要思想为指导，深入学习贯彻党的十六大精神，认真落实中央的一系列重大决策和部署，以"新北京、新奥运"为主题，以加快发展为总的基调，以改革创新为强大动力，以提高人民生活水平为根本出发点，保持首都经济持续快速健康发展，促进社会主义物质文明、政治文明和精神文明的协调发展，正确处理改革发展稳定的关系。为落实依法治国的各项任务，市委领导认真做好地方性法规和规章的"立改废"工作，提高立法质量。北京市第十二届人大及其常委会立法以"奥运立法"为标志性特点。

2004年10月，市委九届八次全体会议首次明确提出党领导立法应该履行的职责，即要积极推进党的领导方式和执政方式的规范化、制度化、程序化。规范地方党委统揽全局、协调各方的工作体制，充分发挥党委对同级人大、政府、政协等各种组织的领导核心作用，充分发挥这些组织中党组的领导核心作用。要按照把握方向，谋划全局，提出战略，制定政策，推动立法，营造良好环境的要求，履行好党委的领导职责。加强党对立法工作的领导，认真研究立法规划和重要的法规草案，使立法工作更好地服务首都工作大局。2005年10月，市委召开第二次人大工作会议，贯彻《中共中央转发〈中共全国人大常委会党组关于进一步发挥全国人大代表作用，加强全国人大常委会制度建设的若干意见〉的通知》精神，提出《中共北京市委关于进一步加强和改进人大工作的意见》，进一步推动人大工作的体制、机制和制度建设。按照《意见》中提出的"本届内健全市人大专门委员会"精神，2006年1月，市十二届人民代表大会第四次会议在已设立四个专门委员会的基础上，决定设立城市建设环境保护委员会、农村委员会、民族宗教侨务委员会3个专门委员会。3月，市十二届人大常委会第五十二次主任会议通过《北京市人大常委会会议工作程序（试行）》；6月，市十二届人大常委会第五十九次主任会议通过《北京市人民代表大会会议工作程序（试行）》等。这些规则的建立完善，进一步规范了市人民代表大会、常务委员会会议的程序和组织方式以及主任会议的功能和作用。

在2006年召开的市委九届十二次会议上，审议通过了《中共北京市委关于构建社会主义和谐社会首善之区的若干意见》，要求深入贯彻依法治国基本方略，大力推进依法治市，加快建设现代化法治城市。坚持科学立法、民主立法，加强和改进立法工作，着力完善发展民主政治、保障公民权利、推进社会事业、健全社会保障、规范社会组织、加强社会管理等方面的法规规章。北京市人大及其常委会着眼于保证宪法和国家法律的实施，着眼于首都改革开放和现代化建设的需要，坚持以科学发展观为指导，以维护广大人民群众根本利益为出发点和归宿，以提高立法质量为着力点，不断加强和改进立法工作。

市十二届人大及其常委会（法规统计时间为2003年3月—2008年1月）共制定、修改、废止地方性法规66项，其中制定34项，修改21项，废止11项。从所属法律部门看，包括宪法类14项，行政法类33项，经济法类12项，民商法类3项，社会法类4项。为推进首都的科学发展和社会和谐，举办一届有特色、高水平的奥运会提供了有力的法制保障。

1. 各立法领域均衡发展。在这些地方性法规中，涉及民主政治建设类的有13项，经济建设类的有10项，城市建设、管理和环境保护类的有13项，教科文卫体类的有11项，社会类的有12项，各领域立法数量差距不大，其中经济建设类立法相对较少，不同于加速发展阶段。2008年8月8日，第二十八届奥运会、残奥会在北京举行。为此，北京市紧紧围绕"新北京、新奥运"战略构想，专门开展奥运立法，制定、修订了《北京市志愿服务促进条例》、《北京市无障碍设施建设和管理条例》、《北京市全民健身条例》等十多项法规，作出了支持举办奥运会和进一步加强法治环境建设两项决议，为成功举办奥运会创造了良好的法治环境。

2. 进一步完善立法工作机制。这一时期北京市的地方立法工作更加注重立法的科学性、民主性，注重立法质量的提高。为此，北京市人大常委会认真执行《立法法》和《制定地方性法规条例》，建立了立法公示、立法听证等制度，从立法规划的制定、法规草案的起草到法规草案的审议全过程，吸收人大代表与人民群众的参与。主要表现在以下几个方面。

第一，制定国家法律实施办法，保证宪法和国家法律实施。五年来，常委会制定、修订国家法律实施办法 35 项，占立法项目总数的 55%。根据国家法律的要求和北京市实际情况，先后制定了实施水法办法、实施文物保护法办法、实施道路交通安全法办法、实施气象法办法、实施民办教育促进法办法、实施国防教育法办法、实施渔业法办法、实施代表法办法等。这些地方性法规成为中国特色社会主义法律体系的组成部分，为国家法律的有效实施提供了保障。

第二，从首都发展实际需要出发，增强立法的针对性。常委会坚持国家法制统一原则，在不同宪法、法律和行政法规相抵触的情况下，突出首都特色，适应全市改革发展稳定的实际需要，抓住经济社会生活中的突出矛盾和人民群众迫切要求解决的突出问题，注重增强立法的针对性和可操作性。2003 年，针对中小学生在校期间出现人身伤害事故以及出现事故后法律关系不清晰、权利责任不明确的问题，制定了中小学生人身伤害事故预防与处理条例；修订了未成年人保护条例。2004 年，针对一些地方和单位出现重大安全生产事故，为了保障人民群众的生命财产安全，制定了安全生产条例和大型社会活动安全管理条例；针对"非典"和禽流感疫情，为了防控疫情传播，保障人民群众生命健康和安全，制定了实施动物防疫法办法，修订了实验动物管理条例。2005 年，为妥善处理城市现代化建设与历史文化名城保护的关系，制定了历史文化名城保护条例；针对建设创新型城市，促进科技创新的需要，制定了专利保护和促进条例；为了满足人民群众在春节期间安全有序地燃放烟花爆竹的强烈愿望，制定了烟花爆竹安全管理规定。2006 年，针对北京市精神疾病患病率明显上升的趋势，制定了精神卫生条例；根据宗教事务管理的实际需要，修订了宗教事务条例。2007 年，针对广大人民群众对食品安全的迫切要求，制定了食品安全条例。这些地方性法规，为解决首都经济社会发展中面临的新情况新问题提供了法制保障，维护了人民群众的根本利益，促进了各项事业的发展。

第三，推进科学立法、民主立法，提高立法工作的质量。常委会坚持把科学立法、民主立法作为提高立法质量的内在要求，贯穿于立法活动的整个过程。一是遵循正确的立法宗旨。深入贯彻落实科学发展观，坚持以人为本，切实维护人民群众的合法权益，统筹兼顾广大人民的根本利益、现阶段群众的共同利益和不同群体的特殊利益。2005年，在制定烟花爆竹安全管理规定时，将原来的禁放修订为春节期间的限时段、限地点、限品种燃放，满足了大多数群众的文化需求，协调了不同群体的利益关系，保障了人民群众的生命财产安全，增强了法规的权威性和严肃性。二是不断完善立法工作体制。认真执行《立法法》和制定地方性法规条例，形成了市人大法制委员会统一审议，人大专门委员会和政府部门分工合作，人大代表积极参加，人民群众有序参与，专家顾问咨询参谋，市人大常委会审议通过的立法体制和工作机制。发挥首都法律专家的优势，市人大常委会聘请了19位法律专家作为法制建设顾问，建立了由170多位专家组成的立法咨询专家库。这一体制和工作机制，增强了常委会在立法工作中的主导作用，发挥了人大专门委员会和市政府及有关部门的积极性，有利于防止和克服立法工作部门化和部门利益法制化偏向，增强了立法工作的科学性，提高了地方法规的质量。三是逐步健全立法工作的民主参与机制。建立了人大代表、人民群众参与立法工作的机制和立法公示、立法听证制度。2003年，常委会向社会公开征求对五年立法规划草案的意见，收到群众意见2000多件，涉及立法项目建议98项，其中36项被采纳。在制定养犬管理规定工作中，委托抽样调查了5000户居民意见，并将法规草案向社会公布，7天收到群众意见5300多件次。2007年，在制定食品安全条例时，组织全体市人大代表参加了讨论，为提高法规质量奠定了良好基础。

第四，搞好专项立法，创造良好法制环境。市人大及其常委会作为地方国家权力机关，在举办一届有特色、高水平奥运会中发挥了重要的职能作用，将奥运会及各项附产品纳入规范化、法制化轨道，形成了奥运立法模式。市人大常委会根据奥运会、残奥会筹备和举办工作的需要，将有关的立法项目纳入五年立法规划和年度立法计划。比如借奥运会召开之机，将无障碍设施建设纳入国民经济和社会发展计划，制定了无障碍设施建设和管理条例，明确各级政府建设、改造和监管无障碍设施的责任；制定全民健身条例，强调各级政府对体育健身工作的领导、服务职能，确定了政府倡导、社会支持、全民参与的原则，将全民健身活动纳入规范化、法制化轨道；制定志愿服务促进条例，规范了志愿服务人员、志愿服务组织、志愿服务活动的权利和义务，明确了政府与社会支持和促进的责任；修订市容环境卫生条例，将农村地区的环境卫生管理纳入调整范围，加强对公共服务设施的规范和管理,加大对"小广告"、违法建设的打击力度,为开展城市环境治理工作提供法律支持。2007 年,作出了关于为顺利筹备和成功举办奥运会进一步加强法治环境建设的决议,对市政府在国家法律范围内采取一些临时性措施作出了一定的授权,并从加强立法、严格执法、自觉守法等方面,对国家机关、法人和公民提出了明确的要求。

四 科学发展阶段（2009—2013 年）

2007 年,市十次党代会强调,要坚持党的领导、人民当家做主和依法治国有机统一的原则,坚持和完善人民代表大会制度,支持人大及其常委会依法履行职能,充分发挥作用。全面落实依法治国方略,加强地方立法工作,完善立法体制,提高立法质量,使地方立法与中国特色社会主义法律体系相配套、与首都现代化建设相适应。

（一）加强重点领域立法,立足于提高立法质量

市十三届人大及其常委会继续深入贯彻落实科学发展观,积极应对国际金融危机挑战,全面推进"人文北京、科技北京、绿色北京"建设,紧紧围绕首都发展和人民群众的需要开展立法工作,把保证国家法律实施、促进首都科学发展、加强城市管理服务、保障公民合法权益和规范约束权力运行等方面的立法作为重点。立足于提高立法质量效果,改进和创新立法工作格局。

1. 在转变经济发展方式、推动科学发展方面,制定了《中关村国家自主创新示范区条例》、《城乡规划条例》、《绿化条例》、《河湖保护管理条例》、《湿地保护条例》、《实施节约能源法办法》、《农业机械化促进条例》等法规。在保障公民基本政治权利和规范政府权力运行方面,修订了《区、县、乡、民族乡、镇人民代表大会代表选举实施细则》,实施《村委会组织法若干规定》、《村民委员会选举办法》,制定了《审计条例》和《规范性文件备案审查条例》。

2. 将加强社会领域立法,促进全面协调可持续发展；统筹兼顾各方面利益,保障公民基本权利,维护社会公平正义,作为立法工作的重点任务。先后制定了《北京市实施〈中华人民共和国突发事件应对法〉办法》、《北京市法律援助条例》、《北京市生活垃圾管理条例》、《北京市就业援助规定》、《大型群众性活动安全管理条例》、《安全生产条例》、《消防条例和食品安全条例》、《实施义务教育法办法》、《实施妇女权益保障

法办法》、《实施残疾人保障法办法》等地方性法规,初审了《实施防震减灾法》规定。

3. 重视法规清理工作。按照全国人大常委会的统一部署,常委会对北京市现行有效的法规进行了两次清理工作,解决了法规规定中存在的与上位法和首都经济社会发展不一致、不适应、不协调的问题。

(二)完善立法工作格局,加强立法工作的整体统筹

针对立法工作中存在的部门作用强、整体统筹弱,法规起草与审议脱节的问题,立法工作座谈会确定了新的立法工作格局。在建设"人文北京、科技北京、绿色北京"的新形势下,在纪念北京市人民代表大会设立常务委员会30周年之际,2009年12月,中共北京市委召开第三次人大工作会议。转发《中共北京市人大常委会党组关于做好当前人大工作的若干意见》,针对成功举办奥运会后首都发展进入的新阶段和人大工作面临的新形势,提出了完善人大工作方式,提高工作质量和实效,推进制度、机制、方法创新,努力有所作为的要求。市人大及其常委会以科学发展观为指导,提出"围绕中心、服务大局,坚持制度、发挥优势,完善方式、增强实效"的工作思路,以此安排市人大常委会各项工作。适应形势发展的需要,市人大常委会适当增加了一些驻会委员,由驻会的专门委员会副主任委员兼任常委会工作机构副主任。

2009年,市人大常委会与市政府共同召开立法工作座谈会,针对立法工作中存在的部门作用强、整体统筹弱,法规起草与审议相脱节的问题,确定了新的立法工作格局,即:坚持市委对立法工作的领导,增强市人大常委会在立法工作中的主导作用,发挥市政府在法规制定中的基础作用,加强市人大常委会和市政府相互之间及内部各部门之间统筹协调。按照这样的工作格局,常委会坚持将五年立法规划和年度立法计划、重要法规草案以及立法工作中的一些重要问题及时报市委研究,保证市委的主张按照法定程序成为国家意志;常委会主持制订立法规划和立法计划,负责法规立项论证,统筹协调法规起草、审议、修改、立法后评估、法规清理等重要立法环节工作,并加强对市人大各专门委员会和常委会工作机构立法工作的沟通协调;市政府进一步加强了各部门立法工作的整体统筹;常委会与市政府之间建立起多层面、多渠道的沟通协调机制,从而形成完整的立法工作链条,有效地保证了人民参与立法的权利,有效防止立法部门化。

（三）建立健全立法工作机制，推进科学立法、民主立法

在坚持立法公开征求意见等民主参与机制的同时，制定并实施了一些科学立法与民主立法有机结合的立法工作机制。一是开展法规立项论证工作。为加强常委会对立法工作的整体统筹，在市政府提出立项报告的基础上，由市人大相关专门委员会在深入调查研究、广泛听取民意的基础上，就立法的必要性、可行性、合法性、立法宗旨、立法内容、核心条款以及法规效果预期等问题进行论证，由主任会议讨论决定与否。市十三届人大常委会期间共对36项法规项目进行了立项论证，主任会议同意立项31项，其中20项已经常委会审议通过。二是开展立法后评估工作。为了检验法规的实施效果，常委会于2008年奥运会后，对与奥运相关的18项法规和1项决议开展了立法后评估。之后逐年推进，先后对养犬管理规定、历史文化名城保护条例、实施动物防疫法办法、学前教育条例等法规开展了立法后评估。通过对法规实施的情况和效果评估，对法规的立法宗旨、法规质量、适用情况及存在问题等方面进行检查评价，总结经验教训，为法规的进一步实施奠定基础。三是开展法规预案研究工作。针对一些事关首都科学发展和人民群众根本利益，迫切需要通过立法解决，但涉及的矛盾比较复杂不宜马上进入立法程序的项目，常委会成立项目工作组和课题组，对制定控制吸烟条例、基本住房保障条例、农村宅基地和农民住宅条例、修订养犬管理规定等，探索开展了法规预案研究工作，明显提高了立法的科学化水平，为下一步立法工作夯实了基础。此外，常委会还改进了五年立法规划编制工作和法规草案审议程序，建立了立法语言专家咨询制度。

总的来看，市人大常委会适应新的形势任务，不断提高立法质量，明确立法价值取向，完善立法工作格局，健全立法工作机制。五年期间制定和修订地方性法规26项，集中简易修改21项，废止10项，为首都科学发展提供了制度支持和法制保障。

2014年市委召开第四次人大工作会议，进一步推动人民代表大会制度在首都的发展完善。通过贯彻这四次市委人大工作会议精神，全市各级党组织、国家机关和人民群众对人民代表大会制度的认识不断加深，坚持和完善人民代表大会制度的自觉性不断增强，市人大及其常委会的工作迈出了新的步伐。面对首都改革发展过程中出现的新情况、新问题，市人大及其常委会在市委的坚强领导下，以完善立法工作方式为抓手，通过召开

立法工作研讨会、座谈会等方式，进一步明确立法工作理念，优化立法工作格局，健全完善立法工作机制，有效发挥立法对于深化改革、科学发展、治理城市病的引领、推动和保障作用，努力推动相关问题的解决。历经十四届，北京市共举行市人民代表大会会议53次，召开市人大常委会会议245次，制定地方性法规311件，现行有效的148件；听取审议各项工作报告1250多项，作出相应的决议或决定250多件，选举和任免国家机关工作人员8200多人次。全市各级人大代表依法履行职责，积极开展视察、评议、联系选民或选举单位、提出议案、建议等活动，仅市人大代表在人代会期间就提出议案、建议56000多件。全市各区县人大及其常委会、乡镇人大也积极探索、依法履职，有效地发挥了职能作用。

第三节　党领导北京立法特点分析

自北京市人大及其常委会拥有地方立法权以来，党领导人大及其常委会的地方立法工作主要呈现以下特点。

一　贯彻国家方针政策，维护国家法制统一

（一）制定国家法律实施办法，保证国家法律在本行政区域的实施

在地方立法层面，发挥党领导立法的作用，重点体现在地方性立法对中央立法政策、市委立法决策的贯彻落实上。在地方立法层面基础是保证宪法法律在本行政区域内的顺畅实施，核心是牢固树立并不断强化"质量第一"的立法理念，始终把提高立法质量作为加强和改进立法工作的重中之重。

一是增强地方立法针对性。地方立法往往针对的是一定地域范围内具体情况，所以要紧紧围绕区域内经济社会发展中迫切需要解决的现实问题开展立法工作，尤其要抓住涉及重大改革的重点领域和关键环节，不断推进重点领域立法，以地方性法规将法律规定的内容予以细化、具体化，科学合理协调地方利益关系，真正解决问题。在立法模式和体例上，不求大而全，而重在管用，重在实施。在立法工作机制上，不被动地"等米下锅"，而是在党委领导下，充分发挥人大及其常委会的立法主导作用，积极地"选米下锅"。

二是增强地方立法及时性。地方性法规相比国家层面法律、行政法规

而言，较为机动灵活，具有先天的反应灵敏优势。所以，在立法时效上，针对国家法律和实践中对地方性法规提出的迫切需要，能够及时启动立法程序，积极回应社会关切。在具体制度设计上，既把握时效性、前瞻性，做到通过立法解决经济社会发展中的问题，更要加强立法预测，对可能出现的问题进行设防和引导。

三是增强地方性法规的可执行性。在新的历史时期，人民对立法的愿望，已经不是有没有的问题，而是所立之法是否为良法、管不管用、能不能解决切身利益问题。国家宪法、法律基于其立法层面，基于立法条件的限制，有的内容规定相对较为原则性。而在地方层面，往往能够直接把握本行政区域内的立法需求和立法客体，尤其注重直接通过立法解决现实问题。在立法中，要厘清法律所调整的社会关系，科学严密地设计法律规范，确保法律规范严谨周密、可靠管用。

四是增强立法系统性。要结合国家层面立法改革进程，综合运用制定、修改、废止、解释等多种形式，将立法与修法有机结合，做到前后能够有效衔接，切实提高立法的实际成效。

北京市人大常委会成立后，始终坚持贯彻党的方针政策，根据国家立法的情况，及时制定、修改相应的实施办法或条例，截至 2012 年年底，在有效的地方性法规中，有 39 项国家法律实施办法或条例，占总数的 27.7%，既保证了国家宪法法律在北京的实施，又有效避免了立法重复。北京市人大及其常委会始终将制定、修改国家法律实施办法或条例作为一项重要的立法工作。其中，市十届人大及其常委会制定、修改的国家法律实施办法或条例数量最多，这一方面反映出北京市地方立法严格遵循国家法制统一原则，另一方面也反映了在国家立法快速发展的历史大背景下，中央立法决策在地方立法层面的快速反应和贯彻落实，是党领导立法这一命题的具体体现。

（二）根据国家法律的变动情况及时进行地方性法规的修订和废止

随着国家立法情况和首都立法需求的发展变化，法规清理工作逐渐成为地方立法的重要组成部分。尤其是进入 20 世纪 90 年代以后，市人大及其常委会先后根据立法法、加入世贸组织、治安管理处罚法等，进行了一系列法规清理工作。尤其是 1997 年，市人大常委会先后修改了《北京市水利工程保护管理条例》、《北京市农作物种子质量管理暂行条例》等 26 个地方性法规，占当年立法总数的 65%；2004 年，根据行政许可法对现有法规中的450项行政许可和收费进行清理，两次作出决定，停止执行了其中82项。一是国家法律出台前已经制定的地方性法规，因与后出台的国家法律不一致而被修改或废止。例如，《北京市未成年人保护条例》于1988年颁布实施，由于与1991年全国人大常委会通过的《中华人民共和国未成年人保护法》在保护对象范围的规定上有所不同，市人大常委会对该条例作了修改。二是根据国家法律制定的地方性法规，后因国家法律的变动而被修改或废止。例如，2006年全国人大常委会修订了义务教育法。为保证该法的贯彻实施，解决北京市义务教育发展中存在的突出问题，市人大常委会修订了实施义务教育法办法。三是根据首都经济社会发展变化，对已经制定的地方性法规进行修改或废止。例如，改革开放以来，北京郊区的现代化建设迅速发展，1989年市人大常委会颁布实施的《农业联产承包合同条例》发挥了积极的促进作用。但是，随着农村改革的深化、经济的发展，原有条例已不能适应新的形势，需要修改、补充和完善。为此，市人大常委会会同市政府有关部门，以中央"关于进一步稳定和完善农村土地承包关系的通知"精神为指导，重新制定了《北京市农业承包合同条例》，为发展具有北京市地方特色的郊区农业起到重要的法规指导和保障作用。

（三）积极组织参与国家立法活动

市人大常委会按照全国人大常委会的要求，积极组织北京市各界人士，对正在制定、修改中的国家法律草案，进行座谈讨论，提出相关的意见和建议。市七届人大常委会组织了修改宪法，对民法、民事诉讼法、国籍法、婚姻法、工厂法、经济合同法等的调查与座谈活动；市八届人大常委会对国家统计法、兵役法、专利法、水污染防治法、民族区域自治法等法律草案进行了座谈；市九届人大常委会先后对国家统计法、兵役法、专利法、水污染防治法、民族区域自治法、代表法、工会法、妇女权益保障法等63项法律草案和有关问题的决定草案组织座谈；市十届人大常委会对国有资产法、保险法、教育法、体育法、环境噪声污染控制法等法律草案组织了讨论。通过组织座谈和调查活动，对国家立法活动提出许多重要的意见和建议，将地方立法的成果、专家学者的观点和普通民众的意见反映到国家立法活动中，推动了中国特色社会主义法律体系的形成。

二 从首都发展的实际需要出发,突出首都特色

早在1980年4月,中共中央书记处分析了首都的特点,作出了关于首都建设方针的重要指示,指明了首都建设的方向,在中央书记处的重要指示的指导下,编制了《北京城市建设总体规划方案》,明确北京的城市性质是全国的政治中心和文化中心。20世纪90年代初,适应深化改革、扩大开放、发展社会主义市场经济新形势的需要,编制完成了《北京城市总体规划(1991—2010年)》,进一步明确首都政治中心和文化中心的城市性质,提出建设全方位对外开放的现代化国际城市的目标;提出发展适应首都特点的经济,调整产业结构和布局,大力发展高新技术和第三产业等。进入21世纪,为了充分利用好城市发展的良好机遇和承办2008年夏季奥运会的带动作用,实现首都经济社会的持续快速发展,又编制了《北京城市总体规划(2004—2020年)》,在1993年总体规划的基础上,进一步明确了城市性质、城市发展目标与主要职能。围绕首都的城市定位与功能,市人大常委会在民主政治建设立法、城市建设与环境保护立法、文化资源保护与管理立法、社会管理立法方面突出了首都立法特色。

比如大气污染条例的立法过程,既是北京市贯彻党领导立法基本原则的生动体现,更突出了立法的首都特色。2013年,全国平均雾霾天数为4.7天,较常年同期的2.4天偏多2.3天。另据市环保局最新数据,2013年,全年优良天数加起来共有176天,尚不足总天数的一半,重度污染天以上的天气累计有58天,占到全年天数的15.9%,平均每6—7天就有一次重度污染。2013年全市PM2.5年均浓度为89.5微克/立方米,超过年均35微克/立方米的国标1.56倍。

面对如此严峻的大气条件,党中央、国务院于2013年9月10日发布了《大气污染防治行动计划》。行动计划指出大气环境保护事关人民群众根本利益,事关经济持续健康发展,事关全面建成小康社会,事关实现中华民族伟大复兴中国梦。行动计划提出了总体要求和奋斗目标,制定了10个方面35条措施。其中,针对北京的具体指标:到2017年,北京市细颗粒物年均浓度控制在60微克/立方米左右。

市委、市政府为贯彻落实党中央、国务院的部署,2013年9月18日发布了《北京市2013—2017年清洁空气行动计划》,提出了明确的指导思想、行动目标和八大污染减排工程、六大实施保障、三大全民参与的治

理措施，并分解为84项具体工程。为了保证行动计划的落实，市委决定制定《北京市大气污染防治条例》并提交市十四届人民代表大会二次会议审议通过。

制定《北京市大气污染防治条例》首先以中央的战略决策为根本指导思想。党的十八届三中全会决定对加快生态文明制度建设作出的全面部署，提出"用制度保护生态环境"。习近平总书记在十八届中共中央政治局第六次集体学习时讲话指出："生态环境保护是功在当代、利在千秋的事业，建设生态文明，关系人民福祉，关乎民族未来，只有实行最严格的制度、最严密的法治，才能为生态文明建设提供可靠保障。"

在宪法法律依据上，以《宪法》第二十六条关于"国家保护和改善生活环境和生态环境，防止污染和其他公害"为依据。法律依据是《大气污染防治法》、《环境保护法》和《侵权责任法》等。《大气污染防治法》第三条规定：国家采取措施，有计划地控制或者逐步削减各地方主要大气污染物的排放总量。地方各级人民政府对本辖区的大气环境质量负责，制定规划，采取措施，使本辖区的大气环境质量达到规定的标准。《环境保护法》第二条中所称环境明确规定包括大气环境。第十六条规定：地方各级人民政府，应对本辖区的环境质量负责，采取措施改善环境质量，以及一切单位和个人都有保护环境的义务等重要条款。同时在制定过程中，还参照了多部门规章和技术规范。

基于此项立法的重要性，在市政府起草法规草案的基础上，市人大常委会进行了三次审议。市人大常委会党组将修改完善的草案向市委常委会汇报，并由市委常委会作出决策，贯彻党的十八届三中全会精神，将法规草案交由市政协协商。根据市委交付的市政协的修改意见，市人大对草案进行了多处修改和完善。最后，提请市十四届人民代表大会第二次会议审议并通过。使《北京市大气污染防治条例》在贯彻中央和市委立法精神的前提下，立法结果更加符合北京实际需要，突出首都特色。

三 拓宽立法领域，丰富法律部门

北京市七届人大及其常委会主要在民主政治建设和城市建设两个领域进行了初步立法，涉及宪法相关法、诉讼法和行政法法律部门；市八届人大及其常委会在民主政治建设、城市建设与环境保护、经济建设以及社会领域均有立法，涉及宪法相关法、诉讼法、行政法、社会法等法律部门；

市九届人大及其常委会将经济建设领域的立法摆在重要位置，并在教育、文化、卫生事业方面进行了立法活动，涉及宪法相关法、行政法、民商法、经济法、社会法等法律部门；市十届人大及其常委会继续将经济立法作为重点，在民主政治建设、经济建设、城市建设与环境保护以及教育、科技、卫生等领域均有立法，为了更好发挥首都科技优势，尽快把科技成果转化为生产力，制止假冒伪劣的技术和技术信息扰乱市场，常委会通过了《北京市技术市场管理条例》，这是北京市第一部科技方面的法规；市十一届人大及其常委会在进一步加强城市建设和环境保护、精神文明建设方面的立法；以举办 2008 年奥运会为契机，市人大及其常委会围绕"人文北京、科技北京、绿色北京"，进一步加强了城市建设和环境保护、科教文卫体以及社会领域的立法工作，以适应建设现代化国际化城市，以及全国政治中心和文化中心的需要。从立法数量上看，经济建设、城市建设和环境保护、民主政治建设领域的法规数量较多，而维护社会公平正义、保护公民合法权益领域的法规数量相对较少。从所属法律部门来看，行政法和经济法两部门的法规数量最多。

四 改进立法工作机制，推进立法科学化、民主化水平

党的十一届三中全会以来提出的一系列国内政策，最重大的有两条：一条是政治上发展民主，另一条是经济上改革开放。建设社会主义民主政治，包括决策的科学民主化、基层民主建设等多方面的内容和任务，最重要的是坚持和完善各级人民代表大会制度，切实加强国家各级权力机关的建设，便利人民群众参与对国家事务的管理和监督。北京市人大及其常委会贯彻执行各个时期党的政策，推进立法科学化民主化水平。

（一）加强市委对立法的领导

党的十八大报告提出法治是治国理政的基本方式；要推进科学立法；完善中国特色社会主义法律体系，加强重点领域立法，拓展人民有序参与立法途径。这些都为完善地方人大常委会立法的体制与机制指明了方向。市人大常委会根据市委对全市工作的总体部署和要求制定立法规划、立法计划，一些重要法规的起草工作请市委领导牵头组织协调；市委通过人大及其常委会的党组和人大代表中的党员，执行党的主张、决策，影响人大及其常委会的决定。一些重大决定与重要立法，在提请人大的审议与通过之前，市人大常委会的党组向党委请示报告，征得党组织审查同意后，再

提交人大审议通过。人大及其常委会中的党员在审议法规草案时自觉维护地方党组织作出的重大决策，保证党的主张顺利变成国家意志。

（二）充分发挥政府在立法中的基础性作用

政府处于经济建设、社会管理、文化建设的第一线，其管理服务工作细致入微，专业化程度高。同时，由于政府的工作深入实际、深入基层，掌握着地方经济社会的大量信息，因而，它既了解行政管理中迫切需要立法的领域，又了解人民群众对地方立法的需求。这就要求地方政府在地方立法中发挥基础性的作用，主要表现在积极行使提案权、利用其专业化的分工系统以及有效的信息为地方性法规的立、改、废提供服务和通过先行制定相关规范性文件，为制定地方性法规积累经验等。2004年《全面推进依法行政实施纲要》发布实施后，北京市政府共提请北京市人大常委会审议通过地方性法规和法规性决定73项。2010年，按照北京市人大常委会的要求，北京市政府对107项现行有效的地方性法规进行了研究，向市人大常委会提出了保留、废止和修改的建议。再比如对北京地下空间的开发利用，从根本上需要综合性法规的支持与保障，以克服多头管理和管理不到位的问题。但目前北京地下空间管理主要依据的是北京市政府制定的《北京市人民防空工程建设与使用管理规定》（1998年颁布）和《北京市人民防空工程和普通地下室安全使用管理办法》（2004年颁布）两部政府规章。尽管曾有代表议案提出尽快制定北京地下空间开发利用的地方性法规，但是，市人大常委会经审议认为制定地方性法规的条件还不成熟。在这种情况下，北京市政府必须进一步完善地下空间开发利用方面的规章，为地方性法规乃至全国性的行政法规的制定积累相关经验。公众有序参与地方人大常委会的立法过程、民主立法，是文明社会进步发展的重要标志和前进方向，是社会主义民主政治建设的重要内容；民主立法是宪法精神的具体体现，是人民代表大会制度的本质要求；民主立法也是改进和加强人大立法工作的重要保证，是提高立法质量的重要途径。人民群众的参与应该贯穿立法活动的始终。

（三）不断拓宽公众参与立法途径

公众参与地方人大常委会立法过程，从参与主体构成上主要包括专家参与、代表参与和普通民众参与。北京市立法实践中，通过多种形式保证公众切实参与立法进程，实现立法的民主化、科学化。

专家参与立法方面，建立起了专家参与听证制度、法制建设顾问制度和立法专家咨询制度。通过召开座谈会、论证会、委托专家开展立法调研、专家起草建议稿、专家担任立法顾问或组建咨询团队、专门的立法研究机构、聘请立法助理等形式，对拟立法项目进行充分论证。

代表参与立法方面，主要包括代表提出与立法相关的议案和建议，向代表征求法规草案的意见，邀请代表列席常委会会议等。

普通公众参与立法方面，主要包括法规草案公开征求意见、举行立法听证会等。北京市人大常委会就地方性法规草案征求公众意见的做法开始于1993年，并且在官方网站上专门开设征集市民意见专栏。比如，《市容环境卫生条例（草案）》公布后，在12天内共接到市民电话、来信、来访和电子邮件2606次，征集到具体意见和建议4446条，为条例的制定打下了良好的群众基础。立法听证会制度更是北京市普通公众参与立法的一大亮点。2004年7月15日，北京市人大常委会第二十二次主任会议讨论通过了《北京市人大常委会立法听证工作规程》。同年9月3日，《北京市实施〈中华人民共和国道路安全法〉办法（征求意见稿）》首次举行听证会，通过发布公告、公布有关立法文件和背景资料、公开报名、公布听证陈述人名单、对听证会全程进行公开报道、听证报告网上全文公布等，实现了草案征求意见的信息公开、过程公开和结果公开。草案征求意见7天，收到公众意见8855件，是北京市征求公众意见以来收到意见最多的一次。[①] 公众的积极参与和高质量的意见发表，使这次立法听证会不仅在形式上体现了民主，而且在修改法规草案时充分采纳了市民意见，收到了良好的社会效果，为北京市公众参与立法开辟了有效途径。

---

① 数据来源于北京市人大网站。

第四章 党领导北京立法案例分析

第一节 《中关村科技园区条例》立法进程

一 立法背景

中关村地区一度是全国智力资源最密集的地区,具有人才、科技和知识优势,高物质产业也有一定基础。1999年6月5日,国务院《关于建设中关村科技园区有关问题的批复》是跨入21世纪之际,党和国家为实施兴国战略,促进高新技术产业发展,增加我国创新能力和综合国力作出的重大决策,为中关村科技园区的进一步发展提供了重大历史机遇。

中关村科技园区的建设和发展得到中央领导重视。2000年年初,江泽民总书记视察了中关村科技园区,发表重要讲话,对园区建设的目标、方向和意义作了明确指示。国务院副总理李岚清视察中关村科技园区时,提出中关村科技园区建设要一年一变样、三年大变样。北京市委和市政府以江泽民重要讲话为指针,全面贯彻国务院批复精神,把建设中关村科技园区作为全市跨世纪工作的重中之重,力争用10年左右的时间把中关村科技园区建设成世界一流的科技园区。

中关村科技园区出现显著变化。园区出现新的创业热潮,新一代创业者不断涌现;金融界大力支持园区建设,园区内风险投资活跃,海外资本、民间资本表现出进入中关村投资高新技术产业的强烈愿望;园区的企业充满活力,园区电子信息企业紧跟IT产业潮流,电子商务、互联网成为投资热点;园区的建设和发展受到国内外人士密切关注,来访的国内外考察团日增,园区高新技术产业保持高速增长。1999年,中关村科技园区有高新技术企业6700多家,工业总产值达到527亿元,其增量占全市工业总产值增量的67%;各主要经济指标占全国53个高新区的10%—14%。2000年1—6月份,园区各项经济指标继续保持着20%以上的增长速度。

中关村科技园区发展过程中存在的问题：一是政府职能定位不清晰，服务不到位，管理层次多，行政效率低，行政行为不规范，难以适应中关村科技园区发展的要求；二是吸引高层次、高素质的创新和管理人才的机制和环境尚不完善，充分发挥智力劳动作用的产权激励机制尚未建立起来；三是科技、教育、经济仍然脱节，创业孵化体系的功能尚不完备；四是资本市场不发达，信用体系没有建立起来，中小企业融资难；五是风险投资缺乏有效的组织形式和退出机制，影响民间资本进入风险投资领域；六是中介服务体系不完善，一些中介机构运作不规范，缺乏信用。以上这些问题严重制约着中关村科技园区的发展，必须以立法形式通过制度创新加以解决。

二　中关村科技园区立法的必要性和紧迫性

一是借鉴国外建设科学城的有益经验，通过立法创建良好的法治环境是建设一流科技园区的基础条件。概括地讲，世界各国和地区真正取得成功的科技园区，都具备一个非常重要的条件，就是有良好的法治环境。新加坡、日本均是在设立科技园（技术城）之前就订立了相关法规；我国台湾地区的新竹科技园区更是对涉及园区的组建和企业的运营等各方面事项都制定了详尽的规定；在美国的硅谷，除了有支撑其市场经济体制运行的基本法律体系外，还通过大量判例法来规范当地市场主体所特有的经济行为。中关村科技园区要实现世界一流园区的战略目标，必须借鉴这些成功的经验，制定与之相适应的法规，明确市场主体的权利和义务，保护投资者、创业者、创新者的合法权益，建立市场公平竞争秩序，为创新、创业活动提供良好的法治环境。

二是中关村科技园区发展中出现的新经济行为需要通过引导、保护和规范。在我国处于经济转轨时期，市场经济体制框架尚未完全建立，面对中关村科技园区已经出现的大量需要进行规范的高度市场化的经济行为和基于知识经济特点的新的经济行为，现有的法律、法规体系已远不能适应。其中，有些属于立法空白，新的经济行为无法可依，如风险投资机构采取的有限合伙形式和注册资本的"承诺制"、激励科技创业者的股份选择权（股份期权）制度、禁止网络侵权、竞业限制等；有些则是现行规定制约着新的经济行为正常发展，如不允许中国公民以自然人身份与外商合资、合作，不允许非国务院规定的投资公司以全额资本进行股权投资，开办企业尚不能实现真正意义上的"核准登记制"，对技术作价入股比例的确定这样一种市场交易行为仍需有关部门审核认定等。

三是中关村科技园区实现国际化发展必须立法。当时面对我国即将加入 WTO 所带来的机遇与挑战，要提高对外开放的程度，就必须通过立法促进中关村科技园区参与国际竞争。中关村科技园区作为全国改革开放的领先区域，其经济运行必须与国际接轨，采用市场机制。如防止垄断、保护公平竞争的市场秩序，对政府行政公开、公正和高效的要求，对不同种类市场主体一视同仁的国民待遇等。这些相关规则的制定，都是中关村科技园区实现国际化发展所必需的。

四是改革政府管理体制和政府行为模式转变必须立法。为了改变计划经济体制下形成的条块分割的管理体制和政府行为模式，为了实现科教资源向现实生产力的转化，就要在中关村科技园区促进科技、教育和高新技术产业的相互渗透，促进企业、高等学校与科研机构、政府四者之间的协同创新。因此，需要通过立法建立起适应中关村科技园区发展的以人为本、以企业为中心，小政府、大社会的管理体制和政府行为模式。

五是中关村科技园区立法是人大代表的强烈呼声。在 2000 年年初召开的市人大十一届三次会议上，海淀区全体代表与刘淇市长座谈，强烈要求加快中关村科技园区立法步伐。会议期间，沈梦培、高扬、史定潮、吴守伦等 79 位代表提出了四项议案，强烈要求尽快制定中关村科技园区法规。代表们在议案中特别指出：政策和法规是保证高新技术企业不断创新和实现高新技术产业化的首要条件。在当前的形势下，由于大量新的经济现象的出现，需要有完善的法规。这是因为利用市场机制，实现科技与经济的有机结合，离开法规的保障是无法完成的；要激活知识创造力，没有法规的保障更不行。

三 立法指导思想和原则

根据依法治市工作会议和五年立法规划的要求，北京市继续坚持立法决策与改革发展稳定决策相结合，以规范、引导和推动首都经济发展为重点，进一步加强立法工作。2000 年，市人大常委会确定当年要着重抓好的三个问题，其中《中关村科技园区条例》因综合性强、涉及面广、立法难度大，成为全年立法的重中之重。具体工作措施是：有关工作委员会加强同法规草案提出部门的沟通和联系；定时间、定进度、定责任人，实行立法责任制；尽可能提早介入法规起草工作，加强对立法的必要性、可靠性的研究和论证，提高法规草案的质量。

（一）立法指导思想

制定《中关村科技园区条例》的根本目的，是为中关村科技园区的改革、建设和发展提供一个良好的法治环境。为实现这一目标，制定条例草案的指导思想是：以江泽民总书记视察中关村科技园区的讲话为指针，全面贯彻全国科技创新大会和国务院《批复》精神，把握知识经济特征，遵循市场经济规律，坚持以人为本、以企业为中心，从中国国情和中关村科技园区实际出发，总结和借鉴国内高新技术产业开发区和国外科学城建设的经验，为充分利用和发挥中关村科技园区人才知识智力的整体优势，形成有利于物质创新、加速科技成果转化和高新技术产业化的机制，创建有中国特色的、世界一流的中关村科技园区提供法律支持和保障。这一指导在总则中关于园区性质、发展思路、重点发展领域、法治原则以及其他章节中都得到了体现。

中关村科技园区建设所需要的法治环境，已经超越了科技、教育和高新技术产业的自身发展，它既要求促进科技创新和高新技术产业的发展，也要求按照市场经济原则建立公平竞争的经济秩序，还要求深化行政管理体制和运行机制改革，改善服务环境。因此，条例不能定位为单一的科技法规、经济法规或行政管理法规，而是定位为园区综合性法规。而且，条例还根据中关村科技园区发展的需要，体现创新精神，解放思想，注重对法律、行政法规没有作禁止性规定而且不属于中央专属立法范围的事项，作出创新规定。

（二）立法原则

1. 原则性与可操作性相结合。由于条例具有综合性法规的性质，因此有纲领性、导向性的特点。对中关村科技园区建设和发展中涉及的比较复杂的问题一般只作了原则规定，主要是为政府以后制定操作性的规章提供依据，开辟道路，留有余地。比如风险投资，条例只对风险投资设立形式、运行规则和退出渠道作了原则规定，具体的实施操作办法可由政府制定规章或规范性文件去解决。对法律、法规和规章已有规定但需要根据中关村科技园区的特点加以强调的问题，也只作了原则性规定。中关村科技园区条例的制定，为中关村科技园区创造健康、良好的建设发展环境，涉及的内容较多,没有上位法,有些方面只能作出原则规定,全面实施该条例尚需市政府及时制定一系列配套的规章或者其他具体办法。但对目前法律、法规没有规定的一些问题,条例则尽量作出具体规定,使其具有可操作性。

2. 前瞻性与针对性相结合。条例的多数内容都是针对当时中关村科技园区建设和发展面临的主要问题规定的,比如对中关村科技园区如何吸引人才和资金、发展中介服务机构、保护知识产权特别是禁止网络侵权和使用盗版软件,如何规范政府行为、改善政府服务等,都是在调查研究和广泛听取各方面意见的基础上,有针对性地作出的规定。有一些问题国家或有关部门已作出了规定,但这些规定有明显的从计划经济体制向市场经济体制转变时期的特征,不适应实行市场经济体制的客观要求;也有些问题当时在中关村科技园区还未出现,但随着市场经济的发展完全有可能发生。这些问题国家有关部门正在着手制定或者修订相应的法律、法规和规章。条例针对上述两方面的问题,根据有关部门的精神,按照市场经济的原则,作出了前瞻性的规定,如反垄断的规定等。

3. 国内实际与国际接轨相结合。要把中关村科技园区建成中国特色的科技园区,建成世界一流的科技园,既要从国内和中关村科技园区的特点出发,也需要借鉴国外建设科技园区的经验,吸收和采纳国际上的通行做法,尽量与国际接轨。条例有关办理企业注册不限定经营范围,风险投资机构可以以其全额资本进行投资,境外经济组织和个人可以与境内组织或者个人合资、合作办企业等规定,都是按照国际上的通行惯例作出的。

四 构建立法工作基本格局

中关村科技园区立法工作于1999年11月下旬正式启动,经过立法调研、框架设计、方案论证、拟写条文、征求意见、协调修改,历时近一年,完成了条例草案的起草,经市政府专题会议讨论同意,提请市人大常委会审议。中关村科技园区条例立法工作具有以下特点。

(一) 中央和市委高度重视

为了加强对立法工作的领导,成立了由市人大常委会主任担任组长、副市长担任副组长,市人大教科委、法工委、海淀区人大和市政府法制办、市科委、中关村科技园区管委会等有关部门的主要负责人为成员的立法领导小组。立法领导小组先后召开过四次会议,就中关村科技园区立法各阶段中的重大问题进行讨论决策，并对下一阶段立法工作作出部署。刘淇市长还主持召开专题会，对条例逐条进行研究修改，并对中关村科技园区管理体制的设立原则提出意见。2000年8月，由市领导和国务院有关部门负责人组成的建设中关村科技园区领导小组听取了条例草案的起草情况，并提出了修改意见。

(二) 政府法制部门牵头

由于中关村科技园区的立法工作时间紧、难度大、涉及面广、综合性强，条例起草工作改变了以往由主管部门负责起草的常规模式，而是由市政府法制办公室负责牵头，从市科委、中关村科技园区管委会、市政府研究室、市体改委等部门抽调人员组成起草工作小组，具体承担起草工作任务。这种模式为条例起草工作提供了有力的组织保障。

(三) 人大提前介入

市人大常委会教科委和法工委派人员参加起草工作小组，参与了立法调研、框架设计、方案论证、草案撰写、征求意见、协调修改等起草工作全过程，保证了起草工作质量和进度。

(四) 专家深度参与

起草工作小组从北京大学、人民大学、市委党校邀请了六位法律、经济、科技方面的专家全过程参与起草工作，同时，还聘请了二十几位著名学者作为立法咨询顾问。专家直接参与起草工作，对一些重点、难点和新的问题，从理论与国际、国内实践经验的结合上进行论证，为起草工作提供了有力的智力支持。

(五) 广泛征求意见

在对中关村科技园区所作调研的基础上，起草工作小组从1999年12月初开始，通过走访、召开座谈会等形式，对中关村当前所面临的主要问题做了大量、有针对性的补充调研。在条例的起草过程中，征求了55个政府部门的意见，同时还召开了41次不同类型的座谈会进行研究修改，听取了来自全国人大、科技部、市区人大代表、市政协委员、市人大法制建设顾问、市政府专家顾问、各园管委会和相关区政府、政府有关部门、民营中小企业、知名大企业、国有企业、外商投资企业、中介机构、高等学校、科研机构、法院、律师、留学生以及社会、经济、科技、法律方面的专家等各方面的意见。市人大常委会一审后，将条例草案登报并上网向社会征集意见，同时委托海淀、朝阳、丰台、昌平4区人大协助，收集园区有关方面的修改意见。上述做法,提高了这项立法的民主化、科学化水平。在综合各方面意见的基础上,经反复协调、修改,数易其稿,形成条例草案。条例自 2001 年 1 月 1 日起施行。

《中关村科技园区条例》制定实施后,被誉为"中关村大法",是集科技、经济、行政管理和服务于一体的综合性法规。条例认真贯彻党中央、国务院关于中关村科技园区建设的指示精神,努力把握知识经济特征,注意遵循市场经济规律,坚持以人为本、以企业为中心,强化了政府服务职能;在总结和借鉴国内外有益经验的同时,立足于体制创新和科技创新,注重突出首都特色,力求做到原则性与可操作性、针对性与前瞻性、国内实际与国际惯例相结合。它明确了市场主体的权利和义务,为高新技术产业不断创新、创业活动提供了良好的法治环境。

第二节 《中关村科技园区条例》实施及新立法需求

2005 年 1 月 12 日,国务院总理温家宝主持召开国务院常务会议,讨论并原则通过的《北京城市总体规划(2004—2020 年)》中指出,北京市的经济发展策略是"坚持以经济建设为中心,走科技含量高、资源消耗低、环境污染少、人力资源优势得到充分发挥的新型工业化道路。注重依靠科技进步和提高劳动者素质,显著提高经济增长的质量和效益"。在北京城市总体规划中,要在北京市域范围内,构建"两轴—两带—多中心"的城市空间结构。为在市域范围内建设多个服务全国、面向世界的城市职能中心,提高城市的核心功能和综合竞争力,中关村科技园区核心区是多中心城市空间结构中的第一个中心。《中关村科技园区条例》自正式实施后,经历了实践的检验,在中关村科技园的发展中发挥了重要的作用。

一 国家高新技术产业开发区建设的需要

中关村科技园区是国务院批准的第一个国家级高新技术产业开发区。《中关村科技园区条例》以其市场化、国际化和富有前瞻性、创新性的规定,构建了中关村科技园区的法制环境基础,是园区软环境建设的一个重要里程碑,为推动中关村科技园区的建设和发展营造了良好的法制和政策环境,极大地释放了中关村的创新活力,对园区的创新创业活动和持续快速发展,起到了极大的推动作用。

但是,随着国内外环境发生了显著变化,国际新兴高科技业态不断涌现,全球产业转移不断加快,创新资源全球化流动,全球创新中心多极化发展的趋势凸显,各国政府都加大了对创新和高科技产业化的促进和扶持。特别是2008年国际金融危机爆发以后,世界正孕育新一轮创新竞争的高潮,创新能力的决定性意义更加突出,而我国正处于向创新驱动转型的关键时期。

二 落实科学发展观、走中国特色自主创新道路等一系列重大决策的需要

2007年10月,胡锦涛总书记在党的十七大报告中指出,实现未来经济发展目标,关键要在加快转变经济发展方式,要大力推进经济结构战略性调整,更加注重提高自主创新能力、提高经济整体素质和国际竞争力。提高自主创新能力,建设创新型国家是国家发展战略的核心,是提高综合国力的关键。要坚持走中国特色自主创新道路,增强自主创新能力。加快建立以企业为主体、市场为导向、产学研相结合的技术创新体系,引导和支持创新要素向企业集聚,促进科技成果向现实生产力转化。深化科技管理体制改革,优化科技资源配置,完善鼓励技术创新和科技成果产业化的法制保障、政策体系、激励机制、市场环境等。2009年3月,国务院作出了《关于同意支持中关村科技园区建设国家自主创新示范区的批复》,批复明确了中关村要发挥创新资源优势,加快改革与发展,全面提高自主创新和辐射带动能力,同时明确中关村未来发展的战略目标是成为具有全球影响力的科技创新中心,还提出了支持中关村国家自主创新示范区建设的八条具体措施。

三 实现中央和北京市委提出建设中关村国家自主创新示范区的新目标、新要求的需要

2009年3月20日,北京市委、市政府召开建设中关村国家自主创新示范区动员大会,正式公布了《国务院关于同意支持中关村科技园区建设国家自主创新示范区的批复》。《批复》指出,同意支持中关村科技园区建设国家自主创新示范区,并实施股权激励、科技金融改革创新等试点工作。出席会议的中共中央政治局委员、国务委员刘延东指出:支持中关

村建设国家自主创新示范区是党中央、国务院作出的重大决策，是应对国际金融危机、坚持走中国特色自主创新道路的重要实践，也是依靠自主创新、实现科学发展的重要探索。中关村经过 20 年的发展，重大技术创新成果持续涌现，高新技术产业蓬勃发展，体制机制不断创新，高素质人才快速集聚，国际化发展迈出坚实步伐，为建设国家自主创新示范区打下了坚实基础。中关村建设国家自主创新示范区，贯彻落实科学发展观，解放思想，深化改革，积极应对金融危机，努力实现创新驱动发展，完善体制机制，发挥示范带动作用。示范区着力自主创新，突出引领示范，聚集优秀创新人才，培养产业领军人物，大力研发和转化国际领先的科技成果，做强做大一批具有全球影响力的创新型企业，培育一批国际知名品牌，全面提升自主创新和辐射带动能力，为建设创新型国家、促进经济社会又好又快发展作出新贡献。市委书记刘淇强调：建设好中关村国家自主创新示范区是全北京市的大事，是建设人文北京、科技北京、绿色北京的重要战略任务。各级党委政府要加强组织协调服务，进一步加大政府投入力度，制定规划完善法制和政策环境，推进科技金融体系创新，进一步提高为中央在京研发机构的服务水平，进一步加强高层次创新型人才的引进和培养力度，进一步实施知识产权战略，共同努力建设好中关村国家自主创新示范区。中关村的发展由此进入了新的阶段。

在党中央、国务院的领导下，在科技部牵头的部际协调小组和国务院各部门的共同支持下，中关村国家自主创新示范区经过一年时间的实践发展表明，为加快推进中关村国家自主创新示范区建设，必须坚持统筹兼顾，有的放矢，以体制机制创新为工作核心，以创新型企业做强做大为重点，做好创新成果转化和创新人才引进基础工作。2010 年 4 月 22 日，中共中央政治局委员、国务委员刘延东作了关于中关村国家自主创新示范区建设的批示。批示指出：一年来，中关村建设国家自主创新示范区工作扎实，成效显著，希望进一步解放思想，大胆创新，积累经验，完善体制机制，立足发挥综合性辐射带动作用，为培养战略性新兴产业，转变经济发展方式和建设创新型国家作出更大贡献。

四　中关村建设的新目标、新要求和新举措，需要通过立法予以肯定

由于《中关村科技园区条例》已不适应新形势需要，同时，中关村

还面临一系列亟待解决的问题,比如:企业设立的工商管理措施需要进一步改革,对创新主体科技研发的支持力度需要进一步加大,重大科技成果转化和落地的比率不高,金融对科技企业的支撑力度不够,示范区高端产业聚集效应不明显及发展空间不足的问题越来越突出,这些问题严重制约着中关村的发展。为贯彻落实党中央确定的目标和国务院批复的精神,以及国家关于发挥科技对经济支撑作用的要求,充分发挥中关村创新资源优势,以自主创新为驱动,以制度创新为突破,加快改革发展,为人文北京、科技北京、绿色北京和创新型国家建设作出贡献,北京市在总结《中关村科技园区条例》实施情况的基础上,结合新的形势和要求,制定新的《中关村国家自主创新示范区条例》,通过固化经验、创新制度、探索新路,推动中关村科技园区的进一步发展。

第三节 创建党领导立法典型模式

2010年12月23日,北京市十三届人大常委会第二十二次会议表决通过了《中关村国家自主创新示范区条例》,并自公布之日起施行。《中关村国家自主创新示范区条例》是保障和促进首都"十二五"期间实现科学发展、形成创新驱动发展格局、转变经济发展方式的重要法规,它的颁布实施也是在立法工作新格局下的一次重要立法实践。北京市在中央及市委的领导下,有效协调中央与地方立法关系,从《中关村国家自主创新示范区条例》的立法过程来看,创建了党领导立法的典型模式。

一 以科学发展观为指导

科学发展观作为我国经济社会发展的根本性的指导方针,第一要义是发展,核心是以人为本,基本要求是全面协调可持续,根本方法是统筹兼顾。以科学发展观指导立法工作,是北京市加快产业结构优化升级和发展方式转变的迫切需要,是中关村示范区建设必须遵循的根本原则,也是充分发挥中关村创新优势,探索自主创新道路的重要实践。市人大常委会和市政府坚持以科学发展观指导条例的立法工作,具体体现在以下几个方面。

(一)明确立法指导思想

党的十七大将提高自主创新能力,建设创新型国家作为国家发展战略的核心。国务院批复赋予示范区在探索中国特色自主创新道路上的引领、示范作用的历史使命，成为关系国家科学发展全局的战略决策。示范区的建设目标设定不是局部的、区域性的发展问题，而是为建设国家自主创新体系和转变经济发展方式发挥示范、引领和带动作用，为国家创新战略的实施在制度创新、管理创新、组织创新等方面探索道路。因此，条例的立法工作，立足北京市权限，紧紧围绕服务于国家战略的大局，坚持用科学发展观统领示范区发展全局，全面贯彻国家和北京市关于做强中关村的决策，把握全球科技创新中心的战略定位，体现创新精神和"法无明文禁止不为过"的理念。以企业为主体，以促进和扶持自主创新为中心，以法制化、市场化和国际化的机制体制环境建设为重点，结合中关村发展的实际，总结示范区发展和工作的实践经验，针对发展需要，作出部分创新性、前瞻性的规定，充分发挥地方性法规对中关村示范区发展的引领和主导作用。

(二) 坚持立法基本原则

一是法制统一与创新突破相结合的原则。作为地方立法，条例要坚持与上级立法的统一性和协调性，做到不与上位法的规定及其精神相抵触，并减少重复立法事项。同时，在遵循法制统一原则的基础上，作为国家的综合改革试验区，中关村加强机制体制创新，针对实际需求和突出问题，在国家法律法规中尚无规定的领域作出探索性、试验性的规定。在创造区域优势法制环境的同时，为国家立法积累经验。二是经验总结与发展前瞻相结合的原则。中关村科技园区在科技创新、投融资、人才发展等方面的政策和机制体制进行了大量的探索和实践，对于已取得的成功经验，需要以法律的形式固化下来，使得园区发展有法可依、有章可循。同时，为了更好地指导园区未来发展，需要根据当前发展的形势和需求进行适度超前立法，在立法中对某些关键问题进行前瞻性的规定，为中关村未来的发展创造更好的空间。三是法规的延续性与创新性相结合的原则。既考虑到法规的连续性和统一性，保留了现行条例的基本框架和主要内容，特别是实施情况比较好、符合市场需求和发展方向的条款，同时又针对中关村发展的新阶段、新特点和新问题，在深入调研的基础上作出了一部分创新性的规定。四是重点营造吸引和聚集创新要素的环境的原则。在继续完善中关村市场经济环境的基础上，加强对资本、人才等创新要素的吸引、组织和使用，突出对自主创新的支持。

（三）落实中央和市委领导在立法过程中的批示

围绕国务院批复和北京市落实批复的一系列指示精神，中关村科技园区开展先行先试的体制机制创新，体现示范区发展的新定位新要求。按照胡锦涛总书记关于"中关村的发展，关键是搭建平台，把资源整合好"的重要指示，起草小组认真分析了《2004—2010年国家科技基础条件平台建设纲要》和福建省、浙江省关于省级行业和区域创新平台建设管理的相关文件，听取了多家部门意见，对自主创新平台的概念、内涵和外延进行了深入研究，对草案中的平台条款进行了全面梳理。在此基础上，针对产学研用脱节、创新资源部门分割等现实问题，结合北京市搭建中关村科技创新和产业化促进中心的实际情况，最终规定要推进自主创新资源配置方式改革、形成协同创新、利益共享的自主创新机制，同时规定要建立示范区科技创新和产业化促进中心服务平台。条例制定过程中，先后有国务院批复、国务院"1+6"系列政策措施、国家发改委关于示范区发展规划纲要、市委关于十二五规划的建议、中关村行动计划等重要文件相继出台。由于法规具有相对稳定性，而这些政策文件则更及时、准确地反映出示范区发展的新思路、新举措，因此，起草小组做到尽可能了解、掌握最新的文件精神，并吸收到条文中来，使法规与现行政策保持衔接，具有前瞻性和稳定性。如第四条中示范区未来建设目标、第二十五条中科技成果转化收益处置权，都是根据国务院最新政策和示范区发展规划纲要作出的创新规定。

二 针对问题立法，立法解决问题

为了进一步增强立法的针对性和实效性，市人大常委会坚持针对问题立法，立法解决问题，抓住围绕关系首都科学发展和制约中关村科学发展的重大问题，注重把握地方立法特色，继续在提高立法质量上下功夫，系统提出解决矛盾和问题的办法。坚持把推进自主创新的制度创新，增强创新活力，提高创新能力作为立法的主要任务。根据国务院关于支持中关村建设国家自主创新示范区的批复，针对科技人员激励机制不健全，科技资源部门分割，产、学、研、用脱节，创新服务体系不完善以及创新成本提高等问题，法规着重在完善科技人员权益保障和利益分享机制，建立以项目为统领、企业为主体或以企业化组织模式整合资源的创新机制，健全首都自主创新管理体制和工作机制，搭建政府自主创新服务平台，改进政府土地、资金配置方式，对发展科技金融等方面作出了创新性的制度安排。条例主要创新性的内容包括：

（一）按照新形势、新任务的要求，调整中关村的发展目标

落实国家和北京市关于提升自主创新能力、建设创新型国家和首都创新型城市的战略要求，按照市委市政府确定的中关村作为全球科技创新中心的战略定位，条例提出了中关村新的目标是：以科学发展观为指导，服务国家自主创新战略，坚持首都城市功能定位，推进体制改革与机制创新，建设成为深化改革先行区、开放创新引领区、高端要素聚合区、创新创业集聚地、战略性新兴产业策源地和具有全球影响力的科技创新中心。这一发展目标和功能定位既适应了国内外高技术产业和科技创新快速发展的新形势，也符合中关村以人才为本、创新驱动的发展模式，有利于进一步发挥中关村在建设创新型国家和首都创新型城市的龙头带动作用。

（二）支持创新创业主体的设立和发展

一是为了支持企业设立，总结《中关村科技园区条例》实施经验的基础上，进一步改革了工商管理措施，以便企业设立。比如，企业可以申请筹建登记，可以选择是否具体核定经营范围，科技成果出资占企业注册资本的比例可以协商，简化验资手续，企业章程实行备案等。二是为了支持社会组织和产业联盟设立，在示范区设立有利于自主创新的社会组织，可以直接向市民政部门申请登记；社会组织的名称可以冠以"中关村"字样；对于符合条件的产业联盟，可以申请登记为法人。三是为了统筹示范区的人才发展，进一步激发科技人员的创新活力，草案规定：有关部门制定示范区创新创业型人才发展规划，建立健全高等院校、科研院所的科技人员与企业的沟通交流机制，促进科技人员与企业的双向选择；支持示范区内的组织引进高端领军人才和高层次人才，市和区县人民政府及有关部门应当为高端领军人才和高层次人才在企业设立、项目申报、科研条件保障、户口或者居住证办理等方面提供便利。明确高等院校、科研院所和企业可以对科技人员和管理人员进行股权和分红激励。

（三）推动科技研发、成果转化和知识产权保护

一是为了加大对创新创业主体科技研发的支持力度，规定：支持企业加大研发投入，采取多种措施提升自主创新能力；支持企业和产业联盟参与承担科技重大专项、各类科技计划项目等；市有关部门整合公共科技资源，采取多种方式为企业创新发展提供研发、咨询、检测、测试等技术服

务；支持示范区的创新创业主体开展产学研用交流与合作。二是为了提高创新主体创造、运用、管理和保护知识产权的能力，政府通过补贴、奖励等措施，支持创新创业主体获得专利权、商标注册和版权登记；鼓励企业成立专利联盟，构建专利池，制定和实施商标战略，培育驰名商标、著名商标；支持创新创业主体参与创制标准、成立标准联盟，推动技术标准的产业化应用；知识产权部门应当建立健全示范区知识产权保护的举报、投诉、维权、援助平台以及有关案件行政处理的快速通道，完善行政机关之间以及行政机关与司法机关之间的案件移送和线索通报制度。

（四）深化科技金融体系建设

为了解决科技企业融资难的问题，加大金融对科技的支撑力度，促进技术与资本对接，条例规定：一是在直接融资方面，要求北京市金融等行政管理部门健全企业上市联动机制，对企业上市提供综合协调和指导服务，支持企业上市；支持示范区内的企业到证券公司代办股份转让系统挂牌；支持企业运用中期票据、短期融资券、信托计划等方式筹集资金。二是在间接融资方面，提出"支持商业银行在示范区设立专营机构，创新金融产品和服务方式"，"支持设立融资担保机构和为科技企业服务的小额贷款机构"、"建立贷款风险补偿机制"等措施。三是市和区、县政府及有关部门设立创业投资引导资金和基金，采取阶段参股、跟进投资、风险补助等多种方式，支持境内外创业投资机构在示范区开展投资业务。四是鼓励保险机构在示范区设立专营机构，创新保险产品；支持企业购买保险，分散创新创业风险。

（五）加强示范区土地利用和建设的统筹

为了解决示范区在规划建设、土地使用方面存在的突出问题。一是明确土地集约利用的要求，规定示范区集中新建区的建设用地应当用于高新技术产业、战略性新兴产业项目和配套设施建设；要求市政府有关部门建立示范区土地节约集约利用的评价和动态监测机制。二是明确建立对企业使用示范区建设用地的联审机制，统筹企业、项目的进入、调整和迁出。三是提出示范区内的高新技术产业、战略性新兴产业研发和产业化项目用地可以采取协议方式出让。四是在示范区探索集体建设用地使用的流转机制。

（六）提升政府服务创新创业的能力

为了优化示范区软环境建设，统筹整合资源，提高政府服务创新创业的能力和水平，条例规定：一是市人民政府会同国务院相关部门建立示范区科技创新和产业化促进中心服务平台，健全跨层级联合工作机制，统筹政府的资金投入和土地、人才、技术等创新资源配置，推进政策先行先试、重大科技成果产业化、科技金融改革、创新型人才服务、新技术应用推广和新产品政府采购等工作。二是对政府服务的原则性要求，比如简化程序、缩短期限、科学民主决策、为企业"走出去"提供便利等。三是明确市、区两级政府及有关部门运用政府采购政策支持企业自主创新。四是项目经费中可以列支一定比例的间接费用。五是市政府设立示范区发展专项资金，并统筹各类专项资金，重点支持示范区的重大科技研发和成果转化项目。六是要求市统计行政管理部门设立示范区统计机构，建立并完善符合示范区发展特点的统计指标体系。

三 科学立法、民主立法

党的十七大报告中提出，要坚持科学立法、民主立法，完善中国特色社会主义法律体系。所谓科学立法，就是立法过程中要坚持问题导向，重视立法的可行性论证；民主立法强调注重协调所立法律中的各方利益，防止地方保护和部门利益法制化，促进立法公平公正。北京市人大及其常委会适应中国特色社会主义法律体系形成后法治建设的新要求，深入推进科学立法、民主立法，围绕首都加快转变经济发展方式，开展中关村条例的立法进程。突出了首都特点和地方立法特色，增强了法规的针对性和实效性，提高了法规质量。

（一）民主立法

在立法过程中，针对"民主是什么"这一基本内涵在实践中的思考，2009年12月—2010年3月，中关村管委会和市政府法制办开展了广泛的意见征求工作：征求示范区内41家协会及其部分会员企业、25家联盟及其成员、17家大学科技园、27家留学生创业园等各方面的意见；通过首都之窗网站向社会公开征求意见；针对重点问题，分别召开了15个专题征求意见座谈会，听取了部分协会、联盟、企业、分园管理机构以及相关部门的意见；还听取了部分人大代表的意见。市人大教科文卫体委员会在常委会一审前，在北京市人大常委会网站上公开征求社会各界对《中关村科技园区条例（草案）》的意见和建议，并组织市人大科技代表小组参与了审议，提出宝贵意见。在审议修改阶段，针对第一次审议中提出的组织创新、资源配置创新等重点难点问题,市人大常委会法制委员会开展了系列调研座谈,听取了生命科学研究所、部分市人大代表、知识产权专家以及海淀区人大、科技园区企业等的意见;针对第二次审议中提出的自主创新平台、加强政府统筹管理等意见进行了专题研究,征求了有关方面的意见。起草小组成员单位开展的充分的调研论证和征求意见工作,了解了民情、反映了民意、集中了民智,为立法工作夯实了民主基础。

在立法工作格局上,市委领导领衔中关村立法工作领导小组,市人大常委会主导,市政府法制办牵头负责起草工作,30多个政府部门积极参与其中,历时一年多,20多次易其稿,法规案在修改中逐步完善。2011年2月,国务院原则通过了《中关村国家自主创新示范区发展规划纲要(2011—2020年)》(以下简称《纲要》),《纲要》为中关村国家自主创新示范区规划了"至2020年总收入达到10万亿元"的新目标。依中关村2010年总收入达1.5万亿元计算,这意味着,未来10年要增长近7倍。不仅是中关村总收入,还有其企业总量、创新型人才队伍,乃至现已初具规模的"中关村板块"都将迎来快速增长期。而《示范区条例》则是实现《纲要》目标的有力的法治保障。

(二)科学立法

2010年12月,北京市人大常委会审议通过的《中关村科技园区条例》已经运行了10年,它在《示范区条例》出台后废止。国务院作出《关于同意支持中关村科技园区建设国家自主创新示范区的批复》,该批复明确了中关村未来发展的战略目标,即成为"具有全球影响力的科技创新中心"的目标。实现国务院批复确定的目标,中关村面临一系列亟待解决的问题,新目标、新要求、新举措、新问题,都需要在立法层面予以定位、肯定和解决。

1. 《示范区条例》采取了区域立法与产业立法相结合立法模式。立法覆盖范围具有区域性,即仅适用于中关村国家自主创新示范区内的园区。立法属于产业促进法,根据条例规定,示范区重点发展高新技术产业、加快发展战略性新兴产业。示范区立法还首次采用结合专项工作报告的审议,对法规案进行审议的形式,结合听取中关村管委会"关于建设中关村国家自主创新示范区情况的报告",对条例草案进行初审。

2. 回应立法与"先行先试"立法相结合。《示范区条例》坚持"针对问题,解决问题"的立法思路,重点突破制约示范区建设的重点、难点问题。同时，采用了具有创新意义的"先行先试"模式，适度超前立法，指导示范区未来发展，为未来的发展创造更好的空间。

3. "征求意见、调研"贯穿了立法起草、审议的全过程。《示范区条例》草案曾经先后两次通过首都之窗网站和北京市人大常委会网站向社会公开征集意见。同时，立法的调研全面深入，并在调研中广泛听取科技人员、企事业单位、社会团体、社会组织对条例草案的意见。2007—2008年年底，开展《中关村科技园区条例》修订调研，形成14个专题调研报告和1个总调研报告。2009年3月国务院批复出台后，起草小组在前期立法调研的基础上，深入企业和园区，相继开展了有针对性的补充调研和多个轮次的立法需求征集工作。在起草阶段，邀请专家学者参与前期调研论证，针对制度设计、框架结构等内容听取了多方面意见。如：委托专家完成美、日、韩等7个国家地区有关科技立法的翻译、汇编，形成21万字的研究报告；召开市政府立法工作法律专家委员会审核会，就先行先试与法制统一的关系等问题听取专家意见；征求中关村管委会主任顾问、中关村企业家顾问委员会的意见；征求国家发改委、科技部等12家国家部委，54家相关政府部门，10家分园管理机构等各方面意见。起草小组根据中关村的实际需要，力求通过立法科学地反映示范区未来的发展定位，体现中关村发展的客观规律和立法自身的规律。《示范区条例》充分体现了科学立法与民主立法紧密结合的原则。

在征求意见方面，各领域相关专家深度参与，为《示范区条例》起草工作提供了支撑。中关村管委会委托专家完成美、日、韩等7个国家和地区有关科技立法的翻译、汇编。市政府法制办组织召开了市政府立法工作法律专家委员会审核会，就先行先试与法制统一的关系、知识产权的强制实施等重点、难点问题听取了法律专家的审核意见；还征求了中关村管委会主任顾问以及中关村企业家顾问委员会的意见。2009年12月—2010年3月，中关村管委会和北京市政府法制办向社会各界开展了广泛征求意见的工作：征求了国家发改委、科技部、财政部等12个国家部委，市委、市政府54个相关部门，各区县政府，示范区内41个协会及其部分会员企业、25个联盟及其成员、17个大学科技园、27个留学生创业园、10个分园管理机构等各方面的意见；通过首都之窗网站向社会公开征求意见；针对重点问题，分别召开15个专题征求意见座谈会，听取部分协会、联盟、企业、分园管理机构以及发展改革、科技、财政、工商、民政、金融、知识产权等部门的意见；还听取了部分人大代表的意见。

四 党领导立法工作格局的基本模式创建

2009年4月，经北京市委同意，市人大常委会和市政府共同召开了立法工作座谈会，以提高立法质量为主题，就新形势下完善立法工作格局、立法工作机制等问题进行了研究和安排，加强市人大常委会与市政府各层次的统筹协调。《中关村国家自主创新示范区条例》的制定得到了市委、市人大、市政府高度重视，并列为2010年市人大重点立法项目，立法工作在新格局下得以顺利开展。

（一）市委在中关村立法工作中发挥领导作用

改革和完善党的领导方式和执政方式。坚持科学执政、民主执政、依法执政，按照总揽全局、协调各方的要求，充分发挥人大、政府、政协党组的领导核心作用。

2007年5月24日，市委书记刘淇在中国共产党北京市第十次代表大会上作报告《全面贯彻落实科学发展观，为构建社会主义和谐社会首善之区而努力奋斗》。《报告》指出，首都工作的指导思想，是坚持以邓小平理论和"三个代表"重要思想为指导，认真学习和贯彻落实党的十七大精神，全面贯彻落实科学发展观，加快构建社会主义和谐社会，全力办好有特色、高水平的奥运会，开创首都经济建设、政治建设、文化建设、社会建设和党的建设的新局面，努力把北京建设成为繁荣、文明、和谐、宜居的首善之区。北京市坚持和完善人民代表大会制度，召开人大工作会议，加强和改进人大工作，提高地方立法质量，健全工作制度，发挥代表作用，增强监督实效。深化科技体制改革，加快中关村科技园区建设，科技创新能力不断增强，科普事业不断发展。全面推进首都社会主义现代化建设的主要任务，努力取得改革开放的新突破。各级党委要始终站在时代前列，积极地领导、谋划和统筹推进经济体制、政治体制、文化体制、社会体制改革。

针对中关村科技园区，报告中专门指出，充分发挥中关村科技园区的龙头作用，着力健全有助于推动自主创新的体制机制，完善创业投资、信用担保、中介服务、政府采购、企业产权等方面的制度，为建设世界一流科技园区奠定更好的基础。积极推进科技体制改革，完善支持自主创新和成果转化的政策体系，调动社会各方面参与和推动自主创新的积极性。搭建科技服务平台，积极支持企业形成标准联盟、技术联盟和产业联盟，为国家重大创新项目落户北京做好服务。加快推进首都区域创新体系建设，建立以企业为主体、市场为导向、产学研相结合的技术创新体系，完善科学研究与高等教育有机结合的知识创新体系。积极利用国内国外科技资源，大力推进原始创新、集成创新和引进消化吸收再创新，增强科技对首都发展的支撑能力。全面实施专利与知识产权战略，切实加强知识产权保护，建设面向全国的知识技术创新市场。加大创新人才的培养与引进力度，努力培养一流的科学家和自主创新的领军人才，使北京成为全国高端创新人才的聚集地。

市委决定，条例立法分别作为市人大常委会和市政府2009年立法工作计划中的地方性法规调研项目和2010年计划完成项目。2009年3月国务院批复出台后，按照北京市委、市政府的工作部署，示范区立法工作迅速启动。经过调研、梳理问题、框架设计、方案论证、拟写条文、征求意见、协调修改。起草条例20多稿。领导高度重视是此次条例起草工作与以往立法项目相比的一大突出特点。北京市成立了以市委常委赵凤桐为组长，市人大常委会副主任柳纪纲、副市长苟仲文为副组长，市人大常委会法制办、市人大教科文卫体办、市政府法制办和中关村管委会主要领导，市政府落实国务院批复各专项工作组牵头单位以及海淀区政府有关领导参加的中关村立法工作领导小组，同时成立了由以上单位具体负责的工作人员组成的立法起草工作小组，负责组织协调立法工作。赵凤桐曾先后6次、立法工作领导小组曾先后3次听取立法起草工作情况的汇报，就立法各阶段涉及的重大问题进行讨论决策。2010年1月11日，示范区建设领导小组召开会议，原则同意立法工作的思路和主要制度设计。2010年4月13日，北京市第65次市政府常务会审议并原则通过了《中关村国家自主创新示范区条例（草案）》。

为贯彻落实国务院的决策部署，市委把建设示范区作为全市工作的重中之重，根据国务院批复精神，先后制定了《中共北京市委、北京市人民政府关于建设中关村国家自主创新示范区的若干意见》、《"科技北京"行动计划（2009—2012年）促进自主创新行动》和重点产业调整振兴规划，以及《建设中关村国家自主创新示范区行动计划（2010—2012年）》等，并随着条例的通过和实施，于2011年1月发布了《中关村国家自主创新示范区发展规划纲要（2011—2020年）》，为新条例的制定奠定了坚实的政策基础。条例起草过程中，刘淇、郭金龙、杜德印、赵凤桐等领导先后做出10余次重要批示，起草小组按照这些批示要求，认真研究了国外促进科技成果转化的做法、台湾产业创新条例、武汉东湖高新技术园区条例草案等；召开专题座谈会，研究如何"借鉴鸟巢机制，以需求拉动创新"；专门去北京生命科学院研究所，与科研人员、项目负责人进行座谈，了解立法需求。

2010年12月15日，市委常委会研究了条例的立法工作，指出，《中关村国家自主创新示范区条例》是在《中关村科技园区条例》基础上制定的一部新法规，是首都"十二五"期间经济社会发展实现自主创新、转变经济发展方式的一部重要法律文件，对于推动首都实现创新驱动发展，对于中关村进一步实现产业升级、发挥创新引领作用必将发挥重要作用。《中关村国家自主创新示范区条例》贯彻了党的十七届五中全会精神，即坚持把科技进步和创新作为加快转变经济发展方式的重要支撑。深入实施科教兴国战略和人才强国战略，充分发挥科技第一生产力和人才第一资源作用，提高教育现代化水平，增强自主创新能力，壮大创新人才队伍，推动发展向主要依靠科技进步、劳动者素质提高、管理创新转变，加快建设创新型国家。为加快中关村国家自主创新示范区建设，搭建科技创新平台，建设首都世界人才聚集高地，市委十届八次全会通过《中共北京市委关于制定北京市国民经济和社会发展第十二个五年规划的建议》。以落实中央领导关于北京要实现经济发展创新驱动的指示精神，充分发挥首都科技智力优势，大力提高自主创新能力，为建设创新型国家战略服务，确立了中关村五年内有一个跨越式发展的目标。

作为一部创新的法规，它在全国具有首创性。法规着重鼓励自主创新，着力整合中关村地区科技资源优势、形成产业化格局，有很多亮点。条例通过后，要认真宣传、贯彻和落实，通过法规推动工作，使之成为"十二五"开局之年全市实现科技创新的法律支撑。这种模式为立法工作提供了有力的组织保障，使立法工作始终在市委的直接领导下开展，立法思路与市委决策保持了高度一致，为科学决策夯实了基础。

(二) 发挥市人大及其常委会在中关村立法中的主导作用

一是提前介入掌握立法的主动权。市人大常委会法制办、教科文卫体办派人参加起草工作小组，提前了解和参与立法工作。2010年3月25日，市人大常委会主任会议专门听取了教科文卫体办的汇报，提前研究条例内容，掌握立法中的重点难点问题，为常委会初次审议作了准备。二是发挥好人大在审议修改过程中的作用。5月27日，市人大常委会第十八次会议对条例草案进行初审。审议前，教科文卫体委员会广泛听取了企业、高校院所、专家及科技代表小组的意见建议。会上，教科文卫体委员会作了审议意见的报告，35位常委委员、5位人大代表发表了审议意见。11月17日，市人大常委会第二十一次会议对条例草案修改稿进行审议，会上有16位委员和2位代表发表了意见。委员和代表们共提出近百条审议意见，充分肯定了示范区的建设发展，高度评价了条例草案内容，同时也提出了有价值的建议。根据这些审议意见，市人大常委会法制办组织开展了多次调研论证，召开部门协调会、专家论证会、企业座谈会，广泛听取意见，反复讨论协调修改，10易其稿。三是常委会领导高度重视条例的修改工作。市人大常委会法制办公室于11月4日、12月2日、12月16日先后三次向主任会议汇报条例修改情况。12月10日，召集立法领导小组召开会议，确定向市委常委会汇报的主要事项。这种模式充分发挥了人大在立法工作中的主导作用，提高了立法质量。

（三）发挥市政府在中关村立法中的基础作用

由于立法工作时间紧、难度大、涉及面广、综合性强，立法领导小组确定采取新的起草组织方式，在市政府统筹下，由市政府法制办负责牵头，成立了由市人大、中关村管委会等各部门成员组成的起草工作小组，统筹组织30个政府部门共同参与调研论证，得到了各委办局的大力支持。2010年，市政府第65次常务会议讨论通过了条例草案，提请市人大常委会审议。这种模式加强了市政府各部门参与中关村立法的整体统筹协调，为制定高质量的条例奠定了基础。

由于此次立法工作时间紧、难度大、涉及面广、综合性强，立法工作领导小组确定市政府法制办牵头起草工作，并成立由市政府法制办、市人大、中关村管委会等方面人员组成的起草工作小组，具体承担起草任务。这种模式为条例起草提供了有力的组织保障。全面调研、广泛征求意见是条例起草过程中的第二个突出特点。2007—2008年年底，中关村全面开展园区条例修订调研，形成14个专题调研报告和1个总调研报告。2009年3月国务院批复出台后，立法起草工作小组在前期立法调研的基础上，深入企业和园区，相继开展了有针对性的补充调研和多个轮次的立法需求征集工作。同时，北京市人大常委会法制办和教科文卫体办派员参加了起草工作小组，并全程参与了立法起草工作。2010年3月25日，北京市人大常委会主任会听取了市人大教科文卫体办公室的汇报。会议指出，在立法领导小组的领导下，市政府有关部门充分调研，市人大常委会有关工作机构提前介入，发挥了积极作用，取得了很好的成效。

（四）立法过程中的整体统筹协调

2009年5月14日，召开会议，成立了以市委常委赵凤桐为组长，市人大常委会副主任吴世雄、柳纪纲、副市长苟仲文为副组长的中关村立法工作领导小组，这标志着立法工作的正式启动。成员单位包括市人大常委会法制办、教科文卫体办、市政府法制办和中关村管委会、市科委、市发改委、市财政局等市政府落实国务院批复各专项工作组牵头单位及海淀区政府等31个部门。条例起草和审议过程中，立法领导小组先后8次听取起草和修改工作的情况汇报，协调、决策立法中的重大问题，保证了立法工作的顺利进行。其中，在起草阶段召开3次会议，主要明确了立法的主要思路是围绕自主创新，重点解决中关村发展中的体制机制障碍，突出中关村的示范、引领、带动和辐射作用；确定了整体框架结构和主要制度设计；决定废旧立新，由示范区条例代替原科技园区条例。在审议阶段召开5次会议，主要听取了市人大常委会法制办关于常委会审议情况的汇报，明确调研工作重点，反复讨论修改内容，确定向市委汇报的主要事项。这种模式建立了市人大常委会与市政府经常性的沟通机制，便于及时研究处理法规制定过程中遇到的突出问题，增强了市人大常委会与市政府在立法工作中的统一和合力，进一步防止和克服了部门立法的局限。

五 党领导立法与推进实施相统一

2010年12月23日，在科学总结北京市各部门在中关村示范区开展的各项先行先试的创新举措，广泛吸纳示范区企业、高校院所和各方面专家建议的基础上，《中关村国家自主创新示范区条例》在市十三届人大常委会第二十二次会议上表决通过。市领导刘淇、郭金龙高度重视，强调要抓好《条例》的贯彻落实，由示范区立法工作领导小组具体落实《条例》实施。党领导立法与推进实施紧密衔接，实现了立法的预期目标。

（一）注重统筹协调和宣传培训，为贯彻落实条例营造良好的法律实施氛围

召开全市落实《条例》工作会议。2011年1月14日，中关村立法领

导小组召开了《条例》宣传贯彻落实工作会议,就《条例》贯彻落实工作进行了统一动员部署;制定《条例》落实工作方案。根据市领导指示精神和《条例》落实工作需要,中关村管委会起草制定了《〈中关村国家自主创新示范区条例释义〉编制工作方案》和《〈中关村国家自主创新示范区条例〉配套规章和规范性文件制定工作方案》,经征求有关部门和单位意见,明确了市各有关部门和单位的工作职责、工作要求和进度安排;采取多种形式、利用多种渠道,组织开展宣传培训。一是开展专题报道,围绕《条例》的立法背景、《条例》发布、重点内容等,在中央及市属主要媒体报道70余篇次;二是在中关村网站开设"中关村新政介绍"专栏持续报道,在市工商局、市知识产权局、市民政局等部门和单位的网站上宣传《条例》及相关配套文件;三是利用中关村手机报、中关村电子杂志等新媒体进行宣传;四是印制宣传资料,中关村管委会印制了1万册《条例》单行本,市工商局印制了1万册政策宣传手册,发放给政府机构、企业、高校院所、社会组织、社会公众等;五是组织专题宣讲培训,中关村管委会、市科委、市民政局、市知识产权局、海淀区政府等部门和单位组织召开了100余场《条例》及相关配套文件宣讲和培训会,面向企业、高校、院所、社会组织及相关政府部门进行宣讲与培训。

(二)编制《条例》释义,为促进《条例》贯彻落实提供支撑

为了对《条例》进行权威规范的解释说明,方便社会各界对《条例》的理解和把握,加快推动《条例》的贯彻实施,中关村管委会协调各有关部门和单位开展了《中关村国家自主创新示范区条例释义》的编制工作。《条例》释义工作涉及市发展改革委、市财政局等25个部门和单位,有关部门和单位积极配合、大力支持,提供了释义的基础材料。中关村管委会组织成立了《条例》释解研究课题组,市人大常委会教科文卫体委员会、市政府法制办以及相关研究机构的17位专家参与,历时4个多月,查阅了数百万字文献资料,多次征求了各相关部门和单位意见,形成了9万字的条例释义稿。《条例释义》按照"背景介绍要实事求是、立法精神要深刻到位、条文释义要准确无误、立法依据要清晰明确"的原则进行编制。对应《条例》的十章共六十八条,《条例释义》从立法背景、工作现状、政策措施等方面,逐条、逐款予以解释。《条例释义》反映了示范区建设的最新进展,介绍了国家和北京市支持示范区建设的相关举措,并辅之以130多个专业名词解释和大量的具体实例介绍,对于《条例》创

新性条款予以了特别说明。《条例释义》收录了国家及北京市制定的支持中关村示范区建设的61个政策文件,增强了可读性和实用性。

(三) 制定配套文件,完善贯彻落实《条例》的政策体系

配套文件的制定实施,是贯彻落实《条例》的核心环节。《条例》出台后,各相关部门和单位积极围绕《条例》各项创新性规定,从促进战略性新兴产业发展、支持新技术新产品推广应用、专利促进、标准创制、改制上市、高新技术企业认定、并购重组、股权质押贷款、人才公共租赁住房、创业孵化机构建设、社会组织建设等方面,已完成修订和新制定了32项配套政策文件。其中,政府规章1项,市政府规范性文件3项,示范区领导小组文件2项,各部门规范性文件26项,切实将《条例》相关规定进行了具体落实。在政策设计上,注重围绕《条例》提出的创新点,系统设计,加大支持力度。例如,在专利促进、改制上市、并购重组、股权质押贷款等政策中,都体现了对示范区重点企业的支持。通过人才公共租赁住房建设、创业孵化机构建设、创业投资风险补贴等政策,加大对人才创新创业的支持力度。

2011年11月8日,中关村管委会就《条例》实施一年来的贯彻落实工作进展情况向市委有关领导进行汇报。杜德印主任在看到报告后,批示指出:"市委、市政府和中关村管委会在这次法规的宣传、贯彻、实施上做了大量工作,取得了明显成效。本《条例》是法规制定与实施相统一的一个成功案例。"按照杜德印、柳纪纲等领导的要求,市人大常委会法制办会同教科文卫体办、市政府法制办、中关村管委会,经过协调修改,于2011年11月17日,市十三届人大常委会第二十八次会议上,正式将《关于〈中关村国家自主创新示范区条例〉贯彻落实工作进展情况的报告》和《中关村国家自主创新示范区条例释义》书面印发市人大常委会组成人员。《条例》是在立法工作新格局下的一次重要立法实践,开创了市人大常委会的立法工作基本格局。

(四) 实施《条例》对中关村示范区发展的推动作用

中关村创新平台建设得以顺利推进。中关村创新平台于2010年12月31日正式挂牌成立。平台整合了中央和地方创新资源,推进了北京市与科技部、工业和信息化部、国家发展改革委、财政部、卫生部和教育部分别建立部市会商机制,重点围绕示范区和人才特区建设、战略性新兴产业发展、技术创新体系建设等重大事项,共同支持重大项目,推进落实先行

先试政策，开展联合审批。

各项先行先试新政策得以落实。国务院支持中关村的6项新政策的落实工作得到了积极推进，在科技成果处置权和收益权改革、股权激励个人所得税改革、股权激励试点方案审批、科研项目经费分配管理体制改革、完善高新技术企业认定等方面，相关政策实施细则陆续出台，正在推进实施，取得了初步成效。同时，在工商管理改革、社会组织管理改革、通关服务、标准试点、检验检疫等方面，还在不断推出新的改革举措。

人才特区建设得以加快推进。在市人才工作领导小组的领导下，深入贯彻落实《关于中关村国家自主创新示范区建设人才特区的若干意见》（京发［2011］5号），积极开展"千人计划"申报和"高聚人才"认定工作。进一步加大高层次人才引进力度，通过国家驻外机构、中关村创新平台、驻外联络处以及风险投资、留学生创业园等机构和中介组织的联动，建立吸引海外高层次人才的协调工作机制。运用和落实人才特区各项政策大力扶持创新创业，建立了高层次人才接待机制，全程跟踪创业团队及项目进展，及时帮助解决各种问题。

国家科技金融创新中心得以创建。围绕建设国家科技金融创新中心的目标，研究制定了相关工作方案。不断完善示范区企业上市培育工作体系，推动与知名证券交易所的合作，与上交所、纽交所建立了长期战略合作伙伴关系。不断深化科技信贷创新，积极推进信用体系建设，进一步扩大高新技术中小企业集合票据、集合信托计划发行规模，推进信用贷款、知识产权质押贷款、信用保险及贸易融资贷款等创新试点业务。

综上所述，《中关村国家自主创新示范区条例》的制定和实施来自于成功的法制保障，奠定了中关村发展的法制基础，也为北京市未来的地方立法工作提供了良好的范例。中关村立法对创新地方党领导立法模式具有重要示范意义。2010年，中国特色社会主义法律体系已经形成，创新性立法是地方人大常委会解决本区域实际问题的重要手段之一，《条例》在遵循法制统一原则的基础上，以充分体现创新精神为立法理念，敢于先行先试，针对北京市的实际需求和中关村发展的突出问题，在国家法律法规中尚无规定的领域作出探索性、试验性的规定，为国家立法和地方的区域发展积累经验。同时，在地方立法要充分发挥主动性和创造性，结合北京市实际，在自主性立法、实施性立法和先行先试立法方面进行积极探索和实践。

第五章 新历史时期党领导北京立法发展趋势

党的十八大报告提出"法治是党治国理政的基本方式",党领导立法的根本任务是要"完善中国特色社会主义法律体系,加强重点领域立法,拓展人民有序参与立法途径"。在坚持推进科学立法基本原则的前提下,立足人民代表大会这一党领导立法平台,充分发挥国家立法机关的主导作用,"善于使党的主张通过法定程序成为国家意志,支持人大及其常委会充分发挥国家权力机关作用,依法行使立法、监督、决定、任免等职权,加强立法工作组织协调"。这为新的历史时期北京市党领导立法指明了方向和路径,也是新时期在科学总结党领导北京市立法历史特点、规律和经验基础上,作为党领导北京市立法发展的基本趋势。

第一节 坚持正确的立法价值取向

立法价值取向是指为立法活动目标的实现提供基础、途径和保障的一系列基本价值观念,比如国家本位、功利主义、以经济建设为中心等,均属不同的立法价值取向。在围绕实现中华民族伟大复兴中国梦的历史新时期,必须适应全面深化改革的要求,将促进社会公平正义、增进人民福祉作为党领导立法的基本价值取向,推进党领导科学立法、实现法的价值、平衡权利与权力的关系。北京市在长期的立法实践中,逐步形成并树立了"保证首都科学发展、保障公民合法权益、规范国家权力运行、维护社会公平正义"的党领导立法的基本价值取向。

一 充分认识地方立法对完善中国特色社会主义法律体系的重要作用

当前,中国特色社会主义法律体系虽已基本形成,但还有很多适应改革所特需的法律尚未制定。尤其是我国在相当长时期内将处于转型发展阶段，社会对法律的新需求越来越大。应加强立法的前瞻性，将党对中国未来发展的判断和制度设计，通过法定程序转化为法律；将人民对于改革发展的愿望，通过法律表达出来；将与社会发展不相适应的法律及时修改或废止，并在亟须改革的空白领域及时立法，让法律及时而准确地反映社会的需求，确保法律成为一切重大领域改革的先行者。

在中国特色社会主义法律体系的形成过程中，地方立法是完善中国特色社会主义法律体系的重要组成部分，是促进国家法治发展的探索和重要渊源，是对法治发展价值具体问题的深层次探究。随着经济社会的发展和法治进程的推进，中国特色社会主义法律体系在形成之后仍然要不断完善。完善中国特色社会主义法律体系：应不断适应经济全球化、社会发展和法治进程的需要，继续强化宪法在法律体系中的基础地位，发挥宪法的统率功能，保障公民权利与法律体系的均衡发展。在此前提下，建立起灵活、多元的法律运行机制，综合运用法律制定、修改与解释等手段，提高中国特色社会主义法律体系的稳定性、适应性与实效性，不断推进科学立法、民主立法深入发展。

地方立法一方面对完善中国特色社会主义法律体系发挥着重要作用，但另一方面，地方立法过程中，在处理公益与私益、自由与秩序、公平与效率等价值取向上，会出现顾此失彼的现象。一是在通过立法调整公共利益与私人利益关系的过程中，如果所制定的地方性法规片面强调对公共利益的保护，而对公共利益的界定范围、认定程序等缺乏相应的认识和规定，立法结果将不仅导致公共利益的滥用，而且对公民的合法权益也会造成损害，不能达到立良法的预期目标；二是过于强调立法对公民和社会的管理功能，强化以法律法规维护社会秩序，却往往忽视了对多元化社会公民自由选择权利的认定和保护；三是曾经单纯围绕以经济建设为中心的立法价值取向，经济立法发展较快，对我国的经济社会发展起到了重要的制度促进和保障作用，提高了经济效率。但这种片面的经济立法价值取向，导致了维护公平正义的社会立法长期滞后。

在推进国家治理体系和治理能力现代化的历史新时期，立法要更多地发挥其治理功能。这种治理功能应在不断完善经济立法基础上，强化立法对保证公民权利、平等、正义实现的重要社会功能，强调对人的尊严的维护，在兼顾公益和私益的基础上实现社会整体利益的最大化。因此，要充分认识地方立法对完善中国特色社会主义法律体系的重要作用，转变立法思维，克服在管理模式下立法的单纯效率追求和地方利益保护的倾向，在公益和私益、管理秩序和公民权利、经济效率和社会公平等立法价值取向上进行重新整合，使地方立法更多地体现和保障公益、公民尊严、公平正义等立法价值取向。

二 立足新时期首都城市战略定位

2014年2月，习近平总书记来到北京，就全面深化改革、推动首都更好发展特别是破解特大城市发展难题进行考察调研。针对推进北京发展和管理，习近平总书记提出了五点要求。

一是必须明确城市战略定位，在深入实施人文北京、科技北京、绿色北京战略的基础上，将首都核心功能定位为全国政治中心、文化中心、国际交往中心和科技创新中心，目标是"努力把北京建设成为国际一流的和谐宜居之都"。对新时期北京城市战略定位给予了明确，必须对城市发展重点、管理模式进行全面改革和调整。

二是要调整疏解非首都核心功能。当前北京城市治理中出现的许多问题，从深层次上看是功能太多带来的。调整疏解非首都核心功能，是落实新时期首都城市战略定位的关键一环，势在必行。要优化三次产业结构，优化产业特别是工业项目选择，突出高端化、服务化、集聚化、融合化、低碳化，有效控制人口规模，增强区域人口均衡分布，促进区域均衡发展。

三是要提升城市建设特别是基础设施建设质量，形成适度超前、相互衔接、满足未来需求的功能体系，遏制城市"摊大饼"式发展，以创造历史、追求艺术的高度负责精神，打造首都建设的精品力作。

四是要健全城市管理体制，提高城市管理水平，尤其要加强市政设施运行管理、交通管理、环境管理、应急管理，推进城市管理目标、方法、模式现代化。

五是要加大大气污染治理力度。应对雾霾污染、改善空气质量的首要任务是控制PM2.5，要从压减燃煤、严格控车、调整产业、强化管理、联防联控、依法治理等方面采取重大举措，聚焦重点领域，严格指标考核，加强环境执法监管，认真进行责任追究。

在新的历史时期，随着地方自主管理事务的范围越来越广泛，北京市面临的许多新问题都迫切需要用法律法规来规范。为恪守以民为本、立法为民理念，贯彻社会主义核心价值观，党领导北京市立法要立足城市战略定位，实现立法向经济、政治、文化、社会和生态文明建设五位一体、五个方面平衡转换；将权力意识转向责任意识，政绩思维转向法治思维，行政管理方式转向公共治理方式，增强服务观念；要从根本上克服立法部门化、利益化倾向。在中央和北京市委的领导下，真正发挥立法在破解特大城市可持续发展难题，推进其在城市治理现代化中的基础保障作用。

三　每一项立法都要符合宪法精神、反映人民意志、得到人民拥护

（一）必须以宪法统率地方立法特色

宪法是具有最高法律效力的国家根本法，是整个法律制度的基础，其核心功能是规范和调整国家权力的运行，尊重和保障基本人权。在中国特色社会主义法律体系形成和完善的过程中，宪法不仅是整个法律体系的最高规范，也为国家立法提供了统一的价值基础和引导，发挥统率立法全局的作用。人民主权原则、党的领导原则、基本人权原则和法治原则等均已写入宪法，成为中国法治建设的内在精神和立法基本原则。在中国特色社会主义法律体系的建构中，宪法必须是根本依据，维护宪法权威，推进宪法实施，切实发挥中国特色宪法在法律体系中的统帅核心功能。

健全以宪法为统帅的地方立法体制，首先要以宪法统率地方立法为特色。党的十八届三中全会作出《中共中央关于全面深化改革若干重大问题的决定》中强调，为完善中国特色社会主义法律体系，必须建立健全地方立法体制机制，"健全立法起草、论证、协调、审议机制，提高立法质量，防止地方保护和部门利益法制化"。《中华人民共和国宪法》第3条规定，中央和地方国家机构职权的划分，遵循在中央的统一领导下，充分发挥地方的主动性、积极性的原则。《立法法》规定了地方性法规和地方政府规章能够规定的事项，相对于国家层面的法律和行政法规，地方性法规和地方政府规章具有地方性和灵活性的特点。可见，在以宪法为根本指导前提下，地方立法也应有地方特色。2001年，《立法法》实施后召开的第一次全国人大常委会立法工作会议上，李鹏委员长首次指出地方立法要体现地方特色。2002年，全国人大常委会工作报告中对"立法的地方特色"给出明确的定义："地方特色就是从本地的具体情况和实际需要出发，需要规定什么就规定什么，使地方性法规有针对性和可操作性，真正

对地方的改革、发展、稳定工作起到促进和保障作用。"在2015年两会上提出并通过的《立法法》修正案，在"扩容"地方立法权的同时，更加强调为避免重复立法应适当缩减立法范围，维护国家法制统一，体现地方立法的特色。所以，符合党的宗旨和宪法精神的地方立法，是地方立法的灵魂和生命，也是衡量地方立法质量和价值的一个基本标准，是党领导立法必须遵循的基本原则。

（二）立法要坚持不抵触、有特色、可操作的原则

北京市立足首都城市定位，在不与宪法、法律、行政法规相抵触的条件下，结合本地区的实际情况，充分发挥积极性与主动性，在可操作性强的实施性法规和创新性法规制定过程中充分体现立法的北京特色。

不抵触、有特色是地方性法规相对于国家层面立法而言，只有在与上位法不抵触前提下，才能真正制定出有地方特色的地方性法规。不抵触，是地方性法规、规章不能同宪法、法律、行政法规等相冲突。同时，同位阶的法规之间也要保持和谐统一，以维护国家法制统一；有特色，是指地方立法要切实针对本地区的实际需要和问题立法，能够切实解决地方的特殊问题。同时，立法从本地区的实际出发，把握本地区的特点和规律，使立法真正符合地区实际情况；可操作，从国家层面来说，地方性法规是对国家宪法法律实施过程中结合地区特色的实施细则，是本地区经济社会发展成本最小化和效益最大化的制度设计，立法效果直接体现在具体实施上，原则性规定相对较少，可操作性特点突出。

北京市人大及其常委会在制定地方性法规时，以坚持不抵触、有特色、可操作为基本原则，具体体现在以下几个方面：一是在地方立法内容上要能充分反映本地政治、经济、地理、文化、风俗、民情等对立法调整的需求程度，注重突出北京特色，在确保对中央的要求不漏项、对中央事权不越权的基础上，适合本地实际情况，体现贯彻落实中央精神的要求；二是立法注重坚持问题导向，使北京市立法具有较强的、具体的针对性，注意解决并能解决本地突出而中央立法没有或不宜解决的问题；三是在党领导北京立法过程中注重突出创新和制度建设，形成推动北京市法治建设的长效机制。结合本地人大常委会的人员情况、工作条件和立法水平，结合本地的专家资源情况、群众参与程度等，建立和改进立法相关工作机制，提高北京市立法的质量和实效。

(三) 构建符合北京首善标准的法律法规体系

法治与市场经济构成现代社会文明的两大基石。一般认为，市场经济是适应社会化大生产、推动现代经济社会发展的有效机制，具有平等性、竞争性、开放性、契约性等特征。法治，如同硬币的两面，与市场经济相伴而生，法治是市场经济发展的内在要求。同时，唯有法治前提下的市场经济才是真正健康有效的。所以，在首都新经济常态下，要全面推进建成小康社会，全面推进深化改革，全面推进从严治党，必须以法治为前提和保障。当前，在我国的法治社会建设中，还存在一些矛盾，比如公民权利意识觉醒与维权理性不足的矛盾。一方面，群众渴望用法律来保护自己的权益，另一方面却不适应法律程序上的各种限制；一方面对他人侵害自己权益的违法行为义愤填膺，另一方面自己却可能坦然违法、钻法律漏洞；一方面将其要求诉诸法律，另一方面却容易以极端方式维权。大部分人仍有遇事找政府解决的惯性，而且诉求愈加多元复杂。社会改革进入攻坚期，社会矛盾进入"旋涡期"，治理难度加大，迫切需要对社会管理模式进行升级，以改变过于简单、低效的应对方式。

2014年年初，习近平总书记在视察北京时提出"要有担当精神，勇于开拓，把北京的事情办好，努力为全国起到表率作用"的要求。北京在推进法治建设中自然也要走在全国前列，发挥示范作用。推进法治建设，使公权力机关退位、归位和理性再定位顺利推进，有效立法必须先行。同年12月，为落实党的十八届四中全会关于全面推进依法治国决定的精神，中共北京市委十一届六次全会通过的《关于贯彻落实党的十八届四中全会精神全面推进法治建设的意见》中提出，要抓住提高立法质量这个关键，发挥立法的引领和推动作用，切实增强地方立法的针对性和有效性，保证宪法法律在北京得到切实遵守和执行。建立权责统一、权威高效的依法行政体制，加快建设职能科学、权责法定、执法严明、公开公正、廉洁高效、守法诚信的法治政府，切实保证全市各级政府在党委领导下、在法制轨道上开展工作，建设法治中国首善之区。

建设法治中国首善之区，必须首先深刻理解和领会"首善"的内涵。所谓首善，就是要在法治建设中，北京应当走在全国前列、发挥示范作用，向全世界展示泱泱大国文明之都、法治之都的良好形象。真正发挥法治中国首善之区功能，要紧紧围绕首都核心功能定位，适应北京面临的创新驱动、转型发展新形势，适应全面深化改革、全面推进依法治国的新要求,立足亟待解决的环境、交通等公共领域存在大量尖锐矛盾问题以及现行地方性法规一定程度上存在的部门行政管理色彩浓重、权利义务界限不清、市场机制缺位、立法执法司法守法脱节、法律实施效果被削弱等问题,深入探讨并寻求建构政府法律顾问制度、行政领域的宪法实施与监督、地方立法的困境与出路、行政决策合法性审查、重大国事活动保障措施以及首都法等有效解决路径,使所立之法成为凝聚首都改革共识、守护首都改革成果的堤坝,使立法成果真正成为驯服"权力任性"的铁鞭。

法治中国首善之区建设必须建立起密切相关、相互促进、相互支撑的五个体系:完备的法律法规体系、高效的法治机构体系、合理的法治人力资源体系、严密的法治监督体系和公正的法治环境体系。其中,建立完备的法律法规体系,就要建设具有北京地方特色、适合北京实际的法律法规体系。这样的体系要求有两个方面:一是凡国家层面有的法律法规,北京都要制定相应的实施性法规;二是从横向看,别的省区市没有的地方性法规,但基于北京市的定位和实际适合北京需要,北京也要制定出相应的法规。作为对法治中国首善之区在立法体系方面的必然要求,这两个方面是衡量北京法律法规体系健全、科学与否的基本标准。

在2015年北京市两会上审议通过的《北京市居家养老服务条例》,其立法进程是法治中国首善之区建设的充分体现。为应对北京市人口老龄化挑战、满足市民居家养老的需求及北京市居家养老服务模式还不健全的现状,北京市特别制定这部地方性法规,力图做到立法决策与改革决策同步进行、相互统一,用立法引领和推动改革。为做到科学立法,市人大常委会组织专家、学者在前期进行了充分调研,先后召开11次专题会予以研究讨论,并进行了三次审议过程。在条例的立法进程中,立法协商是较为显著的特征。在北京市委领导下,充分发挥人大与政协政治协商的优势,广泛组织政协委员参与立法协商,成为北京市政协参与立法的创新。北京市将进一步促进立法协商工作程序化、规范化、制度化,完善立法协商的指导意见。在加强立法协商的同时,继续扩大公民对立法的参与度,并确保公众参与立法的广泛性、代表性和有效性,维护法的正当性和权威性,实现党领导立法对全社会进行利益整合、价值整合和政治整合的目标。

为建设法治中国首善之区,北京市通过立法妥善处理好政府、社会、公民三者在公共治理中的权利义务关系,充分调动人民群众参与民主立法、自觉遵纪守法的积极性，推进民主立法、科学立法相统一，为首都治理提供法制保障。今后北京市人大及其常委会继续运用法治思维和改革精神来开展立法，将重点抓好大气污染治理、交通管理、食品安全等更加关注民生的社会领域立法，使每一项立法都反映民意，得到人民拥护。这表明了党领导北京市立法的基本价值取向。

四 要把公正、公平、公开原则贯穿立法全过程

"公正"，据《现代汉语词典》的解释为"公平正直、没有偏私"。公正、公平是立法的基本价值追求，是立法内在的崇高道德准则，同时也是立法利益分配上的外在体现。在民主法治社会，立法的基本功能与核心价值在于保证利益分配的公正、公平。立法的公正、公平原则是指针对公民个体权利与义务在设定和分配上的公平，即美国著名政治思想家罗尔斯在《正义论》中提出的"分配正义"，要求分配的价值取向在于实现正义，而正义的实现则需要立法的公正、公平来保障。

公平、公正是民主法治社会立法的基本准则。在专制型社会，因人设法，同罪不同刑，是与当时占社会主导地位的公平意识相一致的。在现代民主社会，法律所确证的"法律面前人人平等"则是现代公平原则的法律表述。"民主法治社会需要通过立法这种制定行为规范、建章立制的方式，通过对各种复杂甚至冲突的利益的分配，对法定权利与义务（权力与责任）的配置，对各种社会关系的确立、变更和调整，对各种需要的满足、抑制和平衡，等等。"[①] 所以，立法是实现社会利益分配公正、公平的根本保障，同时，公正、公平是立法的基本准则，更是党领导立法的基本价值取向。

公开原则，也就是通常所讲的"开门立法"，公开是民主立法、科学立法的有力保障，更是公众参与立法必须坚持的根本原则，更是保障党领导立法公正、公平的基本通道。我国立法的公开，主要体现在立法越来越集中民智，反映民情，体现民意。比如我国的物权法、企业所得税法、选举法等法律草案均向全民广泛征求意见，并召开立法座谈会、论证会、听证会、评估会等，使近年来我国每一部法律的制定都是民意集中的反映，

[①] 李林主编：《立法过程中的公共参与》，中国社会科学出版社2009年版，第4页。

更加具有科学性、民主性。为保证立法的民主科学，体现公正、公平、公开价值取向，必须贯穿党领导立法全部进程。立法价值取向与社会的公平、公正价值观相一致，这是立法结果公正的本质标准，内在标准。

北京市立法围绕贯彻执行中央精神，将公正、公平、公开原则贯穿立法全过程，体现于每一部法规的制定过程。北京市人大常委会在审议《轨道交通运营安全条例》时，广泛征求意见，转变立法思维，确立了围绕责任进行立法的新思路。即立法绝不只是立权，而且首先是立责，要从传统的行政管理方式和体制中解放出来。执法就要履责，监督就要问责，从而将立法与立责有机结合起来。《条例》立法需要确定一些部门的行政许可权和行政处罚权，但立法不能支持有的部门通过立法"抢权、推责、逐利、避险、揽功、诿过"。因此，围绕责任进行立法，从立法环节上进行防范和控制，避免地方立法的利益部门化。在《轨道交通运营安全条例》专门一章设置了"法律责任"，就要运用法治思维和法治方式进行修改。通过深化改革，建立起轨道交通安全运营的保障和监管体制，充分体现了党领导北京市立法所坚持的公正、公平、公开原则。

法律的生命在于实施，为保证公正、公平、公开原则的贯彻执行，北京市不断将立法与完善立法评估环节有机结合起来。立法评估是提高立法质量的有效措施，更是促进法律实施的有力推手。开展立法工作，要把正向思维和逆向思维有机结合起来，既要认真考虑法律执行部门的需求，贯彻好立法意图，也要重视社会对法律的反应，广泛听取并认真评估法律适用对象、专家学者等方面的意见。在做好立法论证、立法调研、公开征求意见等各项工作基础上，在法律提请审议表决前再增加一个评估环节，请立法工作部门以外的人对法律条文的科学性、法律出台的时机、立法的社会影响等进行评估。这样在立法各个阶段就有了相应的评价，能够促进立法工作更周全，能够有效地避免出现纰漏和意想不到的情况。另外，北京市还通过以执法反观立法，促进科学立法。比如在审议全民健身执法检查报告时，汇集各方意见，集中观点是虽然全民健身工作在很多方面取得了进展，但条例中的一些规定并没有真正落实。市人大常委会通过安排执法检查，查找出原有法规中应该做但还没有做好的内容，从而明确法规修正的着力点，增强法规的可操作性，提升立法进程中的民主意识、法治思维和改革精神。

第二节 完善党领导立法工作机制

党的十八届四中全会决定中强调，要"加强党对立法工作的领导，完善党对立法工作中重大问题决策的程序。凡立法涉及重大体制和重大政策调整的，必须报党中央讨论决定。党中央向全国人大提出宪法修改建议，依照宪法规定的程序进行宪法修改。法律制定和修改的重大问题由全国人大常委会党组向党中央报告"。即必须完善党领导立法工作机制，明确党领导立法的基本流程和要求。根据北京市立法工作发展特点，应进一步完善立法规划、立项论证、法规起草、立法听证、法规公示、配套立法及法规后评估等工作机制，不断提高党领导首都地方立法的质量与实效。要完善立法规划，突出立法重点，坚持立改废并举，提高法律的针对性、及时性、系统性。要扩大公众有序参与，充分听取各方面意见，使法律准确反映经济社会发展要求，更好地协调利益关系，发挥立法的引领和推动作用。

一 从中国特色社会主义法律体系全局角度理解地方性法规立法工作机制

"不谋全局，不足以谋一域。"地方性法规的制定应放在全局角度考虑，应从中国特色社会主义法律体系的发展和完善角度考虑，将地方立法与国家立法有机统一起来，决不可孤立地仅仅限于一个地区的思维定式。

（一）排除地方性法规立法的区域性思维定势

一是不能用西方的法律体系来套中国的法律体系。对外国法律体系要借鉴，但应当采取分析、鉴别的态度，不能照抄照搬。不符合中国国情和实际的西方社会法律，完全不必搞；外国法律体系中没有而在中国法治实践需要的，要及时制定。

二是要坚持从我国基本国情出发，根据经济社会发展的客观需要，按照党和国家的战略部署和重大决策，坚持党领导立法，及时修改那些与经济社会发展不相适应的法律规定，督促有关方面尽快制定和修改与法律相配套的法规。要以改善民生为重点加强社会领域立法，继续完善经济、政治、文化领域立法。积极推进科学立法、民主立法，扩大公民对立法的有序参与，妥善处理数量与质量、权力与权利、前瞻性与可操作性、稳定性与变动性等关系，不断提高立法质量。

三是中国特色社会主义法律体系包括法律、行政法规、地方性法规三个层次，也就是说，行政法规和地方性法规也是法律体系的重要组成部分。一方面，改革开放和现代化建设中遇到的很多新情况、新问题，一下子都用法律来规范还不具备条件，有的可以先制定行政法规和地方性法规，待取得经验、条件成熟时再制定法律。另一方面，我国幅员辽阔，各地经济社会发展很不平衡，对一些地方或民族地区的特点，有的法律不可能都顾及，需要通过制定地方性法规或自治条例、单行条例进行规范。同时，还要注意区分法律手段和其他调整手段的关系，需要用法律调整的就通过立法来规范，不属于法律调整范畴的就没必要立法，也没办法立法。为统筹安排立法工作，要在深入研究论证、充分听取意见的基础上，尽快拟定五年立法规划草案。

（二）适当扩大法律渊源

我国的一些法律规定比较原则、抽象，执行中往往还需要制定配套法规、规章和文件，这是必要的。比如环境保护领域立法工作，我国先后制定了环境保护法、水污染防治法、大气污染防治法、固体废物污染环境防治法、环境影响评价法、清洁生产促进法等30多部相关法律。其中，环境保护法规定了环境保护的基本原则和基本制度，是环境保护领域的基础性、综合性法律。我国在环境保护法领域进行的相关配套法律的构建，对完善环境保护基本制度，加强环境管理过程控制，强化污染排放行为监管，加大违法行为惩治力度，引导社会公众有序参与，下功夫把环境保护法修改好完善好起到了较好的引导作用。可以说，随着法律渊源的扩大，我国环境保护法律体系已基本建立。

但如何使地方配套法规与法律规定原则保持一致，则是党领导立法在地方立法中的具体体现。如果配套的法规和规章过多，就有可能强化地方权力，出现地方利益法制化等问题。如果法律配套的文件过多，就有可能偏离立法原意，导致法律的执行效果大打折扣。所以，党必须在领导立法过程中科学严密地设计法律规范，有针对性地作出规定，能具体就具体，能明确就明确，情况发生变化时再及时补充、修改和解释，切实增强法律的可执行性、可操作性。

实践是法律的基础，法律要随着实践发展而发展。恪守原有单一的法律渊源已无法满足法治实践的需求，有必要适当扩大法律渊源，甚至可以有限制地将司法判例、交易习惯、法律原则、国际惯例作为判断根据,以弥补法律供给的不足,同时还应当建立对法律扩大或限缩解释的规则,通过法律适用过程填补法律的积极或消极的漏洞。

(三) 抓住健全地方立法工作机制的关键点

建立健全地方立法工作机制,关键是要把握好以下几点。

一是编制立法规划和年度立法计划,要广泛听取各方面意见,深入研究论证立法项目的必要性和可行性,分轻重缓急,科学合理地确定立法项目。

二是有关专门委员会要提前介入法律草案的起草,及时掌握进展情况和起草中涉及的重大问题,做好法律草案审议工作,特别是要把好初审关,对法律草案是否成熟提出明确意见。

三是法律委员会要切实履行统一审议法律草案的职能,认真研究常委会组成人员、有关专门委员会的审议意见和社会各方面意见,对法律草案进行修改完善。

四是积极推进科学立法、民主立法,并使之制度化、规范化、程序化,不断扩大公民对立法的有序参与,与群众切身利益密切相关的法律,要通过向社会全文公布法律草案等形式,广泛听取各方面尤其是基层群众的意见。

五是认真执行审次制度,对于法律关系复杂、分歧意见较大的法律草案,采取积极慎重的态度,需要调研的深入调研,需要协商的耐心协商,需要论证的充分论证,在各方面基本取得共识的基础上再提请表决。

对地方人大及其常委会的立法工作来说,很重要的一条就是要集中精力提高法规草案审议质量。立法工作包括立项、起草、审议、修改、表决等多个环节,每个环节都很重要。常委会、各专门委员会都要把主要精力放在法规草案审议上。审议工作是法规明确规定由常委会和各专门委员会承担的职责。从实际立法工作情况看,法律草案在审议过程中大多都做了大量修改,而且很多都是实质性修改,这对提高立法质量至关重要。

二 发挥人大及其常委会在立法工作中的主导作用

《中共中央关于全面推进依法治国若干重大问题的决定》提出,"健全有立法权的人大主导立法工作的体制机制,发挥人大及其常委会在立法工作中的主导作用"。可以说,形势的发展、事业的开拓、人民的期待,都对立法工作提出了新要求。提高立法质量是加强和改进立法工作的重中之重。全社会对立法质量普遍关注，要求越来越高。人民群众对立法的期盼，已经不是有没有法律法规，而是法律法规好不好、管不管用、能不能解决实际问题。

发挥人大及其常委会在立法工作中主导作用的一个重要途径就是编制五年立法规划以及年度立法计划，这是人大及其常委会立法的首要工作，关系到北京之后五年立什么法、怎么立的立法脉络与走向。五年立法规划经过论证筛选，根据人民群众的诉求和立法事项的轻重缓急以及立法条件的成熟程度，确定了立法项目共两类55项。十四届人大及其常委会任期内确立了完成制定或修订的法规包括大气污染防治、机动车停车管理、控烟、婴幼儿奶粉安全保障、轨道交通安全、房屋出租管理等33项地方性法规的目标。2013年的五年立法规划首次从《市人大常委会立法规划》更名为《北京市地方性法规立法规划》，充分体现了市委领导、人大主导、政府发挥基础作用、统筹协调的地方立法格局，并得以正式确立。遵循着这一立法工作格局，北京市人大着力推进了法规立项论证、立法后评估和法规预案研究等立法工作机制创新。新的立法工作机制就是立法前先进行法规立项论证，"检测"法规该不该立；立法中人大常委会统筹协调法规审议、起草、修改；立法后评估、"考核"法规实施效果；法规预案研究，对北京科学发展进程中遇到的比较复杂的突出矛盾和重大敏感问题，开展立法前期研究论证，为立法决策提供依据。

"要针对问题立法，立法解决问题。""缺什么补什么，需要什么就立什么，不求全面，但求实用和特色。"如何针对首都立法面临的新形势，准确把握首都发展的阶段性特征，加强重点领域立法？说前一阶段的立法工作主要是为经济增长提供法律保障，那么，这一阶段就是要通过立法来解决城市发展转型中出现的突出矛盾和问题，为城市公共治理提供法制保障。要坚持创新驱动、转型发展，更好地坚持首都作为全国政治中心、文化中心的城市性质和功能，统筹北京的城市规划建设和经济社会发展，逐步缓解并治理好首都的"大城市病"。推动立法、执法、司法、守法相衔接，积极探索、运用法治思维开展公共领域立法的经验，不断提高立法工作水平。比如立法听证还只是北京市人大创新立法工作机制的一个方面。在完善立项论证、立法后评估、法规预案研究、立法听证等工作机制的同时，人大常委会还将进一步推动完善专家咨询顾问制度，推动执法检查和立法工作紧密结合，通过执法检查来发现立法中存在的问题，从而更有针对性地完善立法、提高地方法规的执行力。

充分发挥人民代表大会的立法功能。2014年年初，北京市第十四届人民代表大会第二次会议在圆满完成各项议程后胜利闭幕。大会以无记名按表决器的方式，会议表决通过了《北京市实施〈中华人民共和国全国人民代表大会和地方各级人民代表大会代表法〉办法》、《北京市人民代表大会代表建议、批评和意见办理条例》、《北京市大气污染防治条例》三部法规，这也是13年来市人代会首次行使立法权。大会行使立法权通过的三部法规，保证了人民参与国家立法的权利，推进民主立法、科学立法，提高了立法质量，把党领导北京市立法推进到一个新的阶段。

三 着力提高立法的民主化、科学化路径，切实提高立法质量

2013年2月23日，中共中央政治局就全面推进依法治国进行第四次集体学习，中共中央总书记习近平在主持学习时强调，要"完善立法工作机制和程序，扩大公众有序参与，充分听取各方面意见，使法律准确反映经济社会发展要求，更好协调利益关系，发挥立法的引领和推动作用"。法律是治国之重器，良法是善治之前提。完善地方立法体制，必须坚持有效管用、切合实际的基本准则，坚持慎立多修、立改废释并举，创新地方立法工作机制和方式，着力加强市委对地方立法工作的领导，加强和改进政府立法制度建设，发挥好政府在立法中的基础性作用，必须通过完善行政法规、规章制定程序等，完善公众参与政府立法机制。着力加强立法力量，着力推进开门立法，提高法规规章的针对性和有效性。围绕重点领域加强地方立法，推动地方法规规章更加完备。

（一）民主立法、科学立法的逻辑

我国实行统一而又分层次的立法体制，既有利于维护社会主义法制统一，又有利于调动各方面的积极性。党对国家立法事务的政治决策权的行使主要是幕后政治筹划性的，而国家机关的法定立法事项的决定权的行使则主要是法定程序式的。这种关系既可以保证党能够灵活地行使国家的立法的政治决策权，又能使国家机关的法定立法事项的决定权得到有效落实。这既有利于党通过它的有效组织和高智力条件，集中精力考虑国家立法大事，提出比较科学的立法决策建议，给国家机关的立法决定提供较为

科学的根据和基础；又能够使国家机关通过国家民主的程序更广泛地听取人民群众的意见和建议，使党的立法决策更好地反映人民群众的意志和利益，并取得更普遍的认同拥护和遵守执行的效力。

但是，党对国家机关立法工作做过于频繁具体的指导，过细的干涉或包办一切会导致党将国家机关作为自己隶属的办事机构，这势必损害国家机关作为人民的立法权力主体所享有的至高无上的宪法地位，阻塞党同人民群众联系的最重要的渠道，妨害党支持人民当家做主。在党对具体立法的领导决策上，只有当某些立法政策需要全体人民一致遵行时，才有必要由党组织或党领导下的国家机关提出立法议案，通过国家机关的立法或决定，将其转化为具有国家强制力的体现国家意志的法律。党的立法政治决策权和国家机关的法定立法事项决定权的科学结合，会使这种权力的运行更加科学化，更具有实质民主意义。

立法关系不同社会群体根本利益的较量，是要在矛盾的焦点上画杠杠。立法质量从根本上体现在维护人民根本利益的价值取向上。这就要求在立法过程中，扩大公众参与，使人民群众的根本利益能够表达。"领导权不是向人能要来的，更不是强迫就能实现的，而是要在实际利益上、在群众的政治经验上，使群众懂得哪一个党好，跟哪一个党走他们才有出路，这样来实现的。"[①] 所以，在党领导地方立法过程中，必须尊重立法规律，完善立法方式，不断提高立法科学化、民主化水平，使法律准确反映经济社会发展要求，更好地协调利益关系，严谨周密、可靠管用。

（二）完善立法方式，保证立法质量

从一般意义上讲，立法质量包括"质"和"量"两个方面。从"量"上看，目前我国社会生活的主要领域已基本实现有法可依，立法的总体数量基本可以满足社会发展的客观要求。从"质"上看，仍需遵循立法的客观规律，进一步提高立法质量。保证立法质量，要求提高立法的科学性和民主性，使立法原则与内容符合社会发展的客观规律，符合人民的根本利益诉求。

要提高立法质量，必须处理好党的主张和人民意志的一致性、立法基础、评价标准、立法评估和法律宣传的问题及其相互关系。一是拓展人民

---

① 《毛泽东文集》第三卷，人民出版社1996年版，第59页。

有序参与立法途径；二是夯实立法工作基础，即立法必须通过调查研究，使立法更好地反映客观事物和行为的本质和规律；三是以科学的理论指导立法，建立科学有效的立法机制；四是完善立法评估，加强对各方面意见的综合分析，积极回应社会关切，更好地发挥立法在表达、平衡、调整社会利益方面的积极作用；五是加强法律宣传，扩大立法影响和效果，有力推动法律实施。

增强立法针对性、及时性和可操作性。要适应社会矛盾发展，抓住改革的重点领域和关键环节，针对重点领域和重要问题立法，发挥党领导立法在协调各种利益关系中的保障作用；针对各类迫切需要立法解决的社会问题，必须反应灵敏，及时启动立法程序，该立的及时立，该改的马上改，该废应立即废，增强立法时效性。做好北京市地方性法规的清理，明确立改废项目；所立之法是否为良法，关键看好不好、管不管用、能不能解决问题。在立法中，要厘清法律所调整的社会关系，科学严密地设计法律规范，确保法律规范严谨周密、可靠管用、可操作。

扩大公众参与度。在坚持以宪法为统帅，保证地方性法规与各类法律之间协调统一的前提下，公众参与立法的程度是决定立法质量、反映立法民主化程度的关键指标。法律的立、改、废事关每个公民的切身利益，扩大公众参与立法，有助于公众感受立法、了解立法，直接认识法律的权威和价值，切实推进法律实施；更有助于通过立法程序平衡社会多元利益诉求，减少社会矛盾。地方性法规作为我国法律体系的重要组成部分，必须结合北京立法发展实际，围绕提高北京市地方立法质量这一要求，加强新时期北京市人大及其常委会重点立法任务。

（三）着力提高立法质量

北京市十四届人大常委会在审议《实施防震减灾法规定》、《专利保护与促进条例》、《促进中小企业发展条例》、《实施代表法办法》、《代表建议批评意见办理条例》、《大气污染防治条例》等法规草案过程中，在以往制定法规实行"两审三通过"程序的基础上增加一次审议，对草案进行反复修改。比如从《大气污染防治条例》的立法过程来看，一是建立了人大代表参与立法制度。通过立法座谈会、问卷调查、年中和会前集中活动等形式，组织代表参与立法工作。在《代表法实施办法》、《代表建议批评意见办理条例》修订过程中，318位代表通过填写调查问卷提出了建议；485位代表参与了代表团年中活动对草案的讨论；70余位代表在

8次专题座谈会上提出意见建议。在《大气污染防治条例》立法过程中，代表通过常委会网站代表服务平台和代表团年中活动，先后两轮提出意见建议。二是在坚持立法向社会公开征求意见制度的同时，召开听证会，直接听取利害相关人、社会组织、市民代表的意见。三是在北京市地方立法史上，首次举行立法协商。根据党的十八届三中全会精神，市委决定，将《大气污染防治条例》草案交由市政协开展协商。市政协组织各党派、各界别的政协委员积极参与协商，提出意见和建议，并向市委报告协商意见。按照市委要求，常委会认真研究吸纳市政协提出的意见，对法规草案中的61条内容进行了83处修改。四是加强立法工作的整体统筹，完善法规立项论证制度、法规预案研究制度，探索建立法规起草和审议统筹衔接的机制，进一步加强立法工作中常委会的主导作用和人大法制委员会的统筹作用，提高立法的科学性。

四　党的立法修法主张转化为法律内容的基本路径

党的领导是依法治国的根本保证，立法工作是依法治国的基础工作。发挥立法的引领和推动作用的主体是人大及其常委会。在法律起草过程中，党的领导活动应依托人大及其常委会，防止立法起草过程中的部门利益化倾向。加强党对立法工作的领导，要善于使党的主张通过法定程序成为国家意志，从制度上、法律上保证党的路线方针政策的贯彻实施。党的主张应当是党的立法主张，包括修改法律、解释法律、废除法律的主张。而党的主张通过法定程序成为国家意志，则要求已经成为国家意志的党的主张应有法律的刚性，不能轻易改变。

党对立法的领导主要是指党通过确立立法工作方针、审定立法规划、提出立法建议、审定重要法律草案等方式进行领导，然后通过人大立法得以实现。党往往在上述工作过程中体现对立法的意见、看法、评价、主张。研究党的主张进入立法程序的途径和可能，即研究党的立法修法主张如何合法正当地成为法律内容，可以在以下几个方面改进。

一是党的立法修法主张可以通过提案方式，直接进入立法程序。党组织在深入了解社情民意的基础上，就某一个或者某一类涉及权利、责任、义务、利益分配等法律关系的确定与调整的重大问题达成共识后，即可以通过提案方式按照法定程序提交人大立法。提案进入立法讨论审议获得通过以后，便使党的主张成为法律内容，党的意志通过法律得以实施，从而具体实现了党对国家和社会的政治领导。但是目前的立法现状是，党组织行使的是立法建议权，而不是立法提案权。按照法律规定，人大对立法建议是可讨论可不讨论的，不一定进入立法审议程序，而立法提案是一定进入立法审议程序的，人大是必须讨论审议的。将党的立法主张通过立法提案的形式进入立法审议程序是党对立法工作领导的重要途径之一。

二是党的立法修法主张可以通过组织途径，传达给党员代表，使之充分了解、深刻理解党对于某些重大政治、经济、行政、文化问题的意见和看法。在行使代表权利时，以尊重党的主张为原则，保证党的立法主张按照法定程序顺利成为法律法规。增强党员代表政党意识教育，强调党员代表对党的主张的认同，是实现党对立法工作领导的重要内容之一。

三是党的立法修法主张可以通过舆论传播，影响立法工作。党的立法修法主张形成以后，为获得社会的响应和认同，可以动用国家媒体资源进行广泛深入的舆论宣传。宣传是将党的主张告知社会，这一方面是党的立法主张接受社会反馈的过程，另一方面也是影响立法的主流价值和实际导向的过程。

四是党的立法修法主张可以通过党组织审定重大法律草案的方式体现出来。

加强党对立法的领导，推进党的主张转化为法律内容，必须坚持两点论：一是党领导立法并不意味着党组织可以代替国家政权机关行使国家权力，直接对国家立法重大事项直接作出决定。党领导国家政权与党代替国家机关行使国家权力具有根本性质上的不同；二是必须采取切实措施，加强党对立法工作的领导。在具体的领导立法进程中，地方党委通过国家政权机关党组对立法事务进行领导。地方国家政权机关应建立依靠党的领导的制度和机制。

在北京市人大常委会党组向地方党委报送立法规划时，一旦涉及有关地方经济、文化、社会治安等方面重要法规的问题，立法机关党组主动向地方党委报告，在报告中应将群众和专家对某一重要问题的不同意见和理由列明，并说明自己的初步意见。此外，关于地方党委提出的立法建议，也会根据轻重缓急程度而分别作出处理：对重要紧迫而又把握比较大的问题，可由党委直接向政权机关党组提出。对相对而言时间不那么紧迫的立法问题，依法由同级人代会代表中的党员领衔提出后经法定程序形成议案。地方党委没有提出建议，而国家立法机关认为需要作出决定的事项，在作出决定前,由相关党组将准备作出的决定报经同级党委原则同意。党领导立法工作机制在实践运行中得以不断成熟和完善。

另外,党的十八届四中全会《决定》中专门强调,要"建立由全国人大相关专门委员会、全国人大常委会法制工作委员会组织有关部门参与起草综合性、全局性、基础性等重要法律草案制度。增加有法治实践经验的专职常委比例。依法建立健全专门委员会、工作委员会立法专家顾问制度"。这表明,今后人大及其常委会的立法功能将会得到强化,立法机构的专业化和立法人员的专业化也将得到进一步提升。因为随着人大及其常委会的立法职能和任务日益繁重、专业和广泛,只有配置年富力强、专业性强、待遇优厚、品行高尚、教育良好的职业立法者队伍才可以胜任。所以,进一步加强立法专业机构和人才队伍建设,注重从高校、律师事务所、司法机关、企业家等社会精英阶层之中选拔人才,增强立法人员的专业性和职业化,并逐步研究建立立法者责任制,促使科学立法进入制度轨道并成为常态,成为未来党领导北京市立法机制建设的重要任务和趋势。

第三节　强化重点领域立法

党的十八大报告提出,要坚定不移沿着中国特色社会主义道路前进,为全面建成小康社会而奋斗,并着重指出"完善中国特色社会主义法律体系,加强重点领域立法"。市委第十一次党代会报告把将北京建设成为中国特色世界城市作为一项长期的战略任务,并指出,要坚持科学发展,加快转变经济发展方式,大力践行"北京精神",深入实施"人文北京、科技北京、绿色北京"战略,率先形成科技创新、文化创新"双轮驱动"的发展格局和城乡经济社会发展一体化新格局,加快建设"五个之都",努力让人民群众生活得更加幸福美好,向着建设中国特色世界城市迈出坚实步伐。因此,北京市应在进一步完善经济发展、城市建设和管理等方面地方性法规的同时,加强文化领域、科技创新领域、社会建设领域、新农村建设领域、绿色低碳领域、法治政府领域等方面立法,科学编制立法规划,为推进首都各项工作提供法治保障。

一　北京市编制立法规划基本情况及作用

在中国特色社会主义法律体系形成后,并不意味着党领导立法任务可以暂告一段落，而是相反，我国立法工作任务仍然相当艰巨。为使社会主义法律体系不断完善，应该进一步加强立法规划、制定必要的新法；要修改完善已有的法律、法规，不断提高质量；同时要加强与相关法律匹配的配套法规制定工作，确立和实施立法后评估制度等。

立法规划是立法机关根据党和国家的方针、政策和经济、社会发展的需要，在立法预测的基础上，就一定时期的立法工作、立法任务所作的总体安排。"在做一件事之前，就有一套完备的制度措施跟上，这充分反映了政府的管理能力和水平。"在全面深化改革的历史新时期，党领导立法要增强预见性、前瞻性，在一个问题即将产生之前，就要有相应的对策跟上，即相关立法。而不是直到问题暴露一大堆，也尚未找到有效的解决措施。科学编制立法规划在增强立法预见性方面具有先天的基础性作用。从这一角度说，党领导立法，应逐步从领导具体法律条文的制定，转向对立法规划编制的领导。

1991年，七届全国人大常委会制定了第一个立法规划（1991年10月—1993年3月）。北京市人大常委会自1993年以来，每届的届首之年都对本届五年立法工作进行规划，已先后编制了五个立法规划，前四届每届任期内的立法项目完成率为60%左右。其中，市十三届人大常委会共制定、修订法规26项，有21项为立法规划所列项目。编制立法规划能够起到均衡立法结构、优化立法内容、调控立法供求关系、合理配置立法资源的作用；有利于加强党对立法工作的领导，发挥人大在立法工作中的主导作用，克服部门利益倾向，维护法制的统一和内部协调；有利于增强立法的预见性、科学性，提高地方立法的质量和效率，保证立法工作有条不紊地进行。

二 坚持法治国家、法治政府、法治社会一体建设

党的十八大特别强调法治在国家治理和社会管理中的重要作用，提出到2020年"基本建成法治政府"，把"依法治国基本方略全面落实"作为全面建成小康社会的新要求。十八大报告提出，国家实施创新驱动发展战略，加强知识产权保护，推动文化事业全面繁荣、文化产业快速发展；加快建立生态文明制度，把生态文明建设放在突出地位，融入经济建设、政治建设、文化建设、社会建设各方面和全过程。十八大报告要求"把保障和改善民生放在更加突出的位置"，指出加强社会建设"必须维护最

广大人民根本利益的高度,加快健全基本公共服务体系,加强和创新社会管理,推动社会主义和谐社会建设"。

(一) 全面贯彻依法治国基本方略

五年立法规划的编制力求准确地把握当前形势、任务和社会发展趋势,立足首都实际情况,紧紧围绕全面建成小康社会的宏伟目标,坚持依法治国、依法执政、依法行政共同推进,坚持法治国家、法治政府、法治社会一体建设,加强政治、经济、文化、社会和生态文明领域立法,高度重视以维护公民权利、促进社会公平正义为核心的立法,切实解决人民群众最关心、最直接、最现实的利益问题。

国家十二五规划明确提出,全面落实依法治国基本方略,坚持科学立法、民主立法,完善中国特色社会主义法律体系;重点加强加快转变经济发展方式、改善民生和发展社会事业以及政府自身建设等方面的制度建设;加强和创新社会管理,提高社会管理能力,创新社会管理体制机制,加快服务型政府建设,着力解决影响社会和谐稳定的源头性、基础性、根本性问题,保持社会安定有序和充满活力。北京十二五规划提出,进一步加强地方立法工作,坚持以人为本、依法治理,致力于社会管理创新,建设公正和谐稳定的社会;坚持统筹城市规划、建设与管理,把提高城市治理效能摆在更加突出的位置,把人口、交通、环境和社会公共服务作为城市战略管理的重点,推进城市管理的精细化、智能化,使城市的运行更加安全高效。因此,未来五年立法规划的编制应着眼于加快法治城市建设,优先安排经济、社会、生态、城市管理等重点领域立法,着力解决首都经济社会发展中面临的诸多复杂性、系统性的管理难题。

(二) 明确地方立法的阶段性任务

北京市十一次党代会提出,要全面落实依法治国基本方略;加强地方立法工作,健全地方立法工作格局,提高地方立法质量;加大依法行政工作力度,加快建设法治政府。郭金龙在中共北京市委十一届二次全会上提出,要准确把握首都发展的阶段性特征,在加快转变经济发展方式、提高城市精细化管理水平、加强民主政治建设、发挥首都全国文化中心示范作用、改善民生和创新社会管理、加强生态环境建设等方面要有新思路、新举措、新探索、新成效。

五年立法规划的编制应本着在相关领域的法治化方面有所作为的要求,根据北京发展的阶段性特点安排一定阶段的立法工作,使立法工作与经济、社会发展相呼应，使经济社会发展与首都城市性质和功能相协调，与人口、资源、环境的承载能力相适应，最终与全市、全国人民对首都的期望和要求相吻合。

(三) 编制五年立法规划的基本指导思想

一是突出重点，把基本的、亟须的、条件成熟的立法项目作为立法规划的主要内容。因此，五年立法规划准备只列重点立法项目。这里所谓基本的，主要是指那些构成地方法规体系具有支架作用、必不可少的重要法规；所谓亟须的，主要是指那些适应社会主义市场经济发展，适应改革开放和现代化建设迫切需要、维护人民群众切身利益迫切需要的重要法规；所谓成熟的，主要是指那些符合社会主义初级阶段国情、客观环境和立法条件比较具备的法规。这就要求从国情市情出发，从工作实际出发，抓住重点进行立法。

二是五年立法规划是预期的、滚动的、指导性的，而不是指令性的。有些立法项目虽然没有列入立法规划，但如果确有需要，立法条件也确实成熟了，可以在年度立法计划中再列进去，规划本身也可以根据情况的变化加以调整。

三是有些法规虽然是解决各类新的社会问题过程中所不可缺少的，但近期的立法条件还不成熟，可以由政府根据立法法等规定，先用政府规章的形式规定行政管理措施，等将来条件成熟了再制定地方性法规。

三 编制立法规划的基本原则

市人大常委会在全面贯彻中央和市委精神前提下，要坚持首都城市性质和功能定位，科学、合理地安排立法规划项目，加强政治、经济、文化、社会和生态文明领域立法，发挥立法对经济社会发展的引领、推动作用，为推进首都科学发展和全面建成小康社会提供法制保障。

第一，坚持正确的政治方向，在全市工作大局中谋划和推进地方立法。立法规划要体现依法治国方略的要求和战略思维，认真贯彻市委人大工作会议的精神，坚持地方立法的价值取向，按照上届形成的地方立法工作格局，坚持党的领导、人民当家做主、依法治国的有机统一，把立法与北京市改革发展稳定的重大决策结合起来，从法制上保证党和国家战略部署和重大决策的贯彻执行，保证党的路线方针政策的贯彻实施。

第二，以宪法法律的实施推进党领导北京立法进程。当前，随着逐步完善中国特色社会主义法律体系的历史进程，法治中国的推进正在实现"从以立法为中心转向以宪法法律实施为重点"的历史新时期。从法律实施可操作性要求看，宪法法律体系将党的方针政策作出了有效转化，但其中的规则制定往往比较原则。地方立法则成为推进宪法法律实施的重要组成部分，也是新时期党领导地方立法的具体推进举措。2015年3月新修订的《立法法》在地方立法模式、立法体制上作出了重要调整，这使地方人大及其常委会的地方立法成为落实法律实施的载体。同时，只有不断加强地方人大及其常委会科学立法、民主立法进程，才能真正推进宪法法律实施。

立法选题要有针对性，在法制统一的前提下突出地方特色。围绕首都城市性质、功能定位和科学发展的需要选择立法项目，着力解决首都发展面临的主要矛盾和突出问题。努力避免立法"大而全"，制度规范不明确、不具体，解决核心问题的规定过于原则，法规不实用、不易操作等问题。规划选题以解决问题为导向，采取"精确打击"的立法模式，精选一些立法项目进行突破，增强法规的针对性、可操作性和实效性，创造性地解决北京市的问题，在法制轨道上规范和推进各项工作。在立法时效上，尽可能针对实际生活对立法提出的迫切需求，回应人民群众的呼声和社会诉求。

第三，突出重点，统筹兼顾。立法规划是预期的、指导性的，改革发展对北京市地方立法的需求很大，编制立法规划既要反映这种客观需求，又要充分考虑立法的实际可能。立法规划根据解决问题和社会发展的需要进行权衡取舍，把关系全市发展大局和与人民群众利益密切相关、社会关注而又亟须的立法项目作为重点。同时，兼顾经济、社会发展的各个方面对立法的需求，从完善社会主义法律体系的角度，根据立法事项的轻重缓急和立法条件的成熟程度，有序安排各领域的立法项目，保障、促进首都城市功能优化和可持续发展。

第四，与国家立法规划相衔接，保持法律体系的统一性。根据张德江委员长关于加强和改进立法工作、进一步提高立法质量的讲话精神和科学编制五年立法规划的指导性意见，按照法制统一的宪法原则和完善中国特色社会主义法律体系的要求，北京市立法规划尤其要注意与国家立法规划做好衔接，地方立法工作的内容、进度要根据国家法律的制定和修改作出前瞻性的考虑和适当安排，与国家立法和法制建设的进程保持总体一致，努力使地方立法与国家整个法律体系的进一步完善相协调，发挥地方立法在贯彻实施法律和推动社会主义建设事业方面的重要作用。

履行好宪法和法律赋予人大及其常委会的职权，前提和基础是要熟悉党的路线方针政策，熟悉国家各个方面的实际情况。为此，必须加强调查研究。人大常委会全体组成人员和机关各部门，要把大力加强调查研究作为理论联系实际、加强和改进人大常委会及其机关作风建设的一个重要方面。调查研究工作要紧紧围绕人大立法、监督工作的重点来进行，贯彻少而精的原则，增强调查研究工作的针对性和实效性。

四　编制立法规划的主要措施

经过多年的探索和实践，北京市编制立法规划建立了一整套的方法步骤。

（一）经市委批准，由北京市人大常委会启动立法规划编制工作。

（二）向各方征求意见。向市人大各专门委员会、市政府法制办公室和各委办局、16个区县人大常委会及有关单位征集立法规划项目建议；委托市社科院、市委党校课题组对北京市立法需求进行专题调研；向市民和社会各界公开征集立法规划项目建议。

（三）在编制立法规划过程中，一般组织10余场座谈会，听取市政府有关部门、市高级人民法院、市法学会、市律师协会、市社科联、市社科院，以及部分市人大代表、市民代表和有关方面专家学者的立法建议。通过内部征集、公开征集、召开座谈会等方式，征集立法规划项目建议。

（四）建议征集工作结束后，由市人大常委会集中力量进行立法项目论证筛选。此外，还要进行一系列沟通协调，并听取专家意见。具体由法制办公室分别与市政府法制办、常委会各专委会对初步筛选出的立法项目进行研究论证和充分的沟通、协调。在开展立法选项工作过程中，为了增强立法规划的科学性，还可结合有关部门提供的社会结构状况和社情分析，从法律体系分析的角度，对北京市现行有效地方性法规与法律、行政法规的关系作对比研究，并与上海等大城市和纽约、东京、中国香港等国际化大都市的立法情况作出比较分析。

五　确立立法重点领域

按照党的十八届三中、四中全会精神，为推进科学立法，民主立法，扩大党领导立法参与度，不断提高立法质量，北京市进一步明确立法的指导思想和价值取向，全面把握比较集中的立法需求指向，对立法选项问题作出了基本判断，确立了立法选项的原则、标准、方针和指向。在选择法规项目时，重点从解决民生问题、建设法治政府、加强城市管理、促进首都科学发展、推动城乡一体化等方面入手。未来党领导北京市立法的重点领域如下：

（一）坚持首都城市性质功能，推进经济发展方式转变，保障首都科学发展

党的十八届四中全会明确指出，"社会主义市场经济本质上是法治经济。使市场在资源配置中起决定性作用和更好发挥政府作用，必须以保护产权、维护契约、统一市场、平等交换、公平竞争、有效监管为基本导向"。北京市根据加快转变经济发展方式，推动文化事业大发展、大繁荣和加快建立生态文明制度的要求，安排坚持首都城市性质功能，推进经济发展方式转变。重点保障首都科学发展方面的立法项目，比如通过制定促进中小企业发展条例、实施可再生能源法办法、非物质文化遗产保护条例、公园条例、实施水土保持法办法、历史文化名城保护条例、学前教育条例、发展中医条例等，强化城市性质功能。

（二）维护公民合法权益，保障和改善民生，完善社会管理

根据维护最广大人民根本利益、把保障和改善民生放在更加突出位置、加强和创新社会管理的要求，安排维护公民合法权益，保障和改善民生。制定包括婴幼儿奶粉安全保障规定、家政服务条例、急救医疗服务条例、社区卫生服务条例、控制吸烟条例、社会救助条例、供热用热条例、房屋拆迁补偿规定、饮用水安全条例；修订实施老年人权益保障法办法、全民健身条例、殡葬管理条例、实施消费者权益保护法办法、精神卫生条例、实施工会法办法、制定基本住房保障条例、房屋出租管理条例、土地出租管理条例、农村集体经济组织条例等。

（三）规范国家权力运行，推进依法行政，加强民主政治建设

党的十八届四中全会强调，"制度化、规范化、程序化是社会主义民主政治的根本保障"。根据全面落实依法治国基本方略、2020年基本建成法治政府的目标要求，安排规范国家权力运行，以党领导立法推进依法行政，加强民主政治建设。更加强化社会主义协商民主制度建设，推进北京协商民主制度化发展，使协商民主体系构建程序更加合理、环节更加完

整。为了有效促进依法行政，防止公权力侵犯私权利，避免和减少社会矛盾，加快建设法治政府的进程，北京市在未来的立法项目选择上，更加强化规范政府行为和行政程序以及完善人大制度方面的立法。未来北京市在加强民主政治建设方面的立法项目主要包括：制定行政程序条例；修订实施代表法办法、代表建议、批评和意见办理条例、预算监督条例、统计条例等。

（四）推进城市规划建设和管理服务，保障城市安全运行，维护公共利益

根据北京市战略管理的重点和推进城市管理精细化、全面提升城市运行管理与服务水平的要求，安排推进城市规划建设和管理服务，保障城市安全运行。通过制定实施防震减灾法规定、建设工程质量条例、物业服务条例、建筑装饰装修条例、轨道交通安全条例、历史文化街区管理规定、气象灾害防御条例、环境噪声污染防治条例、机动车停车管理规定；修订燃气条例、动物防疫条例、实施道路交通安全法办法、人民防空条例、出租汽车管理条例等维护公共利益。

第四节　理顺党领导改革与立法的关系

习近平总书记在庆祝全国人民代表大会成立 60 周年大会上的讲话中指出："要加强重要领域立法，确保国家发展、重大改革于法有据，把发展改革决策同立法决策更好结合起来。"伴随着改革的深入，法律的立、改、废之间的有效衔接更为迫切，理顺改革与立法之间的关系成为党领导立法必须解决的重点问题。

一　理顺党领导改革与立法关系的重要意义

处于"全面深化改革"的新时代，各方的改革均对立法和修法提出了更高的要求。国内阶层分化和阶层相对固化的现实，又使得立法博弈日渐激烈。如何平衡各方利益诉求，且不致在妥协中导致法律规范本身产生逻辑断裂，是立法者必须直面的挑战。

2014 年，党的十八届四中全会为全面推进依法治国，明确了党领导立法基本战略布局，将党领导立法与保证执法、支持司法、带头守法有机结合起来，"党领导立法"作为一个基本命题写入党的中央全会决定。目

的就是要"把依法治国基本方略同依法执政基本方式统一起来,把党总揽全局、协调各方同人大、政府、政协、审判机关、检察机关依法依章程履行职能、开展工作统一起来,把党领导人民制定和实施宪法法律同党坚持在宪法法律范围内活动统一起来,善于使党的主张通过法定程序成为国家意志,善于使党组织推荐的人选通过法定程序成为国家政权机关的领导人员,善于通过国家政权机关实施党对国家和社会的领导,善于运用民主集中制原则维护中央权威、维护全党全国团结统一"。党领导立法,就要同党领导全面深化改革这一看似矛盾的活动有机统一起来,理顺党领导改革与立法的关系。

新形势下,立法功能已从对改革发展发挥保障性作用拓展为引领性、推动性和保障性作用,更加突出立法对改革发展的引领和推动作用。把立法和改革有机统一起来,既要坚持运用法治思维和法治方式深化改革、推动发展,又要运用法治思维和法治方式开展立法,推进管理方式、管理体制改革与立法工作改进的协调统一,促进立法、执法、司法、守法的协调统一。

二 运用法治思维和法治方式,将改革和立法协调起来

北京市人大及其常委会承担着立法和保障法律实施的重要职能,需要解决好推动深化改革的问题,也需要解决好法治思维和法治方式的问题。当前,每一个立法问题实质几乎都是深化改革的问题。要解决好深化改革的问题,就需要运用法治思维和法治方式,将改革和立法协调起来,从全面深化改革,推进国家治理体系和治理能力现代化的高度来统筹考虑立法和执法问题。通过法治思维和法治方式,使立法和执法工作有力地推动城市公共治理体制的建设。

法律的稳定性与改革过程的变动性对立法的"突破"作用一直是立法中的矛盾焦点。因为法律的特点在于"定",一旦作出规定,就要保持相对稳定,避免朝令夕改;而改革的特点是"变",是要突破原有的一些体制和规则。在改革进入"深水区"和"攻坚阶段"后,习近平总书记多次强调,"凡属重大改革都要于法有据,在整个过程中,都要发挥立法的引领和推动作用。"要发挥好立法的引领和推动作用,首要的是发挥好党对立法的领导作用。十八届三中全会提出,要推进国家治理体系和治理能力现代化。法治是现代国家的重要标志,法治能力是最重要的国家治理

能力，党领导立法的能力是法治能力的基础，是顶层设计能力的具体体现。党领导立法进程中，一方面要及时把改革中成功的经验用法律形式固定下来，对现有法律中不适应改革开放和现实生活需要的规定及时作出修改，为改革提供可靠的法制保障；另一方面必须为深化改革留下空间。2014年9月，习近平在庆祝全国人民代表大会成立60周年大会上的讲话中指出，"我们必须坚持党总揽全局、协调各方的领导核心作用，通过人民代表大会制度，保证党的路线方针政策和决策部署在国家工作中得到全面贯彻和有效执行。要支持和保证国家政权机关依照宪法法律积极主动、独立负责、协调一致开展工作。要不断加强和改善党的领导，善于使党的主张通过法定程序成为国家意志"。

党的十八届四中全会高度评价了长期以来特别是党的十一届三中全会以来党领导社会主义法治建设的历史性成就，对依法治国提出了新的总体部署和全面规划，法治体系的建设，已经不再是有法可依的法律需求，而是要将科学立法、严格执法、公正司法、全民守法有机结合起来，促进国家治理体系和治理能力现代化。这为党领导立法提出了更高的要求和标准。要从"成熟一部制定一部、成熟一条制定一条"的"摸着石头过河"的立法模式向加强领导、科学规划、顶层设计、协调发展的立法模式转变。从立法项目选择的避重就轻、拈易怕难向立法就是要啃硬骨头、迎难而上、攻坚克难转变，使所立之法真正成为分配社会利益、调整社会关系和处理社会矛盾的杠杆和标尺。

改革，最终体现在对法律法规的修改、调整上。在全面深化改革的时代，针对现实情况中需要改、必须改的各类事项，如果依据以前的法律法规与党的改革导向存在冲突时该如何处理？因为中国特色社会主义法律体系形成后实施改革的法律环境与改革开放之初不同。党的十一届三中全会召开之后，多数改革的内容是没有相应法律作出明确规定的。当时的立法与改革逻辑是"摸着石头过河"，根据经济社会发展需要，先行先试，试点成功了，全面推广，条件成熟了，再予以立法。当法律比较健全，而改革进入深水区的今天，所有涉及的改革必须以法律为原则和依据。那么具体步骤就是改革先行试点，以试点为基础予以立法，再全面推广。同时，即使在进行改革试点的进程中，也必须以不触动法律法规基本原则为前提。所以，要密切关注改革的进程，做好立法预测，及时做好相应的立法、修法及法律清理，及时准确地将改革成果以法律形式固定下来。

三 充分发挥党领导立法对北京市改革的保障作用

北京市人大及其常委会将在党的十八大精神和习近平总书记一系列重要讲话精神指导下,不断完善中国特色社会主义法律体系,充分发挥立法在全面建成小康社会、深化改革开放过程中的引领和推动作用,加强重点领域立法,促进社会主义经济建设、政治建设、文化建设、社会建设、生态文明建设。加强立法工作组织协调,拓展人民有序参与立法途径,提高立法质量,保证通过的法律更好地体现党的主张和人民的意志。党领导立法作为我国民主法制建设过程中的一条根本性原则,将沿着既定的轨道不断健康发展。比如在2014年制定《大气污染防治条例》的过程中,在北京市委的领导下,北京市人大及其常委会在立法过程中,针对如何将体制改革和立法改进有机结合的核心问题,与市政府共同组成工作小组,围绕首都大气污染防治的指导思想、防治方式、防治体制、防治制度、防治措施等问题做了反复深入的研究,先后确定了"以人为本、环境优先、政府主导、全民参与、科学有效、严防严治"的防治工作指导思想和立法宗旨;确立了政府主导,政府、法人、公民共同负责的公共治理体制;完善了污染物排放总量控制,政府、法人、公民的权利义务,信息公开和重污染天气预警,违法行为的责任追究,公众举报奖励等一系列制度。其特点主要体现在以下几方面。

(一) 在立法观念上实现转变

我国当前的立法过程中,仍存在部门保护主义、地方保护主义和立法不公等现象。而建立在畸形的利益格局基础上的立法腐败,通过立法将利益或权力关系予以合法化则是最大的政治腐败。经过30多年改革开放和市场经济体制的发展,一些深层次问题亟待解决。在全面深化改革的历史时期,党领导立法必须在体制机制上更加充分代表民意、体现民利、反映民情,公平公正地解决社会问题、分配利益,从立法源头上解决社会问题。党领导立法观念必须从以经济建设为中心的发展立法观,转变为经济政治社会文化全面协调发展的全面的立法观;必须从片面追求立法数量绝对增长转变为以提高立法质量为关键要素;从立法效率优先、忽略实质意义上的民主立法进程,转变为民主优先兼顾效率的立法观念;从以制定法律为重心而不计法律实施结果的立法观,转变为以法律实施为根本目的的立法修法主张。

(二) 强化党领导下的人大及其常委会的立法职能

在"将权力关进制度的笼子"的历史新时期,党在立法领域的领导活动应主要体现在对人大及其常委会的领导上。要转变人大及其常委会被动立法的局面,使立法与全面深化改革协调推进,积极主动地通过法律的立、改、废、释,为全面深化改革开放提供法律依据和法治保障,真正发挥立法的引领和主导作用。一是完善人大及其常委会的会期制度,适当延长每年的会期,为民主立法提供充分时间保障;二是加快推行立法旁听制度,让公民、媒体和社会组织能够更加直观地了解、参与和监督立法过程。同时,推行立法助理制度,使科学立法真正落到实处;三是进一步扩大人大常委会委员、专门委员会、立法工作机构起草或者组织起草、委托专家学者起草法律、法规草案的比重,将党领导立法的主体建立在人大及其常委会,从源头上预防立法中的部门保护主义、地方保护主义;四是推进人大立法工作者的年轻化、专职化、专业化,为人大及其常委会委员充分发挥作用,更好地履行立法职能打下良好的人才队伍基础。

(三) 推进民主立法、科学立法

扩大不同利益群体公开主张、表达利益的渠道,使人民充分表达自己的立法意志和利益诉求,通过立法博弈实现公正立法。建立和完善更加广泛的立法草案向社会公开征求意见的制度,对涉及人民群众利益的立法事项,原则上都应当向全社会公布,并建立意见采纳情况的说明和反馈制度。完善立法听证制度,对影响重大、关系人民群众切身利益的重大立法事项,要通过举行听证会的方式充分听取意见,确保法律草案涉及的利害关系人全面参与立法、有效开展立法博弈,保证人民群众立法诉求的充分表达和宣泄。推行律师和法学专家为法律草案涉及的利害关系人提供专业立法咨询、参与立法听证等立法援助的制度。推进立法公开,建立人大常委会、专门委员会审议法律草案、地方性法规草案的立法旁听制度,旁听代表有权发言,保证人民群众对立法的知情权和监督权。

(四) 厘清市场经济发展与立法的关系

自1992年党的十四大确立建立社会主义市场经济体制目标以来,社会主义市场经济体制经过逐步发展并不断完善。党的十八届三中全会强调,深化经济体制改革,必须让市场在资源配置中起决定性作用。

各个国家包括我国改革开放实践已经证明,市场机制配置资源的效率要高于计划机制,因此,深化经济体制改革必须让市场在资源配置中起决定性作用,这是党的十八届三中全会作出的重大决策。但是市场在资源配置中的决定性作用不是无条件的,而是需要具备一系列条件,其中最为重要的一个前提条件就是市场主体的行为处于法律框架内,而这一法律又必须是良法而不是劣法,就需要在法律层面上维护市场主体的平等竞争。因为市场主体为了追求利益的最大化,要实现其在竞争中的优势地位,有的通过正当竞争,有的则通过不正当竞争,如通过各种形式的垄断、生产经营假冒伪劣商品甚至坑蒙拐骗等,其结果必然损害其他市场主体或侵害消费者的利益。这在客观上要求国家要有相应的法律以及相关的制度来规范市场主体行为,维护公平竞争,打击不正当竞争,保护消费者权益。从我国的实际情况来看,目前已经形成了多种所有制经济共同发展的格局,这就要求通过法律的途径保护多种所有制经济的平等竞争。

中国特色社会主义市场经济的发展,与中国特色社会主义法治建设是同步的,离开了法治,就没有市场经济的成就,也没有市场经济的平衡发展。这是我国实施改革开放以来的一条最基本、最核心的经验。当前,改革开放进入新的阶段,市场经济发展已进入一个比较成熟的新时期,要更加强调法治。要用法律的方法划分好中央与地方的财权、事权;要以法律划清政府与市场之间的关系;要更加强调把促进公平、正义作为政府的基本价值追求。讲依法治国,就是要在党的领导下,充分发挥人大及其常委会立法的引领和主导作用,推动和监督政府法律实施,以法律来维护社会公平,维护党和政府形象,从而促进社会和谐稳定。

四 结语

当前,我国立法领域仍然存在立法质量不高,立法民主性和科学性不够,解决实际问题的针对性、有效性不足,立法可操作性不强以及立法部门利益化、借立法争权推责等问题,必须推进科学立法、民主立法,提高立法质量,不断完善立法体制。

在立法体制上,注重发挥人大及其常委会在立法中的主导作用,及时了解和掌握社会各方利益诉求和矛盾焦点所在,以人大相关部门的专业性介入,尤其要直接起草涉及利益关系调整较为复杂的法律法规草案,逐步实现由政府型立法回归人大主导型立法格局。政府在立法格局中处于基础性地位，为克服立法部门利益化、地方利益化，必须完善行政法规、规章的制定程序，议决充分，在深入分析研究立法中的关键问题后，再予以表决，以严格的立法程序规范立法环节，使其更民主、科学。同时，要充分发挥立法听证、政府法规、规章向社会公开征求意见、质询、会商、组织民众讨论等形式，使公众参与政府立法更加具象化、实质化。在明确划分立法权限的前提下，政府法制机构在政府立法中发挥主导和协调作用，建立积极介入和主导起草法律法规的工作机制，完善与人大之间的立法协调机制，探索开展政府立法出台前成本效益评估、社会风险评估和实施后的立法质量评估。落实立法责任制，防止立法消极不作为，对部门间争议较大的重要立法事项，引入第三方评估，提高立法时效性。

进一步推进科学立法、民主立法，提高立法质量。科学立法，就是要尊重客观事实和规律，科学平衡社会关系和社会利益，以立法的科学化更好体现民主化；民主立法，就是要广开言路、集思广益，最大程度地汇聚民意，集中民智，体现人民利益诉求，通过开门立法等方式，将人们的公共意愿集中于民主立法中，才能真正保证立法的科学性。立法的科学性、民主性是提高立法质量的根本保证。提高立法质量，要明确什么样的立法才是有质量的立法，"立善法于天下，则天下治；立善法于一国，则一国治"，立法是执法的起点，守法的基础。新的历史时期，党的执政理念要更加注重和加强改善民生和社会建设，注重回应人民群众对教育、医疗、社会保障、收入分配、食品安全、环境保护等的需求，体现在立法上就需要精细化立法，增强法律的可操作性、实用性，立良法，通过立良法行善治。要注重立法、执法、司法、守法的结合和衔接，以执法、司法、守法环节的法律实施评估来推进立法更加科学化、民主化，提高立法质量。

党的十八届四中全会确立了依法治国的总目标，描绘了建设法治国家的路线图："把党的领导贯彻到依法治国全过程和各方面，是我国社会主义法治建设的一条基本经验。我国宪法确立了中国共产党的领导地位。坚持党的领导，是社会主义法治的根本要求，是党和国家的根本所在、命脉所在，是全国各族人民的利益所系、幸福所系，是全面推进依法治国的题中应有之义。"党领导立法是坚持中国特色社会主义制度，贯彻中国特色社会主义法治理论的根本保证。必须将形成完备的法律规范体系、高效的法治实施体系、严密的法治监督体系、有力的法治保障体系,并将其和形成完善的党内法规体系有机结合起来,将依法治国、依法执政、依法行政共同推进,发挥好科学立法在国家治理体系和治理能力现代化建设进程中的基础保障作用。将党领导立法与严格执法、公正司法、全民守法有效衔接,促进法治中国建设健康稳步前进。

参考文献

[1] 江泽民：《论加强和改进执政党的建设》（专题摘编），中央文献出版社、研究出版社2004年版。

[2] 李林：《法治与宪政的变迁》，中国社会科学出版社2005年版。

[3] 李林主编：《依法治国与法律体系形成》，中国法制出版社2010年版。

[4] 李林主编：《中国法治发展报告No.9》，社会科学文献出版社2011年版。

[5] 李林主编：《立法过程中的公共参与》，社会科学文献出版社2009年版。

[6] 李林、胡水君编：《民主法治之道》，中国社会科学出版社2008年版。

[7] 张恒山、李林等：《法治与党的执政方式研究》，法律出版社2004年版。

[8] 李步云：《论法治》，社会科学文献出版社2008年版。

[9] 李步云主编：《立法法研究》，湖南人民出版社1998年版。

[10] 卓泽渊：《法的价值论》第2版，法律出版社2006年版。

[11] 卓泽渊：《法政治学》，法律出版社2005年版。

[12] 周旺生：《立法学》，法律出版社2009年版。

[13] 朱力宇主编：《地方立法的民主化与科学化问题研究——以北京市为主要例证》，中国人民大学出版社2011年版。

[14] 张文显主编：《法理学》第2版，高等教育出版社、北京大学出版社2003年版。

[15] 中国人民大学法学院组编：《2009年度中国法学研究报告》，中国人民大学出版社2011年版。

[16] 朱力宇主编：《法理学案例教程》第2版，知识产权出版社2011年版。

［17］吕增奎主编：《执政的转型——海外学者论中国共产党的建设》，中央编译出版社2011年版。

［18］易有禄：《立法权的正当行使的控制机制研究》，中国人民大学出版社2011年版。

［19］王爱声：《立法过程：制度选择的进路》，中国人民大学出版社2009年版。

［20］张千帆主编、肖泽晟副主编：《宪法学》第2版，法律出版社2008年版。

［21］周永坤：《法理学——全球视野》，法律出版社2000年版。

［22］《董必武政治法律文集》，法律出版社1986年版。

［23］蔡定剑：《历史与变革——新中国法制建设的历程》，中国政法大学出版社1999年版。

［24］蔡定剑主编：《国外公众参与立法》，法律出版社2005年版。

［25］吴振坤主编：《20世纪共产党执政的经验教训》，中共中央党校出版社2002年版。

［26］薄一波：《若干重大决策与事件的回顾》，中央文献出版社1998年版。

［27］王奇生：《党员、党权与党争（1924—1940）》，华文出版社2010年版。

［28］瞿同祖：《中国法律与中国社会》，中华书局1981年版。

［29］郭成伟主编：《中外法学名著指要》，中国法制出版社2000年版。

［30］《彭真传》编辑组：《缅怀彭真》，中央文献出版社1998年版。

［31］李海文、王燕玲编：《世纪对话——忆新中国法制奠基人》，群众出版社2002年版。

［32］中共中央文献编辑委员会：《彭真文选》（1941—1990年），人民出版社1991年版。

［33］《彭真生平思想研究》编辑组编：《彭真生平思想研究》，中央文献出版社2008年版。

［34］中共北京市委组织部、中共北京市委党史研究室、北京市档案局（馆）编：《中国共产党北京市组织史资料：1987—2010》上、下卷，中央文献出版社2011年版。

[35]《中国共产党党内法规选编》(1978—1996),法律出版社 2009 年版。

[36]《中国共产党党内法规选编》(1997—2000),法律出版社 2009 年版。

[37]《中国共产党党内法规选编》(2001—2007),法律出版社 2009 年版。

[38] 余伯流、凌步机:《中央苏区史》,江西人民出版社 2001 年版。

[39] 武国友:《中共执政党建设史(1978—2009)》,辽宁人民出版社 2011 年版。

[40] 俞可平主编:《依法治国与依法治党》,中央编译出版社 2007 年版。

[41] 汪全胜:《制度设计与立法公正》,山东人民出版社 2005 年版。

[42] 蔡定剑、王占阳主编:《走向宪政》,法律出版社 2011 年版。

[43] 蔡定剑:《民主是一种现代生活》,社会科学文献出版社 2010 年版。

[44] 孙立平:《博弈——断裂社会的利益冲突与和谐》,社会科学文献出版社 2006 年版。

[45] 韩忠伟等:《中国立法原理论》,甘肃民族出版社 2008 年版。

[46] 江山:《制度文明》,中国政法大学出版社 2005 年版。

[47] 董海军:《转轨与国家制度能力——一种博弈论的分析》,上海人民出版社 2007 年版。

[48] 万其刚:《立法理念与实践》,北京大学出版社 2006 年版。

[49] 王汉斌:《王汉斌访谈录——亲历新时期社会主义民主法制建设》,中国民主法制出版社 2012 年版。

[50] 王汉斌:《社会主义民主法制文集》上、下,中国民主法制出版社 2012 年版。

[51] 何勤华、任超等:《法治的追求——理念、路径和模式的比较》,北京大学出版社 2005 年版。

[52] 强世功:《立法者的法理学》,生活·读书·新知三联书店 2007 年版。

[53] 封丽霞:《中央与地方立法关系法治化研究》,北京大学出版社 2008 年版。

［54］陈明明、何俊志主编：《中国民主的制度结构》，上海人民出版社2008年版。

［55］［美］汉密尔顿、杰伊、麦迪逊：《联邦党人文集》，商务印书馆1980年版。

［56］［美］德沃金：《法律帝国》，中国大百科全书出版社1996年版。

［57］［美］罗伯特·K.殷：《案例研究设计与方法》第3版，周海涛主译，重庆大学出版社2004年版。

［58］［美］安·赛德曼等：《立法学理论与实践》，刘国福等译，中国经济出版社2008年版。

［59］［英］约翰·奥斯丁：《法理学的范围》，刘星译，中国法制出版社2002年版。

［60］［英］科特威尔：《法律社会学导论》，潘大松等译，华夏出版社1989年版。

［61］［美］弗里德曼：《法律制度》，李琼英等译，中国政法大学出版社1994年版。

［62］［英］葛德文：《政治正义论》第1、2、3卷，何慕李译，商务印书馆1982年版。

［63］［法］孟德斯鸠：《论法的精神》上册，商务印书馆1961年版。

［64］［法］托克维尔：《论美国的民主》，商务印书馆1988年版。

［65］［美］詹姆斯·M.伯恩斯等：《民治政府》，陆震纶等译，中国社会科学出版社1996年版。

［66］［德］托马斯·莱塞尔：《法社会学导论》第5版，高旭军等译，上海人民出版社2011年版。

［67］［德］卡尔·拉伦茨：《法学方法论》，陈爱娥译，商务印书馆2003年版。

［68］［日］青木昌彦：《比较制度分析》，周黎安译，上海远东出版社2001年版。

［69］［美］博登海默：《法理学——哲学及其方法》，邓正荣等译，华夏出版社1987年版。

［70］［美］R.科斯、A.阿尔钦、D.诺思等：《财产权利与制度变迁——产权学派与新制度学派译文集》，上海人民出版社1994年版。

[71][英]伯特兰·罗素:《权力论——新社会分析》,吴友三译,商务印书馆1991年版。

[72][美]詹姆斯·M.布坎南、理查德·E.瓦格纳:《赤字中的民主——凯恩斯勋爵的政治遗产》,刘延安、罗光译,北京经济学院出版社1988年版。

[73][美]詹姆斯·M.布坎南:《民主财政论——财政制度与个人选择》,穆怀朋译,商务印书馆1993年版。

[74][美]安东尼·唐斯:《民主的经济理论》,姚洋、邢予青、赖平耀译,上海人民出版社2005年版。

[75][美]曼库尔·奥尔森:《集体行动的逻辑》,陈郁、郭宇峰、李崇新译,上海人民出版社1995年版。

[76][美]道格拉斯·C.诺思:《经济史中的结构与变迁》,陈郁、罗华平译,上海人民出版社1990年版。

[77][美]道格拉斯·诺思、罗伯特·托马斯:《西方世界的兴起》,华夏出版社1989年版。

[78][美]詹姆斯·M.布坎南:《自由、市场和国家——20世纪80年代的政治经济学》,吴良健、桑伍、曾获译,北京经济学院出版社1988年版。

[79][美]科斯、诺思、威廉姆森等著,[法]克劳德·梅纳尔编:《制度、契约与组织》,刘刚、冯健、杨其静、胡琴等译,经济科学出版社2003年版。

[80][美]罗斯科·庞德:《普通法的精神》,唐前宏等译,法律出版社2001年版。

[81][美]罗斯科·庞德:《法律与道德》,陆林林译,中国政法大学出版社2003年版。

[82][美]罗斯科·庞德:《通过法律的社会控制法律的任务》,沈宗灵、董世忠译,商务印书馆1984年版。

[83][美]昂格尔:《现代社会中的法律》,吴玉章、周汉华译,译林出版社2001年版。

[84][美]伯尔曼:《法律与宗教》,梁治平译,生活·读书·新知三联书店1988年版。

[85][美]富勒:《法律的道德性》,郑戈译,商务印书馆2005

年版。

[86][美]欧文·M. 柯西、卡尔·科恩：《逻辑学导论》第11版，张建军、潘天群等译，中国人民大学出版社2007年版。

文章：

[1]《中国共产党中央委员会关于建国以来党的若干历史问题的决议》，人民出版社2009年1月第1版。

[2]《中华人民共和国立法法》，2003年3月15日第九届全国人民代表大会第三次会议通过。

[3]北京市改革开放以来历次人大会议纪要、北京市法规汇编、资料汇编、公报、人大工作报告等。

在中国知网等检索到的李林、周旺生、陈俊、封丽霞等学者的相关文章，列举其中一部分：

[4]李林：《高举社会主义宪政旗帜 推进中国特色民主法治建设》，《法学》2008年第3期。

[5]李林：《当代中国的依法治国与依法执政》，《学术探索》2011年第2期。

[6]李林：《改革开放30年与中国立法发展（上）》，《北京联合大学学报（人文社会科学版）》2009年第1期。

[7]李林：《改革开放30年与中国立法发展（下）》，《北京联合大学学报（人文社会科学版）》2009年第2期。

[8]周旺生：《中国立法五十年 1949—1999年中国立法检视》上、下，《中国法制与发展》2000年第5期。

[9]周旺生：《论现行中国立法体制》，《北京大学学报（哲学社会科学版）》1989年第3期。

[10]周旺生：《关于中国立法程序的几个基本问题》，《立法研究》1995年第2期。

[11]周旺生：《论中国地方立法的地位》，《政治与法律》1994年第5期。

[12]周旺生：《论中国立法原则的法律化、制度化》，《法学论坛》2003年第3期。

[13]韩丽：《中国立法过程中的非正式规则》，《战略与管理》2001

年第 5 期。

[14] 封丽霞：《执政党与人大立法关系的定位——从"领导党"向"执政党"转变的立法学阐释》，《法学家》2005 年第 5 期。

[15] 陈俊：《论中国国情下党领导立法的若干基本问题》，《上海师范大学学报（哲学社会科学版）》2011 年第 2 期。

[16] 陈俊：《以人为本的立法关怀：观念变革与制度完善》，《南京师大学报（社会科学版）》2008 年第 1 期。

[17] 赵曜：《苏联剧变和解体的根本原因是内部出了问题——苏共亡党、苏联解体 20 年后的思考》，《红旗文稿》2011 年第 3 期。

[18] 蔡定剑：《关于前苏联法对中国法制建设的影响——建国以来法学界重大事件研究》，《法学》1999 年第 3 期。

[19] 吴卫东、赵彦波、杨继红：《法治视域下改善党的领导方式探索》，《哈尔滨学院学报》2010 年第 3 期。

[20] 丁以升：《加强党对立法工作的领导——"学习十六届四中全会精神座谈会"观点综述》，《法学》2004 年第 12 期。

[21] 田文利、张筱薏：《法治实践中价值、规范与事实关系初探》，《法学论坛》2007 年第 5 期。

后　　记

该项目是在中国社会科学院法学所李林教授指导下的博士后研究报告阶段性成果基础上，后被立为北京市哲学社会科学重点规划项目，并在各位老师的指点下，经进一步搜集资料、深化研究，由我执笔完成的。由于自己知识结构上的不足和学识有限，从事党领导立法这一科学命题的研究颇具挑战性和很大的困难。但同时，在老师们的悉心指导和帮助下，对我来说，更是一个难得的学习成长机会。

从对党领导立法这一命题的选题到篇章结构布局、研究方法上的把握和应用，都一直得到李林教授的悉心指导和督促。导师的谆谆教诲让我终生受益，更使我充满感恩，无以回报，唯有在研究工作中更加倍的努力才能些许平复内心的愧疚。

感谢莫纪宏教授给予的大力支持和热情指点帮助，感谢课题组吴高盛、崔耀中、田明海、宋北平、王爱声等各位老师，正是诸位老师在研究方法、资料搜集等方面的大力帮助和支持，使我对该项目的执笔撰写不敢懈怠，并增添了更多的动力和信心。

感谢我周围朋友、家人这期间给予我的大力支持和帮助。

书中对相关问题的研究是建立在前人研究基础上的，对他们的辛勤劳动成果，表示深深的敬意和感谢！随着对这一研究方向更加深入的学习和理解把握，我将在本书出版基础上，持之以恒，继续跟踪并不断深化研究，努力在这个领域写出更加令人满意的研究成果。由于水平所限，本书可能存在的问题和错误都由我本人负责，不足、疏漏和错误之处欢迎批评指正。

田　侠
2015 年 11 月 25 日